기사
작성의
기초

NEWS REPORTING & WRITING

전면개정판

이재경 · 송상근 지음

기사
작성의
기초

이화여자대학교출판문화원

책머리에

20년 만에 『기사 작성의 기초』 전면 개정판을 낸다.

영문을 모르고 영문과에 갔다가 영문학이 내 길인가를 확신하지 못했다. 군을 마치고 직업을 택할 때도 기자가 그나마 자유로운 지식인의 삶과 가까울 듯해 MBC에 갔다. 하지만 1980년대 초 5공화국 기자는 자유와는 거리가 멀었다. 그래서 탈출구로 저널리즘 공부를 선택했다. 그렇게 기사 쓰기를 가르치는 교수가 돼 둘러보니, 당시 한국에는 변변한 교재가 없었다. 강의 구조도 저널리즘 실무 교육을 할 수 있는 여건과는 거리가 멀었다.

『기사 작성의 기초』는 그러한 현실을 바꿔보려고 1998년 초판을 썼다. '보도기사론'이라는 이름으로 한 반에 100여 명씩 받아 가르치던 교과목을 과감하게 뜯어고쳤다. 당시 이화여대 신문방송학과를 이끌던 최선열 교수가 도와주셔서 가능했던 변화다. 미국 대학이 유지하던 15명 정원의 두 배인 30명으로 인원을 제한하고, 기사 쓰기 실무 교육을 본격적으로 시작했다. 어느덧 20년이 훌쩍 지났다.

2005년 한 차례 개정판을 냈지만, 그 뒤로는 손을 대지 못했다. 2007년부터 프런티어 저널리즘 스쿨FJS을 만들어 운영하느라 여력이 없었다. 그러는 사이 저널리즘 환경은 격변을 거듭했다. 민주화와 디지털 혁명이 겹쳐 이어지며 매체 수는 크게 늘고, 기사를 유통하는 플랫폼은 빠르게 인터넷과 모바일 쪽으로 이동했다.

이번 개정판은 이러한 현실을 최대한 담아내려는 시도다. 다행히 프런티어 스쿨을 함께 운영하는 송상근 전 동아일보 부장이 작업에 참여해 책의 내용이 훨씬 탄탄해졌다. 그는 동아일보 사회부 데스크 출신답게, 3부에 배치된 실무 기사 쓰기의 대부분 내용을 새롭게 다듬었다. 기사 유형별 사례들을 모두 최근의 추세를 보여주는 기사들로 교체했고, 인터뷰 기사와 기획 기사 부분은 구성을 완전히 새롭게 바꾸었다.

개정판의 큰 골격은 초판의 틀을 유지했다. 이번 개정판 역시 미주리 대학의 대표 교재인 『News Reporting and Writing(12th ed.)』(2017)의 최신 에디션을 많이 참고하며 작업했다. 캐롤 리치Carole Rich 교수의 책인 『Writing and Reporting News: A Coaching Method(8th ed.)』(2016)의 최신 에디션도 개정판 작업에 여전히 좋은 지침이 됐다.

이번 개정판은 이화여자대학교출판문화원이 제작을 책임졌다. 그동안 몇 차례 함께 저널리즘 이론서와 실무서를 만들며 형성된 신뢰가 이 책의 출판으로까지 이어졌다. 원고를 넘기는 시간이 촉박함에도 이화여자대학교출판문화원의 실무 책임자인 이혜지 주간과 이지예 씨는 저자들의 원고를 훨씬 흠이 적게 다듬어주었고, 표지와 지면의 디자인도 학생들이 공부하기에 최적화된 모습으로 만들어주었다.

이제는 누구나 기자가 될 수 있는 시대다. 그러나 모두가 기자는 아니다. 『기사 작성의 기초』는 기자가 되려면 갖춰야 할 최소한의 실무 지식과 직업윤리의 내용을 정리한 교재다. 기자직에 관심이 있는 학생과 저널리즘 글쓰기 능력을 키우고 싶은 지식인들에게 이 책이 도움이 되기를 기대한다.

2018년 9월

이화여자대학교 커뮤니케이션·미디어학부 교수

이재경

차례

2부 기사 쓰기에 필요한 기초 지식

3부 기사 쓰기의 기본 유형

8장 기사의 구조: 역피라미드와 이야기체 _ 95

9장 보도자료를 활용한 기사 _ 123

1부

기사와 기자,
편집국의 이해

1장
디지털 파괴와 뉴스 생태계의 변화

　1990년대 초 인터넷의 대중화가 시작되며 저널리즘 환경은 엄청난 격변을 계속해오고 있다. 과거 뉴스 전달의 주역이던 신문은 쇠퇴를 거듭하고 있고, 텔레비전과 잡지 등의 매체도 급변하는 커뮤니케이션 기술 환경에 적응하기 위해 동원 가능한 모든 자원을 활용하고 있다.

　『저널리즘의 기본 원칙The Elements of Journalism』(2014)을 집필한 빌 코바치Bill Kovach와 톰 로젠스틸Tom Rosenstiel은 이러한 미디어 생태계의 변화를 "디지털 파괴digital disruption"라는 용어로 설명한다. 과거 인쇄 매체와 아날로그적 전자 매체가 주도하던 미디어 환경이 디지털 기반의 월드와이드웹의 등장과 2000년대 이후 더 빨라진 모바일 이동통신 기술의 혁신으로 완전히 새로운 질서로 재편되고 있다는 의미다. 특히 신문의 경우 디지털 파괴는 크게 두 가지 측면에서 심각한 타격을 가하고 있다. 하나는 광고 수입 구조를 급격히 무너뜨리는 현상이고, 다른 하나는 기사의 제작 출고 과정을 완전히 바꿔버리는 현실이다.

　지난 20여 년간 뉴스를 생산하고 전달하는 매체들은 이러한 격변의 현장을 지키며 생존을 위한 혁신과 투쟁을 지속해오고 있다. 디지털 파괴 현상은 매체 시장 구조의 차이 혹은 커뮤니케이션 기술의 격차에도 불구하고 선·후진국의 경계를 넘어 모든 국가에서 광범위하게 미디어 질서를 재편하는 변화를 만들어 내고 있다.

'네이버'나 '다음', '카카오' 등 포털 플랫폼의 성장이 한국 사회 미디어 생태계 변화의 상징이라면, '트위터', '페이스북', '인스타그램' 등은 미국 매체 시장의 새로운 강자 그룹을 대표한다. 이러한 디지털 혁신은 자연스럽게 글쓰기 양식의 새로운 실험을 동반해왔다. 과거보다 짧은 기사, 더 구어적인 표현 양식의 기사, 사진과 그래픽 이미지를 더 많이 활용하는 카드 뉴스 스타일의 기사, 동영상과 글쓰기를 결합한 『뉴욕 타임스The New York Times』의 스노우 폴snow fall 방식의 기사, 그리고 최근 등장하는, 알고리즘을 사용해 로봇이 자동으로 생산해내는 스포츠나 금융 시장 동향 기사 등은 이러한 디지털 혁신 추세를 반영하는 움직임들이다. 각종 디지털 기기가 만들어내는 자료를 모아 거시적 사회 추세를 추적하는 데이터 저널리즘도 디지털 혁신 현상을 토대로 한 새로운 저널리즘 추세 가운데 하나다.

그런가 하면, 다른 쪽에서는 반대로 더 깊이 있고 읽을 맛 나는 서사적 기사narrative story에 대한 탐구가 강화돼오기도 했다. 하버드 대학 니먼 재단에서 연례적으로 진행해온 니먼 내러티브 콘퍼런스Nieman Narrative Conference가 미국 언론계의 주목을 받아온 사실이 이러한 흐름을 대표한다.

『기사 작성의 기초』를 처음 펴낸 게 1998년이니 벌써 20년이 지났다. 이번에 내는 개정판은 이러한 매체 환경의 혁명적 변화를 담아내려 노력했다. 그러나 처음과 마찬가지로 이 책은 기본적으로 글쓰기, 기사 쓰기의 기본 교재로 기획됐다. 따라서 미디어 환경의 혁명적 변화를 고려하지만, 이 책에서 더 중요하게 생각하는 질문은 "기사는 무엇인가?", "기사는 어떻게 쓰는가?", "기사 쓰기 과정에서 중요하게 고려해야 할 요소는 어떠한 것들인가?" 등의 내용이다.

이렇게 보면, 오늘날 다양한 디지털 창구를 통해 출고되는 수많은 기사들을 관통하는 원칙은 결국 다시 기초적인 글쓰기 가치로 돌아간다. 미주리 대학에서 펴낸 교재인 『News Reporting and Writing(12th ed.)』(2017)은 서문에서 에디터들이 원하는 이상적인 기자상을 "충실하게 취재하고 명료하게 기사를 쓸 수 있는 사람who can report fully and write clearly"이라고 제시했다.

이 책도 같은 가치를 추구한다. 한국의 저널리즘 학습 여건은 미국과 비교할 수 없을 만큼 열악하다. 이제 기사 쓰기 교재가 제법 나와 있긴 하지만, 대부분 대학에서 체계적인 기사 쓰기 교과과정이 운영되지 못하고 있고, 신문과 방송사는 여전히 상식과 논술 중심의 공채 방식을 고집해 기자 지망생들이 진지하게 기사 쓰기를 단련할 동기를 스스로 부정하는 것이 현실이다.

이러한 현실 인식을 바탕으로 이 책은 기사 쓰기를 공부하고자 하는 학생이 혼자서도 기사의 기본적 속성을 학습하고, 현장에서 자주 활용되는 기사의 유형을 충분히 익힐 수 있도록 교과 내용을 구성했다. 이 책을 통해 공부하면 한국 언론 매체들이 주로 사용하는 사건·사고 기사나 보도자료를 활용한 기사, 인물 기사와 인터뷰 기사, 그리고 미담 기사와 기본적인 기획 기사 등 멀티미디어 시대의 다양한 매체 어디에서도 통용될 수 있는 기사를 쓰는 데 필요한 핵심 요소들을 학습할 수 있다.

2장
기사란 무엇인가

　　기사는 뉴스를 담아내는 표현 양식이다. 기사는 소식을 전하는 글의 형식이다. 문재인 대통령의 당선이나 트럼프 미국 대통령과 김정은 북한 지도자의 회담 소식은 모두 기사라는 매개물을 통해 세상에 알려진다. 내일의 날씨부터 일본의 지진 소식, 하와이 섬의 용암 분출 소식, 또 미국과 중국의 무역 전쟁 상황, 러시아에서 열린 월드컵 소식 등도 기사를 통해서 사람들에게 전달된다.

　　우리나라에서도 1896년 근대적 신문인『독립신문』이 등장한 지 120년이 지났다. 기사 쓰기의 역사가 한 세기를 훌쩍 넘은 셈이다. 그 사이 많은 신문과 방송사가 태어나고 사라지며 언론계는 놀랄 만한 성장을 이룩했다.

　　하루 30~40면 정도가 발행되는 신문의 경우는 줄잡아 200건 가까운 기사를 매일매일 내놓는다. 서울에만 이 같은 신문이 20여 개, 지방에는 100여 개, 거기에 텔레비전과 AM·FM 라디오 방송, 온라인 매체들까지 합치면 우리나라에서 매일 생산되는 기사의 양은, 중복의 문제가 있긴 하지만 쉽게 수천 건에 달한다. 주간·월간 잡지와 각급 학교의 교내 신문, 그리고 헤아릴 수 없이 많이 쏟아져 나오는 각종 공공기관과 기업체들의 홍보지까지 더하면 매일 우리 사회에서 유통되는 기사의 수를 추산하는 일은 불가능해진다.

이는 뒤집어 보면 그만큼 기사의 용도가 다양하고, 기사를 원하는 사람이 많다는 뜻이다. 그리고 기사의 가치가 중요하다는 의미다. 제임스 캐리James Carey라는 미국의 언론학자는 "윌리엄 워즈워스William Wordsworth나 존 키이츠John Keats의 시를 읽는 사람의 수는 매일 어느 『뉴욕 타임스』 기자의 기사를 읽는 사람의 수에 도저히 미칠 수 없다"고 말했다. 기사가 현대인들의 생활에서 얼마나 중요한 자리를 차지하는지를 설명해주는 말이다.

미국의 저명한 칼럼니스트이자 언론사상가인 월터 리프먼Walter Lippmann은 "신문은 말 그대로 민주주의의 성경bible"이라고 말했다. 그에 따르면, "시민들은 신문에 실린 기사를 보며 자신들의 행동을 결정하기 때문이다."

그러면 이렇게 중요한 공적 텍스트public text인 기사는 어떠한 특징을 갖는가? 기사를 제대로 쓰려면 기사의 어떠한 기본적 속성을 이해해야 하는가? 그리고 이렇게 다양하게 활용되는 기사의 사회적 의미는 무엇인가?

기사는 글이다

너무 당연하지만 이 점은 기사를 이해하기 위해서 가장 중요한 요소다. 기사는 언어적 구성물이라는 뜻이다. 사진이나 그림, 움직이는 영상, 만화 등만으로는 기사가 되지 못한다. 보도 사진은 상황을 설명하는 글을 필요로 한다. 영상 뉴스 또한 그림의 맥을 연결해주는 언어적 보충을 요구한다. 글이 뒷받침되지 않는 삽화는 의미를 고정할 수 없다. 결국 기사는 글이라는 매체로 완성된다.

기사의 이 같은 기본적 성격은 기사를 쓰고자 하는 사람에게 세련된 언어 감각을 요구한다. 기사를 쓰는 일에 뛰어들고 싶은 사람은 따라서 글을 좋아해야 하고 글 속에 담겨 있는 단어나 문장이 전달하는 느낌을 세밀하게 느낄 수 있어야 한다. 상황에 맞는 적절한 표현을 선택하고, 다양한 경우를 구별할 수 있는 풍부한 어휘를 구사할 줄 알아야 하며, 마감 시간의 압박에 쫓기면서도 주어와 동사를 제대로 쓰고 복잡한 상황도 간결한 문장으로 정리할 수 있도록 언어 능력을 키워야 한다.

기사는 기사만의 글 양식을 가진다

기사는 산문의 한 가지다. 그러나 소설은 아니다. 수상문도 아니다. 일기나 기행문과도 다르다. 기사만의 문체가 있다는 말이다. 이를 기사체라고 한다. 가장 자주 사용하는 기사체로 역피라미드 구조Inverted Pyramid Style 또는 역삼각 형식 구조의 기사체가 있다. 사실 보도의 주류를 이루는 스트레이트 기사는 대부분 이 형식으로 작성된다. 매일 생산되는 기사의 70~80%는 이 형식을 따른다고 판단된다. 이 기사체는 사실을 정리할 때 가장 중요한 내용을 맨 앞에 쓰고, 그 뒤로 그다음으로 중요하다고 판단되는 내용을 차례로 적어나가는 글쓰기 방식을 말한다. 1800년대 후반 미국 AP통신사에서 개발한 이 양식은 읽는 사람에게 가장 중요한 사실부터 전달하기 위한 고려를 반영하고, 동시에 편집자가 지면 부족 때문에 기사를 줄일 경우 문장을 다시 배열할 필요 없이 뒷부분부터 잘라내도 글의 흐름이 자연스럽게 되도록 하려는 실용적 목적도 추구한다.

따라서 기사 쓰기를 처음 훈련하는 학생은 모두 이러한 역피라미드 기사 구조의 학습으로 시작한다. 사건·사고 기사나 보도자료 기사들은 대부분 이러한 양식을 따라 작성된다. 물론 해설 기사나 분석 기사, 내러티브 기사 등 전혀 다른 서사 구조를 가진 기사들도 요즘은 많이 증가하는 추세다. 그러나 서사 구조에 관계없이 많은 시민들에게 기본적으로 쉽게 읽혀야 하는 기사체의 또 다른 공통적 특징은 짧은 문장의 사용, 구어체 중심의 쉬운 일상적 표현, 육하원칙에 충실한 현장 묘사, 그리고 정보의 출처를 최대한 분명히 제시하는 투명성 등을 포함한다.

기사는 사실성을 생명으로 한다

기사는 사실fact을 기록한 글이다. 느낌, 감정, 의견, 주장의 기록은 기사라고 하지 않는다. 그렇기 때문에 사설, 칼럼, 취재기 등 주관적 느낌과 의견을 담은 글은 편집상 뉴스를 전하는 기사들과 분리된다. 미국 신문에는 기사News 와 의견Opinion을 싣는 지면을 철저하게 분리하는 원칙이 있다. 사설, 칼럼과 편집자에게 보내는 편지 등은 모두 OP-EDopposite editorial란에만 싣는다. 다른 면에는 뉴스만 전한다는 뜻이다.

사실을 기록하기 위한 대표적인 형식적 장치는 육하원칙5W1H이다. 그렇기 때문에 누가, 언제, 어디서, 무엇을, 어떻게, 왜 등의 세부적 정보가 구체적으로 포함되지 않으면 기사로서의 요건을 채우지 못했다고 판단한다.

사실성을 확보하기 위한 또 하나의 중요한 장치로 취재원이 있다. 기사에서는 기자의 판단이 아니라 청와대, 외교부 등 정부 부처 관리자나 기업의 사장 등 책임자, 검사, 수사관 등 사건 담당자, 또는 사건의 피해자, 목격자 등의 발언을 인용함으로써 독자에게 기사가 전하는 사실이 만들어낸 이야기가 아니라는 신뢰감을 갖게 한다. 다시 정리하면, 기사는 문장이 아름다운 글이나 탁월한 주장을 담은 글이 아니라 세상에서 일어난 사실을 객관적으로 묘사한 글이라는 뜻이다.

똑같은 기사는 없다

앞에서 설명한 대로 기사는 사실을 전한다. 그러나 같은 사실을 전하는 기사들도 자세히 살펴보면 미세한 표현들은 모두 다르다. 기사를 출고하는 회사가 다르고, 신문이나 방송, 온라인 등 전달 매체가 다른데다, 기사를 쓰는 사람에 따라 어휘의 선택, 좋아하는 문장의 구조가 다르기 때문이다. 경우에 따라서는 중심 취재원이 다르기도 하다.

이는 다시 말하면, 상당히 공통적인 기사체의 특성을 따르지만 각각의 기사는 결국은 쓰는 이의 개성을 반영하는 창조물의 성격을 띤다는 뜻이다. 그렇기 때문에 똑같이 날씨를 전하는 내용임에도 신문마다 다른 기사가 실린다. 함께 기자회견을 마치고 회사에 송고한 기사들이 각각 전혀 다른 리드로 시작하는 경우도 많다. 함께 취재했지만 남과 다른 기사, 더 매력 있는 기사를 써내려는 욕심이 작용하게 되고, 거기에 기자의 능력과 경험, 사고방식, 세상을 보는 눈 등의 차이가 다시 어떠한 방식으로든 그 사람이 쓰는 기사에 드러나기 때문이다.

기사는 노력에 의해 만들어진다

기사는 발로 쓴다는 말이 있다. 앉아서 머릿속 생각만으로 써지지 않는다. 기자는 많은 사람을 만나고, 사회를 끊임없이 관찰하고, 출입처나 취재원으로부터 얻게 된 정보를 다른 자료와 비교하며 제3·제4의 취재원에게 확인하는 과정을 거친다. 그렇게 해야 사실을 온전하게 복원하거나 최소한 왜곡하지 않게 된다.

아무리 간단해 보이는 사건이라도 세부적 사실의 확인은 끝없는 노력을 필요로 한다. 사실은 어느 시각에서 보느냐에 따라 전혀 다른 모습이 된다는 점을 고려하면 사실을 사실로 기록하는 일이 얼마나 어려운 일인지를 가늠할 수 있다. 월터 리프만Walter Lippmann은 운동경기의 점수를 제외하고 온전한 사실을 기록한 기사는 없다고까지 했다. 사실의 복원이 불가능하니 포기하라는 뜻이 아니라 그만큼 세심하고 철저한 노력이 필요하다는 말로 이해할 수 있다. 이런 면에서 천부적 재능 같은 것은 오히려 방해가 된다.

기사는 사회적인 글이다

기사는 공적 텍스트public text다. 기자 혼자 읽기 위한, 또는 소수의 권력자를 위한 글이 아니라는 뜻이다. 기사는 기본적으로 사회를 구성하는 시민 모두가 같이 읽고, 공동체가 해당 문제를 함께 생각하도록 하기 위해 쓰는 글이다. 이러한 점에서 철저하게 사회적이다. 무엇에 대해 쓰는가, 어떻게 쓰는가, 얼마만큼 자세하게 쓰는가 등 고려 사항은 모두 이 같은 대전제를 바탕으로 결정된다.

기사를 쓰는 사람의 문제 인식이나 글 쓰는 관점도 따라서 이 같은 사회적 요구를 반영해야 한다. 기자 한 사람의 호기심이나 부장 한 사람의 관심사는 기사가 되기 어렵다. 독자들이 무엇을 원하는가, 우리 사회는 무엇을 함께 생각해야 하는가 등의 판단 기준이 항상 내면화돼 있는 사람이 좋은 기사를 쓴다. 바꿔 말하면, 기자는 사회의 흐름과, 사회와 독자들이 꼭 필요로 하는 바가 무엇인가를 늘 염두에 두고 취재하고 메모해야 한다는 뜻이다.

기사가 사회적이라는 말은 이 밖에도 어떤 어휘를 선택할 것인가, 문장의 구조를 어떻게 구성할 것인가를 결정하게 하는 가장 중요한 요인이기도 하다. 젊은 세대는 자신들의 언어 세계를 별도로 갖고 있기도 하지만 그러한 어휘들을 기사에 사용하면 같은 세대에 속하지 않은 대다수 독자는 글 자체를 이해할 수 없는 경우가 발생한다. 그렇기 때문에 기사는 사회에 공존하는 모든 세대의 어느 누구라도 쉽게 이해할 수 있는 어휘와 구문을 사용해 써야 한다.

기사 쓰기는 사고력 훈련이다

기사는 발생한 사건의 기술이기 때문에 정보를 잘 모으기만 하면 된다고 생각하기 쉽다. 그러나 기사는 글로 표현되는 글쓰기 작업의 산물이다. 글 쓰는 일은 결국 갖고 있는 재료를 어떻게 하면 가장 효과적으로 읽는 사람에게 전달하는가를 끊임없이 고민하도록 요구한다. 어떻게 시작해야 하는가에서부터 취재원의 배치는 어떠한 순서로 하는가, 인용문은 어느 부분을 사용하는가에 이르기까지 기사 하나를 완성하는 과정은 늘 새로운 도전이다.

물론 기사 쓰기에는 상투적인 양식이 있다. 기자가 되려는 사람은 화재 기사, 교통사고 기사, 날씨, 절도, 강도 등 유형별 기사의 틀을 기계적으로 익히는 과정을 꼭 거쳐야 한다. 그러나 모든 기사는 나름대로의 특별한 의미가 있고 다른 기사와 다른 특별한 상황이 있게 마련이다. 기자는 그 같은 점을 착안해 강조할 줄 알아야 능력을 인정받는다. 그런 점에서 기사 쓰기는 끊임없는 사고력 훈련 과정이다.

　기사를 쓰는 과정에서 가장 중요하게 고려해야 할 대상은 기사를 읽게 되는 수용자를 제대로 이해하는 일이다. 수용자에 대한 생각이 잘못된 고정관념에 묶여 있으면 기사의 보편적 전달력은 크게 손상될 수밖에 없다.

3장
기자는 누구인가

    기사를 쓰고 고치고 편집하는 사람을 모두 기자라고 부른다. 대부분 신문, 방송, 잡지, 그리고 온라인 매체에서 일한다. 극히 일부는 자유 기고가로 활동하기도 한다.

    미국 컬럼비아 대학의 니콜라스 레만Nicholas Lehman 교수 등 저널리즘 스쿨의 학장들은 2013년 한 보고서를 펴냈다. 미국 대학 저널리즘 스쿨의 미래 교과과정 개편 방향을 제안하는 이 보고서에서 레만 학장 등은 "기자는 극도로 제한적인 시간적 공간 속에서 진실을 추적하는 진실 탐구자truth-seeker"라는 표현을 사용했다. 이들은 같은 보고서에서 기자는 시민들이 필요로 하는 정보를 지속적으로 전달해야 하는 사명을 수행하기 때문에 "다양한 취재원을 통해 최선을 다해 확인한 진실을 명료하게clearly, 그리고 흥미롭게engagingly 전달할 수 있는 능력을 갖춰야 한다"고도 강조했다.

    이러한 역량을 갖추려면 기자는 어떠한 인간적 특성을 필요로 하는가? 좋은 기사를 쓰기 위해서 기자는 어떠한 자세를 견지해야 하는가?

기자는 사람을 사랑해야 한다

기자가 평생 하는 일은 사람을 만나고, 그러한 만남에서 얻은 정보를 바탕으로 글을 쓰는 작업이다. 하루에도 수십 명과 통화하고, 메시지를 교환하고, 만나야 할 때가 많다. 이는 동시대를 공유하는 사람과 함께 사는 사회에 대한 이해와 사랑이 바탕에 깔리지 않으면 할 수 없는 일이다. 사랑하는 마음이 더욱 중요한 이유는 취재원과 그들의 말, 행동에 대해서 기사를 써야 하기 때문이다. 기자는 기사를 위해 사람을 이용할 수도 있고 기사를 통해 특정한 사람을 공격할 수도 있다. 그러나 사람을 사랑하고 인격을 존중하는 기자는 기사를 수단으로, 또 취재원을 도구로 사용하지 않는다. 언론윤리는 역시 취재원을 악의적으로 속이거나 함정에 빠트리지 않는 것이 기본이라고 강조한다.

기자는 정의감이 있어야 한다

과거부터 우리나라 언론계에는 '기자 정신'이라는 말이 이어져 내려왔다. 이는 정의감을 말한다. 사실을 있는 그대로 보고, 본 대로 기록하는 자세, 권력이나 힘센 집단의 이익을 앞세우는 게 아니라 취재한 사실을 근거로 옳고 그름을 가리는 자세, 그리고 옳은 일을 위해 글을 쓰는 태도를 기자가 추구하는 정의감이라고 할 수 있다.

미국 언론계의 오래된 격언 가운데 "편안한 자를 힘들게 하고, 힘든 사람들을 편안하게 해주라afflict the comfortable and comfort the afflicted"는 말이 있다. 기자 정신을 조금 다르게 表現한 격언으로 볼 수 있다. 궁극적으로 옳고 그름은 신만이 판단할 수 있을지도 모른다. 그러나 모든 기사는 기자의 가치판단을 거치게 마련이다. 정의로운 일이 아니라는 판단이 서면 쓰지 않는 용기도 필요하다. 가치관이 없는 기자는 글 쓰는 기계에 불과하다. 항상 독자, 시청자와 사회를 생각하고 양심에 거리끼지 않는 글을 쓰려는 자세를 가다듬을 필요가 있다.

기자는 호기심을 가져야 하고, 늘 질문을 준비해야 한다

호기심이 없는 사람은 질문이 없다. 질문이 없는 기자는 좋은 기사를 쓰지 못한다. 2010년 9월 서울에서 열린 G20 정상회의가 마무리되는 시점에 미국 오바마 대통령이 기자회견에서 한국 기자에게 먼저 질문권을 주겠다고 했으나 나서는 기자가 없어 그 기회는 결국 중국 기자에게 돌아갔다. 질문할 줄 모르는 한국 기자의 부끄러운 자화상이 국제적으로 노출된 상황이었다. 권위적 문화 때문인지, 우리나라 기자들은 질문하는 훈련이 돼 있지 못하다. 어릴 때부터 사안을 파고드는 호기심을 키워주지 못하는 한국 교육과 문화에도 책임이 있다고 판단된다.

취재는 개인적으로는 호기심의 충족 과정이다. 기자는 취재원을 만나기 전부터 끊임없는 질문을 던져야 한다. 그래서 원하는 모든 것을 알아내려 해야 한다. 살인 사건에 관심이 없는 사람은 현장에 가서도 아무 단서를 찾아낼 수 없다. 경찰을 만나도 무엇을 물어야 할 지 모른다. 다방면에 걸친 왕성한 호기심은 훌륭한 기자를 만드는 가장 기본적인 조건이다. 독자, 수용자, 시민을 위한 질문은 기자의 의무이자 특권이기도 하다.

기자는 언제나 무엇이든 들을 준비가 돼 있어야 한다

질문 못지않게 듣기가 중요하다. 잘 듣는 것은 커다란 미덕이며, 자기주장만 앞세워서는 좋은 기사를 쓸 수 없다. 이미 각이 잡힌 기사에 필요한 한 가지 이야기만 듣고 그다음부터는 귀를 닫으면 그 또한 대단히 위험하다. 힘 있는 사람, 돈 많은 사람의 이야기만 들어도 기사는 잘못된다. 바쁘고 마감 시간에 쫓기다 보면 다른 사람의 이야기가 잘 안 들린다. 언론이 힘 있는 기관이 되면서부터 특히 듣는 일에 소홀해지거나 편파적이 됐다.

『뉴욕 타임스』의 칼럼니스트인 토머스 프리드먼Thomas Friedman 등 성공한 기자들은 모두 듣기의 중요성을 강조한다. 잘 듣는 자세가 취재원의 신뢰를 확보하는 지름길이기 때문이다. 기자의 귀는 언제나 열려 있어야 한다. 기사를 쓰는 도중에는 더욱 그렇다. 주의 깊게, 고르게 듣지 않고는 정확한 기사를 쓸 수 없다. 좋은 기자는 기사가 출고된 뒤에도 관련된 사안에 대해 귀를 열고 추가 취재를 계속한다.

기자는 관찰하고 기록하는 습관이 필요하다

세밀한 내용을 관찰한 뒤 기록하지 않으면 기사는 제대로 쓰이지 않는다. 직접 목격하고 경험한 사건도 시간이 지나면 정확하게 세부 사항을 기억하기 어렵다. 교통사고 현장에서 차량 번호나 차량의 색깔, 사고 상황을 목격했으면 당시의 신호등 상황 등 세부 정보는 정확한 기록을 필요로 한다. 기자회견이나 인터뷰 등에서는 특히 기록이 중요하다. 기사를 작성할 때 직접인용이 필요한 경우가 많기 때문이다. 이처럼 정확한 관찰과 충실한 기록은 좋은 기사의 가장 기초적인 자료가 되며, 관찰하고 기록하는 습관은 끊임없는 수련을 통해 만들어진다.

기자는 부지런하고 끈질겨야 한다

부지런해서 나쁜 직업은 없다. 어느 일이건 최선을 다해야 함은 당연하다. 특히 기자의 일은 여러 직업 가운데에서도 더욱 부지런함을 요구한다. 뉴스는 다른 사람보다 먼저 찾아내야 가치가 있고, 경쟁자보다 더 많은 사람과 자료를 취재해야 더 좋은 기사가 만들어지기 때문이다. 그래서 유능한 기자는 다른 기자가 쉴 때 움직이고, 남들이 잠든 사이에도 새로운 취재원에게 전화를 건다.

부지런함과 나란히 요구되는 또 하나의 품성이 끈질긴 추적 정신이다. 어려운 취재일수록 장애물이 많게 마련이다. 세상을 놀라게 할 초기 단서를 확보했지만 결정적인 정보가 확인되지 않아 기사화되지 못하는 경우가 많다. 이때 좋은 기자는 포기하지 않는다. 시간이 걸리더라도 기사를 완성하기 위해 꾸준히 노력한다. 몇 주에서 심지어 몇 달의 취재 기간이 걸려 완성되는 기사도 종종 발견된다. 1970년대 초 미국 닉슨 대통령을 하야시킨 『워싱턴 포스트The Washington Post』의 워터게이트 기사는 사건 기사에서 시작해 백악관까지 이어진 3년여에 걸친 끈질긴 추적의 결과였고, 2016년 우리나라에서 일어난 국정농단 사태의 보도 또한 여러 매체의 집요한 취재가 얻어낸 승리였다.

기자는 특권에 따른 책임과 윤리 의식을 가져야 한다

기자는 엄청난 특권을 누린다. 시민을 대신해 정부를 감시하고 힘 있는 사람들을 견제하는 기능을 수행하기에 대통령을 만날 수도 있고, 장관과 고급 공무원들을 수시로 찾아갈 수도 있으며, 이들에게 질문을 제기하고 정책에 대한 설명을 요구하는 권리도 갖는다. 경찰서의 수사 기록을 보여달라고 할 수도 있고 대기업 회장에게도 쉽게 전화를 걸어 기업의 현황이나 사업 계획에 대한 설명을 부탁할 수 있다. 보통 사람은 보기 어려운 비밀 서류, 제한된 비밀 구역에도 접근할 수 있다.

이 같은 특별한 지위와 권한은 그러나 기자 개개인이 훌륭하기 때문에 부여되는 것이 아니다. 사회가 언론의 그 같은 역할을 제도적으로 보장하고 기자의 활동 범위를 제도적으로 최대한으로 확장해놓았기 때문에 가능해지는 일이다. 그렇기 때문에 기자는 자신에게 부여된 특별한 권리들을 개인적 이익의 추구를 위해 사용하면 안 된다는 윤리적 구속을 받는다. 다시 말하면, 기자는 자신을 엄격하게 다스려 자신에게 주어진 특권을 남용하거나 오용하지 않도록 해야 한다는 말이다.

미주리 대학 저널리즘 스쿨 초대 학장이던 월터 윌리엄스 교수가 1914년 작성한 문서다.
가장 초기의 기자 윤리 선언문으로 미국 워싱턴 D.C.의 내셔널 프레스 클럽에 동판으로 새겨져 걸려 있다.

I believe in the profession of journalism.

I believe that the public journal is a public trust; that all connected with it are, to the full measure of their responsibility, trustees for the public; that acceptance of a lesser service than the public service is betrayal of this trust.

I believe that clear thinking and clear statement, accuracy and fairness are fundamental to good journalism.

I believe that a journalist should write only what he holds in his heart to be true.

I believe that suppression of the news, for any consideration other than the welfare of society, is indefensible.

I believe that no one should write as a journalist what he would not say as a gentleman; that bribery by one's own pocketbook is as much to be avoided as bribery by the pocketbook of another; that individual responsibility may not be escaped by pleading another's instructions or another's dividends.

I believe that advertising, news and editorial columns should alike serve the best interests of readers; that a single standard of helpful truth and cleanness should prevail for all; that the supreme test of good journalism is the measure of its public service.

I believe that the journalism which succeeds best — and best deserves success — fears God and honors Man; is stoutly independent, unmoved by pride of opinion or greed of power, constructive, tolerant but never careless, self-controlled, patient, always respectful of its readers but always unafraid, is quickly indignant at injustice; is unswayed by the appeal of privilege or the clamor of the mob; seeks to give every man a chance and, as far as law and honest wage and recognition of human brotherhood can make it so, an equal chance; is profoundly patriotic while sincerely promoting international good will and cementing world-comradeship; is a journalism of humanity, of and for today's world.

『시애틀 타임스』의 모든 기자들에게 요구되는 자질과 책무는 다음과 같다. 업무 분장에 따라 특정한 책무들이 추가될 수도 있다. 이 목록은 지침이지 절대적 기준은 아니다. 고용자와 감독자는 이 중 어떤 요소에 가장 중점을 둘지를 결정해야 한다.

Professional Skills:

- Seeks out and acts quickly on story opportunities.
- Aggressively follows through on stories.
- Gathers facts carefully and accurately.
- Seeks a variety of sources in covering a story, and effectively develops sources of continuing stories.
- Uses documents effectively.
- Handles a variety of stories and writing approaches.
- Writes clear, well-focused and well-organized stories.
- Writes with authority based on clear understanding of the topic or beat.
- Produces stories that are fair and balanced.
- Self-edits for crisper, cleaner copy.
- Works well under pressure and meets deadlines.
- Maintains a steady flow of ideas and stories.

Work Habits:

- Knows and effectively uses library and computer systems.
- Understands how the newsroom operates, and works effectively within it.
- Works effectively as a member of a team, including with other reporters, photographers, artists and editors.
- Responds well to direction, suggestions, criticism.
- Keeps appropriate people informed of schedules, work in progress, problems, changes.
- Works in a cooperative spirit in accepting, discussing or proposing changes in assignments.
- Keeps well-informed about news in general and assigned specialities by reading The Times and other publications.
- Organizes time well, and can work on more than one task at a time when necessary.
- Is punctual for staff meetings and time commitments.
- Maintains good staff communications and relationship.
- Shares knowledge and ideas with less-experienced workers.

- Seeks diversity in coverage.

Enterprise Skills:

- Demonstrates willingness to perform routine but necessary duties such as digest items, etc.
- Consistently suggests ideas for stories, photographs and illustrations.
- Produces enterprise stories.
- Seeks fresh ideas and approaches in reporting and writing.
- Stays ahead of stories by anticipating or uncovering developments.
- Is willing to travel, make calls from home and work unusual schedules when the coverage requires it.
- Is willing to take leadership of a story or project.
- Offers suggestions for improving the newspaper.
- Takes on new challenges.

4장
편집국·보도국의 구조와 기사 만드는 과정

기사가 생산되는 공간을 미국에서는 뉴스룸newsroom이라고 부른다. 우리나라에서는 신문과 방송이 이름을 다르게 불러왔다. 편집국이 신문 기사가 기획되고 만들어지는 곳이라면, 방송에서는 이 공간을 보도국이라 불러왔다. 이후 인터넷과 모바일 기술이 일상화되며 '통합 뉴스룸'이라는 용어가 등장했다. 2000년대 들며 매우 빠르게 뉴스의 전달 공간이 온라인과 모바일 기기로 이동하면서 과거 신문과 방송의 뉴스 제작 체제로는 시시각각 기사를 올려야 하는 디지털 사이클에 맞출 수가 없게 됐기 때문이다.

여전히 회사마다 기사를 제작하고 출고하는 체제는 다르게 운영된다. 비교적 완성형의 통합 뉴스룸을 운영하는 회사가 있는가 하면, 아직도 완전히 분리된 기사 출고 체제를 유지하며 디지털 편집 부문을 별도로 운영하는 회사도 상당히 많다. 그러나 디지털과 모바일 체제가 대세가 되면서 과거 일정한 마감 시간이 있던 시절과는 기사 제작 시스템이 완전히 달라진 것 또한 사실이다.

이 장에서는 기본적으로 신문의 기사 제작 구조를 중심으로 설명한다. 그러나 특정한 부서 이름이나 직책명보다는 디지털 제작 기반을 모두가 사용한다는 사실을 전제로, 기사가 기획·취재되고 에디팅 과정을 거쳐 제목이 부여되며, 온라인판에 업로드되거나 지면에 배치되는 절차를 설명하는 데 초점을 맞춘다. 다시 말하면, 이 책의 모든 내용은 기사 쓰기에 집중된다. 그러나 기사를 공부하는 사람에게 기사 제작의 맥락적 여건에 대한 기초적인 이해를 제공하기 위해, 기사의 기획에서부터 출고까지의 과정이 기본적으로 어떠한 절차를 거쳐 이루어지는지를 간략히 설명한다는 뜻이다.

기사는 조직적 작업의 산물이다

독자, 수용자가 매일 소비하는 기사는 신문을 통하든 웹사이트 또는 방송을 거치든 예외 없이 뉴스룸이라는 조직이 개입돼 만들어진다. 개인 블로그에 올리는 글의 경우에는 조직이 개입하는 절차를 건너뛰기도 하지만, 언론사의 이름을 달고 출고되는 기사의 경우에는 예외가 있을 수 없다. 하루에 수백 건의 기사를 실수 없이 생산하려면 상당히 효율적인 관리 체제가 필요하기 때문이다.

한국 매체들은 주요 신문의 경우 300명 내외 규모의 편집국을 운영한다. 규모가 작은 전국지의 경우에는 100명 수준, 공영방송사인 KBS는 카메라 기자를 포함해 500명 수준의 보도국을 운영하며, 국가 기간 통신사인 연합뉴스도 500명 정도의 취재·편집 인력을 운영한다. 그런가 하면 미국을 대표하는 신문인 『뉴욕 타임스』는 1,600명, 일본의 『아사히신문』은 2,300명, NHK는 1,100명, 영국의 BBC는 3,000명 이상의 기자를 고용하고 있다. 한국 매체들의 인력 규모가 세계 최고 수준의 매체들과는 상당한 거리가 있음을 알 수 있다.

규모의 차이는 있지만, 기사 제작 시스템은 이처럼 모여 있는 취재·편집 인력을 효율적으로 운영하기 위한 유기적 조직 체계를 의미한다. 조직 체계는 각 회사가 다를 수밖에 없지만, 기본적 기능은 상당히 비슷하게 나뉘어 있다.

기사 제작과 관련된 의사 결정 구조는 위로부터 살펴보면, 발행인Publisher과 주필Editor-in-Chief, 편집인Executive Editor, 편집국장Managing Editor, 담당 부국장Assistant Managing Editor, 부장Editor, 차장Assistant Editor, 그리고 경우에 따라 차장급

또는 고참 기자급의 팀장과 담당 기자Reporter로 구성되어 있다.

기사를 써서 신문에 내야 하는 기자의 입장에서 보면, 어느 기사건 담당 기자에서 시작된 쓰기와 검토의 과정은 보통 데스크Desk로 불리는 담당 차장과 부장의 에디팅을 통해 담당 부국장과 편집국장의 선을 거쳐 기사의 최종 버전이 결정된다. 여기서 결정은 기사의 게재 여부에서부터 게재 비중, 게재 위치, 제목과 소제목 등의 모든 내용을 포함한다. 웬만한 뉴스에 관한 대부분의 결정은 편집국장의 권한이다. 편집국장은 이를테면 편집에 관한 한 독자적인 결정권을 위임받은 전문 경영인에 비유될 수 있다. 그러나 사안이 대단히 중요하면 그러한 기사는 편집인과 발행인의 검토를 거치게 된다. 회사의 운명을 바꿀 수 있는 기사가 있을 수 있고, 그 같은 기사의 게재 여부나 보도 방향은 발행인이 반드시 알아야 하기 때문이다.

일선에서 기사를 쓰는 기자의 역할은 담당 부서의 데스크인 부장, 차장과 대화하는 것이 전부인 경우가 많다. 그러면 부장은 기사를 들고 편집국장이 주재하는 편집회의에 들어가 해당 기사의 게재 여부를 토론하게 된다. 다시 강조하지만 기사는 대단히 동적인 집단 작업의 산물이다. 따라서 기자는 편집국의 조직을 이해해야 하고 기자 사회의 일하는 문화나 관습도 익혀야 한다. 이 절에서는 이 같은 목적을 위해 뉴스의 편집에 참여하는 주요 인사의 기능을 간략하게 설명한다.

최고 경영진

발행인

발행인은 대부분의 경우 해당 언론사의 소유주다. 한국 신문은 동아일보, 조선일보, 중앙일보, 한국일보처럼 소유주가 있는 경우와 서울신문처럼 정부가 소유한 경우, 그리고 한겨레신문 같이 다수의 소액 주주가 소유한 경우로 소유 구조가 나뉜다. 서울신문의 발행인은 정부가 주도하는 이사회에서 임명하고 한겨레신문은 주주총회에서 선임한다. 발행인은 신문사 전체의 업무를 관장하고 결정한다. 그러나 주로 영업, 광고, 판매 등 경영적 업무에 집중하고 신문의 편집과 관련된 사항들은 주필과 편집인, 편집국장에게 위임한다.

사주가 관장하는 회사 수가 많은 경우, 또는 법률적 제약 때문에 직접 발행인 직을 수행할 수 없는 경우에는 전문직 발행인을 임명해 운영하기도 한다. 조선일보와 중앙일보, JTBC처럼 사주가 있는 회사에서 기자 출신 임원이 대표이사로 일하는 사례는 대체로 이러한 유형으로 볼 수 있다.

뉴스 제작 관련 직책

주필

주필은 신문사의 사설이나 칼럼 등 의견 기사 부문을 대표하는 상징적 존재다. 회사에 따라 주필을 임명하는 곳이 있고, 그렇지 않은 회사가 있다. 주필은 특정 신문 필진의 상징으로 해당 신문의 논조를 결정하고 의견 지면에 관한 모든 책임을 지는 사람이다. 요즘은 주필 직을 임명하지 않는 회사가 더 많다.

편집인

편집인은 미국에서는 Executive Editor로, 신문의 뉴스 제작과 편집을 총괄하는 인물이다. 기자들에 대한 인사권과 사설, 칼럼 등 의견 기사를 제외한 모든 뉴스 기사의 흐름을 관장한다. 『뉴욕 타임스』의 딘 베케이Dean Baquet, 『워싱턴 포스트』의 마틴 배런Martin Baron 같은 사람이 2018년 현재 편집인으로 일하고 있다. 워터게이트 사건 보도를 지휘한 벤자민 브래들리Ben Bradlee나 전설적 기자인 『뉴욕 타임스』의 제임스 레스턴James Reston 같은 사람들은 모두 편집인으로 강력한 지도력을 발휘한 경우다. 한국 신문에는 과거 편집 담당 이사 제도가 있었고, 현재도 임원급의 직책을 유지하는 회사가 있다. 그러나 이들이 실질적으로 기사 제작의 흐름에 직접적인 영향력을 발휘하는 구조는 아니다. JTBC의 경우는 예외적으로, 한국 매체로는 처음으로 뉴스 담당 사장을 임명해 손석희 씨로 하여금 뉴스 제작 전반을 총괄하도록 하고 있다. 방송에서는 편집인과 비슷한 역할을 임원급 보도본부장들이 수행하고 있다.

편집국장

편집국장은 한국 언론사에서 기사의 취재와 편집에 관한 모든 일을 관장하는 사람이다. 편집국장은 매일 수차례에 걸쳐 정치부장, 경제부장, 사회부장, 문화부장, 과학부장 등 편집국 간부들이 참여하는 편집회의를 주재한다. 특정 기사의 취재 여부, 게재 여부를 결정하고, 각 지면의 기사 배열 순서, 지면의 할당, 사진이나 다른 시각적 도구의 활용 등에 관한 내용도 결정한다. 디지털 환경에서는 웹사이트에 기사를 언제, 어떻게 올릴지를 결정하고, 지면과 온라인 기사의 관계도 지속적으로 모니터하며 관리한다.

편집국에서 사용하는 예산에 관한 내용, 기자들의 부서별 배치, 진급과 전보에 관한 사항은 편집국장이 담당하는 중요한 업무 영역이다. 편집국 조직이 커지고 인력의 규모가 300명 수준으로 확장되며 언론사마다 편집국장을 보좌하는 기능을 확충하는 추세를 보인다. 취재 담당 부국장, 편집 담당 부국장제의 설치와 웹사이트 및 모바일 기사의 관리를 위한 담당 데스크의 임명, 편집국 행정 업무를 총괄하는 부장급 직책의 신설 등이 이 같은 추세를 구체화하는 제도다.

편집부장

편집부장은 편집부의 책임자다. 편집부는 편집국 각 부에서 넘어오는 기사를 최종적으로 점검하고 지면별로 배치해서 신문의 틀을 만들어내는 일을 담당한다. 편집부의 주요 기능은 각 기사의 제목과 소제목 작성, 면별 기사의 배치, 면의 디자인, 사진과 그래픽의 준비와 배치, 각 기사에 등장하는 인물의 철자·한자 확인, 기사의 맞춤법 확인, 교열부 업무 등을 포함한다.

여기 제시된 기능들은 신문사의 규모에 따라 별도의 부서로 분산되는 경우도 있다. 디지털 편집이 일반화하며, 편집 기능이 각 취재 부서로 분산 배치되는 사례가 증가하는 것이다. 과거에는 편집부에 지면별 편집 담당자가 있어 취재 부서와는 별도로 작업을 진행했으나, 팀제의 도입과 디지털 편집의 강화 등으로 편집 담당자가 해당 취재 부서로 배치돼 취재에서부터 지면 구성에 대한 고려를 반영하는 방향으로 편집 기능의 재배치가 진행되고 있다. 많은 신문에서는 특히 인력 감축의 일환으로 교열 기능을 없애고 취재기자의 편집 기능을 강화하는 변화도 시도한다.

온라인 및 모바일 뉴스 소비가 일반화하며, 이쪽 분야 기사의 선별과 배치, 별도로 이쪽 독자를 배려한 기사의 제작 등을 관리하는 디지털 편집 부서의 강화는 일반적인 추세다. 별도의 자회사를 운영하는 회사에서부터 디지털 편집 분야를 국 수준으로 높여 인력 배치를 강화하는 추세도 확산되고 있다.

사진부장

사진부장은 편집국 각 부에서 취재하는 기사에 필요한 모든 사진을 공급하는 책임을 맡는다. 글을 쓰는 기자들과 달리 한 사람이 여러 부서의 사진 취재를 담당하고, 해외 사진의 경우 통신사나 사진 제공업자들로부터 전송된 사진을 지면에 적합하게 처리하는 임무도 수행한다. 신문 지면의 시각화가 강조되며 보도사진의 역할도 강화되는 추세다. 최근에는 디지털 인프라가 보편화하며 일반 취재기자들에게 사진을 직접 촬영하고, 심지어 동영상도 촬영하기를 요구하는 매체가 급격히 늘고 있다. 글 쓰는 기자들이 영상 매체를 다루는 능력을 겸비해야 하는 상황으로, 미국의 저널리즘 스쿨들은 이러한 역량이 미래 기자에게는 필수적인 요소라고 판단해 기본적 교과과정에 영상 제작 역량을 강화하는 내용을 포함시키고 있다.

미술부장

사진과 별도로 컴퓨터 그래픽이나 캐리커처 등 미술적 작업이 필요한 부분을 관장한다. 이 부문 또한 시각적 지면 편집이 강조되며 역할이 증대되는 추세다. 최근에는 컴퓨터를 이용한 다양한 그래픽의 등장으로 신문의 지면이 한결 다채로워졌다. 지면의 컬러화 또한 신문의 미적 요소를 더욱 세심하게 고려하도록 요구한다. 가로 쓰기 편집이 보편화하면서 미적·시각적 효과를 최대화하기 위해 신문마다 이 부분에 대한 기능이 강화되고 있고 체계적 연구 작업도 활성화하는 추세다.

다른 주요 부장

편집국에는 취재 영역별로 업무를 담당하는 부장이 있다. 주요 부장으로는 정치부장, 경제부장, 사회부장, 국제부장, 문화부장, 과학부장, 체육부장, 사진부장 등이 있다. 신문의 규모가 커지면서 생활부, 여성부, 대중문화팀, 여론독자부, 산업부, 기획특집부 등의 부서가 추가되는 추세다.

취재 담당 부서의 구분은 서울에 있는 신문인가, 아니면 지방에 소재한 신문인가, 또 종합신문인가, 경제신문인가, 혹은 더 세부적인 특수신문인가에 따라 다를 수밖에 없다. 부제가 아니고 팀제를 도입한 신문의 경우 편집국은 교육팀, 환경팀, 정당팀, 행정팀, 복지팀, 방송팀, 정보통신팀 등 취재 영역이 더욱 구체적으로 분화된다. 이 같은 취재 부문을 관장하는 부장들은 기본적으로 각 부와 관련된 기사의 취재 및 기사 작성을 책임진다. 이들은 일선 기자에게 취재 지시를 내리고 보고를 받아 편집국장에게 보고하며, 송고된 기사의 내용을 확인한 뒤 보강할 부분이나 잘못된 부분 등을 다시 수정하도록 지시한다. 각 부의 부장은 또 기사의 문장을 다듬고 해당 기사가 어느 만큼의 비중으로 다뤄져야 하는가도 고려해 편집회의에서 반영한다.

편집국 이외의 다른 부서

신문사에는 편집국 외에도 여러 부서가 있다. 주요한 부서로는 총무국, 광고국, 판매국, 제작국, 사업국 등이 있다.

총무국은 회사의 인력 관리와 시설 관리 등 가장 기본적인 기능을 담당한다. 사원들의 복지 문제, 의료보험, 예비군 업무 등도 총무국 소관이다. 광고국은 광고 업무를 총괄한다. 기업이나 개인들의 광고를 접수해 지면에 반영하고, 광고 수입의 확대를 위해 기획과 영업, 고객 관리 등의 업무를 수행한다. 판매국은 신문 판매 업무를 담당한다. 가정 배달을 위한 지국과의 업무 협조, 판매 강화를 위한 판촉, 지역별 판매 전략의 수립, 가판 관련 업무의 관장 등이 판매국 소관이다. 신세대 독자, 신도시 독자 등의 특성을 고려한 판매 전략 연구 등도 주요 업무의 하나다.

제작국은 편집국에서 건네주는 신문 지면을 최종적으로 신문으로 만들어내는 작업을 담당한다. 이곳에는 많은 컴퓨터가 설치돼 있어 지면별 신문의 최종 모습을 볼 수 있다. 제작국에서 만들어진 지면들은 윤전기를 가동하는 공무국으로 넘겨져 우리가 받아보는 종이에 인쇄된 신문의 형태로 찍혀 나온다.

이 밖에 한국의 신문사에는 사업국이라는 부서가 있다. 사업국은 외국의 저명한 오케스트라의 초청 공연이나 화가의 전시회 등을 기획해 개최한다. 신문 발행과 별도로 다양한 문화 사업을 통해 부대적인 수입을 확보하기 위한 부서다. 교사들의 해외 연수도 주선하고, 청소년 사절단, 문화 탐사단 등의 조직도 시도하며, 많은 신문사가 부설 문화센터를 설치해 운영하기도 한다.

이 밖에 한국의 신문사는 대부분 출판국을 갖고 있다. 출판국은 주로 시사 주간지나 월간지, 또는 여성잡지 등 정기간행물을 만들어내는 부서다. 신문에 따라서는 단행본의 출판도 시도하고 디지털 매체의 생산도 기획한다.

기사가 만들어지는 과정

편집국의 기본적 골격을 이해하는 일은 대단히 중요하다. 그러나 그에 못지 않게 중요한 일이 실제로 기사가 쓰여서 고쳐지고 편집에 관한 결정이 내려지는 과정이다. 기자는 매일매일 이 같은 일의 틀 속에서 작업해야 하고, 그러한 환경에 적응하지 못하면 성공할 수 없기 때문이다.

데스크와의 관계를 통한 작업

기사의 취재는 몇 가지 중요한 결정을 필요로 하는 동적인 과정이다. 취재에 대한 생각은 기자가 제기할 수도 있고 데스크가 지시하기도 한다. 어느 경우가 됐건 취재 초기에는 깊이 있는 상호작용이 필요하고 여기서는 누가 취재하는가, 얼마나 많은 지원 인력이 필요한가, 시간은 얼마나 투입하는가, 시각은 어떻게 접근하는가 등의 사항이 결정된다. 이 같은 과정이 지난 뒤 기사를 작성하는 단계부터 기사의 흐름을 단순화하면 다음과 같다.

> 1. 담당 기자의 기사 작성
> 2. 담당 부장데스크의 검토
> 3. 편집국장부국장의 검토
> 4. 편집부 검토, 제목 뽑기, 지면 배치
> 5. 제작국 마무리 작업
> 6. 공무국 인쇄

대부분 편집국에서는 이 같은 과정을 거쳐 기사를 인쇄한다. 이 과정은 어찌 보면 매우 단순하고 문제가 없어 보인다. 그러나 자세히 들여다보면 기사 하나가 신문으로 인쇄되기까지는 생각보다 많은 선택과 판단의 과정을 거친다.

이 과정 가운데 가장 중요한 부분이 기자와 담당 데스크의 관계다. 데스크는 에디터editor 혹은 담당 부장을 말한다. 신문에서는 에디팅 작업을 '데스크를 본다.'라는 말로 표현하기도 한다. 다시 말하면, 데스크는 기자가 일하는 분야를 관장하는 부장을 일컫는 말인 동시에 동사로 전환하면 기사를 검토하고 첨삭도 하는 에디팅 과정을 뜻하는 말로도 쓰인다.

기사는 결국 기자와 데스크 관계에서 만들어지는 물건이다. 양자 간에 끊임없는 교감과 상호작용이 필요하다는 말이다. 부장은 기사를 받으면 우선 차분하게 전체를 읽는다. 그리고는 초기에 몇 가지 중요한 결정을 내린다. 혹시 모자라는 정보는 없는가? 기사를 좀 더 보강해야 하는가? 배경 정보가 더 추가돼야 하는가? 인용은 적절히 사용되고 있는가? 인용문들은 꼭 필요한 것들인가? 리드 첫 문장은 잘 쓰였는가? 기사의 시각을 바꿀 필요는 없는가? 이 기사는 독자들의 관심을 끌 만한가? 글의 흐름은 깔끔한가? (매우 중요한 기사라면) 편집국장에게 미리 알려 1면에 실을 만한 가치가 있는 기사라는 사실을 예고해야 하는가?

취재 일선의 데스크들은 기사를 접하는 순간 이러한 여러 가지 질문을 거의 동시에 던지게 되고 또 빠른 시간 안에 어떠한 쪽으로든지 결정을 내려야 한다. 부장이 어떻게든 결정을 내리게 되면, 취재기자는 그다음 무엇을 해야 하는지에 대한 지시를 받는다. 보충할 부분을 지적받은 경우 추가 취재에 나서야 하고, 글 쓰는 시각을 바꾸어야 할 경우 전체 기사의 틀을 고치는 작업에 나서야 한다.

취재기자가 보충 작업을 마치고 새로운 기사를 다 쓰게 되면, 그 기사는 다시 데스크의 검토를 거친다. 부장이 보았을 때 기사가 여전히 부족하다는 판단이 서면 취재기자는 다시 추가 작업에 나서서 글을 고치게 된다. 이 과정은 특히 초년병들에게는 대단히 어려워 보이고 실제로 고통스러운 과정이다. 기자는 개인적인 모멸감을 느낄 수도 있고, 고치는 일이 되풀이되면 심각한 좌절감에 빠질 수도 있다. 그러나 기사의 파급력과 사회적 기능을 생각하면 이 같은 신중한 에디팅 과정은 반드시 필요하다.

그리고 기자는 이러한 상호작용 과정을 통해 기사 감각을 키우고 기사적 문장의 특성도 깨우치게 된다. 엄하고 꼼꼼한 데스크를 만나는 것은, 특히 처음 시작하는 기자에게는 더할 수 없는 복이라 할 수 있다. 기자는 자신이 쓴 기사가 한 단계씩 검토를 거치면서 처음 생각했던 것보다 한결 진전된 기사의 모습이 갖춰지는 것을 발견하게 된다.

사진과 그래픽에 대한 고려

기사가 검토되는 과정 어디에선가 사진을 사용할 것인가, 또는 다른 시각적 보조도구를 동원할 것인가에 대해 결정하게 된다. 이 문제 또한 담당 데스크의 의사가 강하게 반영된다. 사진이나 그래프, 미술적 도구들은 시각적 지면 구성의 핵심적 고려 사항이기 때문에 기자는 기사의 준비와 동시에 이 같은 문제도 데스크와 상의할 생각을 해야 한다.

그러한 점을 고려할 때 사진기자나 미술 담당자들과의 인간적 관계도 중요해진다. 현대적 편집은 취재 초기부터 시각 효과를 동시에 고려하도록 요구한다. 독자에게는 글보다 시각적 기호가 더 강하게 다가오기 때문이다. 그래서 기자는 자신의 기사를 보완해주는 다양한 보조 재료의 가능성을 잘 알아야 하고, 또 실제로 그것을 활용할 수 있는 능력도 키워야 한다.

편집부에서의 작업

기사 작성이 끝나고, 사진과 그래픽 등 보조 재료에 관한 고려가 정리되면 기사는 편집부로 넘겨진다. 편집 담당자는 취재 담당 데스크가 던진 것과 같은 질문을 가지고 기사를 다시 검토한다. 리드의 적합성, 시각의 적절성, 부족한 정보의 존재 여부 등을 검토하면서 편집 담당자는 또 어법과 문법적 검토를 정밀하게 실시한다. 편집 담당자는 때로 문장의 여기저기 작은 부분들을 손보기도 한다. 그러나 기사의 틀을 바꾸거나 핵심 내용을 건드리는 중요한 수정은 편집부의 일이 아니다. 만약 중요한 내용을 고쳐야겠다는 생각이 들면 편집 담당자는 담당부장을 불러 상의하고 취재기자와도 의논해 수정 작업을 실시한다.

편집 담당자가 기사가 완성됐다고 판단하면, 그는 제목 뽑기에 착수한다. 제목의 크기는 기사의 비중을 결정한다. 주제목과 부제목, 3차 제목까지 쓰는 경우 작업은 더 복잡하다. 제목이 독자의 시선을 잡는 첫 번째 기호라 생각하면 기사 만들기에서 편집자의 역할이 얼마나 중요한지를 짐작할 수 있다. 편집 담당자는 기사 제목 외에도 사진의 내용을 설명하는 설명문을 써넣는다. 이러한 작업이 모두 마무리되면 기사는 제작국을 거쳐 인쇄소로 넘어간다. 신문의 인쇄 업무는 과거 철저하게 수공업적이었으나 CTS~Computerized Type-Setting~ 체제가 일상화하며 대폭 간단해졌다.

팩트 체킹

2003년 『뉴욕 타임스』에서 제이슨 블레어~Jayson Blair~란 기자가 30여 건이 넘는 기사를 날조한 사례가 드러난 이후 신문들은 기사의 취재와 보도된 사실에 관한 팩트 체킹을 대폭 강화하기 시작했다. 게다가 디지털 문서들의 베끼기, 퍼다쓰기 등이 수월해지고, 정치인들이 개인 미디어를 적극 활용해 과장과 허위 사실이 포함된 주장을 언론의 게이트 키핑을 거치지 않고 자유롭게 유통하는 모바일 커뮤니케이션 시대가 펼쳐지면서 팩트 체킹의 역할은 더욱 강화되는 추세다. 과거 신문, 방송사에서 운영되던 교열부나 심의 부서의 기능이 요즘은 팩트 체킹 조직의 역할로 대체되는 경향까지 나타나고 있다. 팩트 체킹은 기사가 완성된 상태에서 출고 전 마지막으로 사실의 정확성을 중심으로 별도의 인력이 확인하는 작업을 말한다. 우리나라에서는 아직 소수의 매체들이 선별적으로 팩트 체킹을 실시한다.

2부

기사 쓰기에 필요한 기초 지식

5장
기삿거리 찾기

무엇이 기사가 되는가

뉴스 이론에서 기사가 되는 요건으로는 시의성, 중요성, 근접성, 현저성, 특이성, 갈등 양상 등의 가치가 주로 언급된다. 이는 많은 기사를 통계적으로 분석해 정리한 결과다. 그러나 이 같은 기준은 실제로 기사를 찾아내 발제하고, 매일, 아니 요즘 같으면 매 시간 새로운 기사를 써서 업로드해야 하는 압력에 시달리는 일선 기자에게는 한가한 이야기다. 모바일 소비가 일상화하며, 뉴스 사이클이 24시간 체제로 바뀌면서 기자가 느끼는 기사 스트레스의 강도는 과거와 비교가 안 되게 높아졌다.

기사는 현장 기자나 데스크가 '기사가 된다'고 인정해 글로 쓰거나 영상으로 제작해 웹사이트 또는 신문, 방송에 낸 상품을 말한다. 다시 말하면, 이 장에서 말하는 기사는 현장 기자의 느낌, 문제의식, 취재 가능성에 대한 판단 등에다 매일매일 지면과 온라인 공간을 채우기 위한 편집국 에디터의 요구가 결합돼 만들어지는 생산물을 의미한다.

물론 기자와 데스크의 머릿속에는 독자가 무엇을 원하는가에 대한 고려가 늘 자리한다. 크라우드 소싱crowd sourcing이나 오픈 저널리즘open journalism 등의 개념이 도입되며 독자가 기사 제작 과정에 참여하는 공간이 확장되기는 했지만, 독자가 직접 기사를 만드는 과정에 참여할 공간은 여전히 제한돼 있다. 다시 말하면, 대부분의 기사는 역시 현장 기자의 뉴스 감각에 의해 기획되고 쓰인다는 뜻이다.

이렇게 보면 기사를 결정하는 가장 중요한 요인은 기자와 데스크가 갖고 있는 기사 감각이다. 기자와 데스크는 서로 다른 감각과 판단 방향을 가질 수 있다. 그러나 신통하게도 서로 다른 많은 신문이 매일매일 상당히 비슷한 기사들을 쏟아내는 걸 보면 기사를 보는 눈은 일정한 정형 또는 패턴을 이루고 있다고 보인다. 오랜 경험을 쌓은 기자들의 기사 감각이 회사나 매체는 다르지만 비슷한 유형을 이룬다는 뜻이다. 이는 왜 그럴까? 그리고 어떻게 하면 기사 감각을 기를 수 있는가? 좋은 기사를 찾아내는 사람은 어떤 특징을 갖는가?

기사 찾기에 필요한 기초적 자질

기사 감각은 꾸준한 노력으로 단련된다

기사를 찾아내는 감각은 탁월한 예술 작품을 창조하는 능력과 다르다. 천부적 재능을 필요로 하지 않는다는 뜻이다. 기사를 보는 눈은 많은 읽기와 관찰하기를 통해 차츰차츰 만들어진다. 아무런 사전 지식 없이는 탁월한 기사를 써낼 수 없다. 기자로서 적합한 품성을 타고났다고 평가받는 사람은 체질이 그러하다기보다는 어린 시절부터 기자적인 사고와 실천에 익숙한 사람인 경우가 많다. 오랫동안 꾸준히 뉴스를 소비하며 상식 기반을 다져야 한다. 기사 감각이 좋으려면 폭넓은 독서를 통한 지적 능력의 축적과 다양한 세상 경험에 의한 현실감각의 함양이 반드시 필요하고 이는 계속적인 노력을 요구한다. 미국 논픽션의 대가인 게이 탤리스Gay Talese는 매일 새벽 두세 시간을 배달되는 『뉴욕 타임스』를 집중해서 읽는 데 사용한다고 말했다.

뉴스 흐름을 이해하라

이는 기삿거리를 찾는 데 핵심적인 요소다. 세상이 어디로 가는가, 또 세상 일을 전하는 뉴스의 틀은 어떠하고 해당 시점에 가장 중요하게 사람들의 관심을 잡는 것은 어떠한 사안인가? 이 같은 뉴스의 흐름을 따라가지 못하면 좋은 기삿거리를 찾는 일은 불가능하다. 사회적 문맥, 권력 주도층의 정책적 사고 구조의 이해와 그 같은 정치·사회적 환경을 보도하는 기사 쓰기의 시각이 어떠한 틀에서 이루어지는지를 피부로 느낄 수 있어야 한다는 말이다. 그래야 그 틀을 뒷받침하는, 아니면 그 흐름을 이어가는 기사를 생각할 수 있고, 경우에 따라서는 주도적인 뉴스의 흐름을 뒤엎는 시각의 기사를 기획할 수도 있다. 뉴스 흐름의 파악을 위해서는 신문 읽기와 방송 듣고 보기가 필수적이다. 또 잡지, 학술지, 논문 등도 따라가며 읽고 정리하는 습관을 길러야 한다. 요즘은 국제적 흐름을 이해하기 위해 외국의 신문과 방송, 잡지도 정기적인 접촉 대상에 포함해야 한다.

새로운 현상을 잡아내는 안목을 길러라

어떤 사람은 눈앞에서 새로운 일이 벌어져도 그 사실의 새로움을 느끼지 못한다. 사회는 끊임없이 변화하며, 사람들은 항상 무언가 다른 어떤 것을 시도한다. 그 같은 구조적 변화를 느끼고 글로 정리하는 것은 기자의 중요한 사명 가운데 하나다.

"광화문 빌딩 광장
선진국형 시위 장소 됐다"

1997년 3월 9일 조선일보가 실은 한 기사의 제목이다. 이 기사는 남들이 보지 못하는 새로운 사회적 현상을 잘 잡았기 때문에 빛을 본 사례다. 과거 폭력의 교환이 당연시되던 시위 문화가 조용한 피케팅과 서명운동으로 바뀌었고 광화문 빌딩 지역이 그 같은 변화의 중심이라는 게 이 기사의 요지다. 이처럼 보고 그냥 지나칠 수 있는 일들 가운데에서 새로움을 찾아내려는 노력이 좋은 기사를 만든다.

"The mind-reading headsets won't read minds. The fire-detecting machines has been declared a safety hazard. The robot waiter can't be trusted with the soup."

2018년 7월 23일 『뉴욕 타임스』 기자가 상해에서 열린 중국의 첨단기술 전시회를 참관하고 쓴 기사의 첫 부분이다. 전시회 주최 측의 의도나 희망과는 정반대 방향에서 기사를 썼다. 보도자료가 아니라 현장에서 전시되는 신기술 제품들을 세밀하게 관찰하고 확인했기에 가능했던 기사다.

새로운 관점을 가져라

1987년 6월 민주화운동이 한창 전국을 뒤흔들던 무렵 명동에서 사무직 근로자들이 점심 때 시위에 참가하기 시작했다. 우리나라 신문들은 이 같은 현상을 '넥타이 부대 반정부 시위 가담'이라는 시각에서 기사를 썼다. 그러나 『뉴욕 타임스』 등 해외 신문들은 '중산층 시위 가담'으로 의미를 확대해 한국에서 중산층도 집권 세력에 등을 돌렸다는 시각을 새롭게 부각시켰다. 비슷해 보이지만 커다란 관점의 차이를 보여주는 사례다. 좋은 기사는 이처럼 새로운 의미를 찾을 줄 아는 사람에게서 나온다. 사회적으로 전개되는 사건들은 커다란 역사적 흐름의 징후들인 경우가 많기 때문에 이 같은 탄력적 시각의 견지는 대단히 중요하다.

"회식은 왜 업무 시간이 아닌지…" 주 52시간제 무색한 회식 문화

2018년 7월 23일 한국일보 사회면에 실린 기사다.

"대기업 위주로 주 52시간 근로시간제가 시행된 지 20일이 넘었지만, 회사원들은 특히 회식 관련 지침에 불만을 토로하고 있다. 자정 넘어서까지 이어지는 술자리가 여전히 우리네 회식 문화인데도 친목이 목적이라는 이유로 근로 시간에서 빠진 탓에 주 52시간제가 사실상 유명무실해졌다는 것이다."

주 52시간 노동 제도가 새롭게 도입된 뒤, 현장에서 나타나는 구조적 문제점에 주목한 기사다. 법률로 강제하는 영역과 문화로 구분되지만 현실적으로 새로운 제도의 취지를 무력화할 수 있는 관행의 문제를 잘 포착한 사례다.

매체의 특성과 데스크의 시각을 파악하라

신문에서는 기사가 돼도 방송에서는 안 되는 사안이 많이 있다. 물론 그 반대 경우도 많다. 동물이나 희귀식물에 관한 기사는 영상을 함께 제공하는 방송이 선호한다. 복잡한 관념적 논의가 중심을 이루는 논문의 소개는 인쇄 매체 기사 유형에 속한다. 기자는 이 같은 매체의 특성을 잘 소화해야 한다. 매체의 특성에는 신문의 성격, 예를 들면 경제신문인가 아니면 종합신문인가 또는 스포츠신문인가에 대한 인식도 포함된다.

자신이 글 쓰는 매체의 편집 방침을 정확히 파악하는 일도 매우 중요하다. 회사의 정책과 어긋나는 아이디어는 내봐야 잘 받아들여지지가 않기 때문이다. 이에 덧붙여 고려할 사항은 자신이 속한 부서의 데스크가 원하는 기사의 유형을 파악하는 일이다. 싫어하는 기사의 종류를 확인하는 것도 마찬가지로 중요하다. 눈치꾼이 되라는 뜻이 아니라 기자 개인에게 어찌 보면 가장 중요한 영향력을 행사하는 환경 요인들을 정확히 인식해야 한다는 뜻이다.

선진국 매체를 벤치마킹하라

우리나라의 신문이나 방송은 아직 『뉴욕 타임스』나 BBC, '프로퍼블리카www.propublica.org' 등 선진국 최고 수준의 매체들과 비교하면 기사 유형이나 글쓰기의 깊이, 취재 기법 등에서 부족한 부분이 많다. 기사 쓰기를 공부하는 사람은 당장 취업에 필요한 역량을 갖추는 일도 필요하지만, 궁극적으로 현장에서 일할 때 다른 경쟁 기자들과는 다른 수준의 기사를 쓰고자 하는 욕심도 필요하다. 그래야 기자로서의 전문직 역량을 키울 수 있는 안목을 갖게 된다. 현실 여건은 어렵지만, 그러한 의미에서 선진적 기사 구조의 학습 혹은 새로운 취재 보도 기법에 대한 감을 키우는 일은 일찍 시작할수록 좋은 효과를 얻게 된다. 특히 기사를 쓰며 흐름이 막혀 고민일 때는 해외 사례들을 참고하는 것이 훌륭한 탈출구가 돼줄 수 있다.

기삿거리 찾기

이제 실제로 기사에 필요한 아이디어들을 어떻게 만들어내는가를 생각할 차례다. 언론사에서는 수백 명의 기자가 매일매일 어떠한 글을 쓸 것인가를 고민하고 기삿거리를 찾는다. 그들은 어떠한 방법으로 이 문제를 해결하는가?

포커스 집단과 모니터의 활용

최근에 미국에서 많이 사용하는 방법으로, 기자 개개인이 시도하기보다는 편집국 또는 신문사 차원에서 조직적으로 실시하는 기사 찾기, 편집 방침 정하기 방법이다. 독자에게 원하는 기사가 무엇이고 어떻게 쓰인 기사를 읽고 싶은가를 물어서 신문 편집에 반영한다. 산업 각 부문에서 확대되는 소비자 중심의 사고를 신문에도 도입한 제도로 보면 된다. 개별 기자 입장에서도 자신이 쓴 기사에 대한 반응이나 그들이 읽고 싶어 하는 기사에 대한 의견 등을 가까운 친구나 독자에게 물어 참고할 수 있다. 비슷한 개념의 프로그램을 한국 신문들은 모니터라는 제도로 소화한다. 신문은 이밖에 독자 여론조사나 토론회 등을 통해서도 기사 쓰기의 커다란 방향이나 새로운 지면의 개발 여부를 결정한다.

사람을 통한 기사 발굴

보도자료나 출입처에서 공식적으로 제공되는 기사를 제외한 대부분의 기사는 사람과의 만남, 전화 통화, '페이스북'이나 '카카오톡' 등의 SNS 등을 통해 얻어진다. 여기서 사람은 대통령, 장관 등 공직자에서부터 교수나 변호사 등 전문직 종사자, 택시운전기사, 교통경찰, 편의점 주인 등 다양한 계층을 모두 포함한다. 특히 '페이스북' 등 개인 매체들은 정치인이나 연예인이 신문과 방송 등 미디어를 건너뛰고 대중과 직접 소통하는 채널로 등장하며, 빈번하게 새로운 기사를 제공하는 취재원으로 자리 잡았다.

많은 사람을 만나 대화하고 취재하는 동안 기자는 여러 가지 자료와 정보를 얻게 되는데, 여기서 중요한 것은 대화 도중에 얻을 수 있는 중요한 정보를 흘려듣지 않는 것이다. 과거 우리 정치 기사의 대부분은 정치인과의 식사나 술자리에서 실마리를 잡아 보충 취재를 통해 1면 톱으로, 또 특종으로 태어나곤 했다. 디지털 문화가 확산하며 이러한 사례는 눈에 띄게 줄었지만, 여전히 다양한 사람과의 직접 만남은 기삿거리를 확보하는 가장 신뢰할 수 있는 방법이다. 대부분 기자들은 자신의 취재원을 모두 직업별, 연고별, 지역별로 철저히 분류한 인명 데이터베이스를 만들어 사용한다.

사람을 통한 자료 수집 가운데에는 독자가 스스로 정보를 가져다주는 '제보'도 있다. 닉슨을 대통령 자리에서 몰아낸 워터게이트 사건에서도 그 역할이 절대적이었을 만큼 제보는 중요하다. 요즘은 제보가 전화뿐 아니라 이메일, 문자, 팩스, 그리고 사진과 비디오 등의 매체를 통해서도 언론에 전달된다.

디지털 제보 체제를 잘 정비해, 특히 동영상 자료 등을 쉽게 홈페이지에 올릴 수 있도록 만들어놓은 방송사들은 주요 사건이 터질 때 관련 제보의 도움을 받는 경우가 많다. 좋은 제보를 받으려면 독자에 대한 관리 역시 뛰어나야 함은 물론이다.

Got a confidential news tip?

Do you have the next big story? Want to share it with The New York Times? We offer several ways to get in touch with and provide materials to our journalists. No communication system is completely secure, but these tools can help protect your anonymity. We've outlined each below, but please review any app's terms and instructions as well. Please do not send feedback, story ideas, pitches or press releases through these channels. For more general correspondence visit our contact page.

What Makes a Good Tip?

A strong news tip will have several components. Documentation or evidence is essential. Speculating or having a hunch does not rise to the level of a tip. A good news tip should articulate a clear and understandable issue or problem with real—world consequences. Be specific. Finally, a news tip should be newsworthy. While we agree it is unfair that your neighbor is stealing cable, we would not write a story about it.

Examples of good tips include:

Here is evidence that this government representative is breaking the law.

Here is proof that this company is conducting itself unethically.

We will be reviewing messages regularly, but cannot promise each will receive an individual response. There are multiple ways to submit tips. Each method provides different levels of protection, so we encourage you to be certain of the pros and cons of the method you choose. We will respond to tips using the same method in which they were submitted. For example, if you submit a tip to us with WhatsApp, we will only respond to you using WhatsApp.

공공기관의 문서나 자료의 활용

기사를 쓰기 가장 좋은 경우는 문서 형태의 자료를 갖고 있을 때다. 이는 사람의 말처럼 추가로 제3의 근거를 확보하지 않아도 확실한 근거가 되기 때문이다. 특정 정치인에게 정치 자금을 전달한 금융 거래의 증거 문서라든지 통화 녹음 파일, 국정 농단 사태의 결정적 스모킹 건이 된 태블릿 컴퓨터 등은 특히 디지털 자료의 특성 때문에 더욱 가치가 높다. 2016년 박근혜 대통령 청와대 수석 비서관의 업무 수첩을 확보한 기자는 전국 매체들이 그가 쓴 기사를 따라가야 할 만큼 강력한 특종을 만들 수 있었다. 검찰이 압수수색을 통해 대법원 판사가 사용한 컴퓨터 기록을 복사한 USB를 확보하는 일도 같은 맥락에서 볼 수 있다. 이러한 디지털 자료들은 모든 기록과 저장 일시가 확인 가능하기 때문에 더욱 유용하게 활용된다.

그러나 이 같은 비밀스런 문서보다 훨씬 많은 자료가 정부 각 부처나 국회, 각종 연구기관의 공문서 혹은 보고서 등의 형태로 존재한다. 이러한 공식 문건들만 차분하게 검토해도 수많은 기사를 위한 자료를 확보할 수 있다. 실제로 각 부처의 새해 업무 계획이나 국회에 제출하는 예·결산 서류 등은 많은 기사를 생산하는 자료 역할을 해오고 있다. 요즘은 이 같은 문서들이 인터넷으로 올려져 과거와 비교할 수 없을 만큼 손쉽게 접할 수 있다.

신문과 잡지의 활용

기자는 신문에서 취재 아이디어를 얻는 경우가 많다. 지방신문이나 특수신문의 경우에는 전국지에 난 기사를 보고 해당 기사를 지역화하는 방향이나 특정 집단에 필요한 기사로 바꾸는 시각을 고려한다. 전국 신문기자는 대학신문 기사에서 재미있는 소재를 발견해 여러 대학을 확인해서 기사를 확대할 수도 있다. 요즘은 각종 집단에서 신문을 내고 회보를 발행한다. 모든 사람을 만나는 일이 불가능한 상황에서 이들은 해당 집단을 이해하는 좋은 길잡이다. 여성 신문을 통해 여성 관련 주요 취재원이나 정책 쟁점을 알게 되고, 환경 관련 신문이나 잡지를 보면 어떤 사람이 환경문제와 관련해 어떤 활동을 하는지를 구체적으로 확인할 수 있다. 대학에서는 동아리회보, 동창회보, 그리고 요즘은 '대나무 숲'이라는 학생들의 온라인 소통 공간도 좋은 자료가 된다.

외국 신문과 잡지 역시 중요한 자료로 활용된다. 실제로 한국의 주요 신문들은 상당한 양의 기사를 외국 신문이나 잡지 기사의 요약으로 채운다. 이 같은 직접적 이용 외에도 이들은 그들이 다루고 있는 기사의 한국적 시각을 발전시키는 데 도움을 준다. 벤처기업의 현황이나 그들에 대한 지원책 등은 쉽게 우리나라에도 대입돼 우리에 맞는 기사로 만들어지는 주제이고, 선진국의 기름 소비 절약 운동에 관한 기사 등도 우리나라 사람들에게 유용한 기사로 자주 바뀌는 주제다. 전문 잡지나 학술지 또한 특히 과학 기술 분야 기사를 쓸 때 자주 활용되는 자료다. 특정한 질환에 대한 새로운 치료법의 등장을 다룬 논문, 핸드폰 사용이 뇌암을 유발할 수 있다는 연구 결과를 다룬 논문 등은 전 세계적인 중요성을 갖는 기삿거리다. 각종 연구소의 연구 보고서, 대학의 석·박사 논문, 학회의 학술 발표회 논문 등도 경우에 따라 많은 사람의 주목을 받는 기사로 소개된다.

신문 광고의 활용

광고가 기삿거리를 제공하는 경우도 많다. 최근에는 신문들이 기사형 광고를 많이 제작해 그러한 행위가 기사화된 사례가 많았다. 획기적인 광고 기법이 등장하면 그 또한 자연스레 기사의 대상이 된다. 또 시국이 불안해지면 시국에 대한 입장을 광고를 통해 표방하는 기업이나 집단, 개인이 있어, 이들 또한 언론의 주목을 받는다. 이 밖에 생활 광고가 관심을 끌 때가 많은데, 예를 들면 경제위기가 심화하면서 아파트와 전원주택 등의 급매물이 상당히 싼 가격에 나오는 추세를 광고를 통해 확인한다든가, 법원 경매 부동산의 최저 가격이 자꾸 하락한다는 등의 광고 내용도 좋은 기삿거리를 제공한다.

인터넷, SNS의 활용

온라인 공간과 SNS는 현대사회 정보 유통의 광장이다. 유통되는 정보의 양이나 속도가 과거에는 상상할 수도 없을 만큼 방대하고 빠르다. 하지만 가짜 뉴스 또한 엄청난 양이 유통되는 점은 주의를 기울여야 할 사안이다. 다양한 커뮤니티 가운데 기자 자신의 취재 관심 영역과 겹치는 곳은 꾸준한 모니터링이 필요하다. 해외 전문가들과의 네트워킹도 지속적으로 신경 쓰며 확장해나가야 할 사안이다. 북핵 문제에 대한 자료를 꾸준히 제공하는 '38 North http://www.38north.org' 같은 사이트가 대표적인 사례다. '국제탐사보도협회'나 '위키리크스' 같은 단체의 활동도 파급력이 큰 자료를 확보할 수 있는 기회를 제공한다.

취재 자료의 체계적 관리

기자는 항상 기삿거리가 될 만한 것들을 찾아 정리하게 된다. 이 같은 작업에 반드시 필요한 것이 기사 아이디어들을 체계적으로 정리하는 습관이다. 취재 계획을 세우면 그 작업에 필요한 자료를 체계적인 데이터베이스 체제를 구축해 모아두는 게 좋다. 그렇게 하면 귀중한 아이디어를 잊어버리지 않을 수 있고, 시간을 두고 기사를 어떻게 구성할 수 있는가도 되풀이해 생각할 수 있다. 특히 당장은 기사화하지 못하는 자료도 시간이 지나고 좋은 시점이 오면 큰 추가 노력 없이 유용하게 활용할 수 있다.

기사 아이디어별 취재 자료에 대한 기록은 간결해도 된다. 제목이나 주제어 정도에다 한두 문장의 요약문, 그리고 해당 기사를 취재할 때 꼭 필요한 취재원과 자료 정도를 기록하면 된다. 이 같은 자료는 수첩에 기록하는 형태로 보관할 수도 있고 개인 컴퓨터에 파일로 저장할 수도 있다.

6장
취재의 기초와 취재원

이 장에서는 기자가 가장 많은 시간을 보내는 취재 작업을 소개한다. 취재는 기자가 기사를 준비하기 위해 여러 가지 경로를 통해 정보를 모으고, 또 그렇게 해서 얻은 정보의 사실 여부를 확인하는 과정을 말한다.

"To tell the truth as nearly as the truth may be ascertained"

할 수 있는 최선의 노력을 다해 진실을 전하자는 이 인용문은 『워싱턴 포스트』의 사시社是에 해당하는 말이다. 이 회사는 이 말을 편집국 벽에 새겨두고 있다. 짧은 표현 속에 저널리즘의 정신이 잘 담겨 있어 이곳에 인용한다. 기자가 취재를 하는 활동은 이러한 자세가 바탕을 이뤄야 사실을 잘못 전하는 가능성을 최소화할 수 있다.

워터게이트 사건을 취재한 칼 번스타인Carl Bernstein 기자는 기사를 쓰는 자세에 대해 "the best obtainable version of the truth"라는 표현을 사용했다. 이 또한 진실이 지속적으로 추적되는 과정의 결과물이라는 인식을 바탕에 두는 접근법이다. 『저널리즘의 기본 원칙』(2014)에서는 "과정으로서의 진실truth as a process"이라는 표현을 강조한다.

이 표현들은 모두 기자가 다양한 취재원을 활용해 사실을 추적하는 취재 과정이 쉽지는 않지만, 궁극적 진실에 대한 신념을 바탕으로 해야 한다는 점을 전한다. 또 과정이란 말을 되풀이해 강조하는 이유는, 기자는 매번 마감 시간이 오면 기사를 출고해야 하지만, 진실의 실체에 접근하는 일이 불완전할 수밖에 없는 기사의 출고로 멈춰서는 안 된다는 점을 상기시키려는 뜻이다.

기자는 기사를 쓰기 위해 먼저 사람들을 만나고 그들의 이야기를 기록하고, 구체적인 근거가 될 문건이나 녹음을 확보하려고 노력한다. 기자는 또 서로 다른 입장에 있는 사람들의 이야기를 종합해 균형 잡힌 시각을 가지려는 노력도 함께 기울인다. 언론사들은 효과적으로 기사를 생산하기 위해 편집국 안에 사회 각 분야를 맡아 취재하고 기사를 생산할 취재 조직을 분리해서 운영한다. 따라서 기자들은 각자 자신에게 할당된 영역의 취재에 집중하며, 에디터들의 지휘를 받아 기사를 생산한다.

편집국의 취재 체제

신문과 통신, 방송사 등 언론사들은 사회 전 분야를 효과적으로 취재하기 위해 앞에서 소개한 것처럼 편집국을 정치, 경제, 사회, 문화, 체육 등 각 부서로 나누어 운영한다. 기자들은 개인의 적성과 경력, 능력 등에 따라 자신에게 적합하다고 판단되는 부서에 배치돼 거기에서 다시 세부적인 취재 영역을 지정받는다. 이렇게 지정된 담당 영역을 현장에서는 출입처라고 부른다. 영어권에서는 'beat'라는 표현을 사용한다. 다음 표는 한 신문사 편집국의 임무 분담표다.

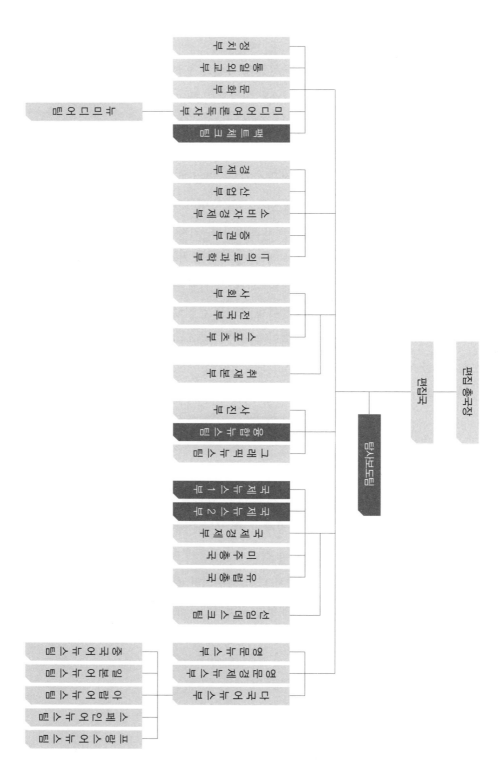

편집총국장

편집국

탐사보도팀

정치부
통일외교부
문화부
미디어노동자부
팩트체크팀

온디맨드

경제부
산업부
소비자경제부
금융부
기획금융부

사회부
전국부
소포츠부

사진부
영상취재팀
그래픽취재팀

취재부

국제뉴스1부
국제뉴스2부
국제경제부
미주총국
아주총국
신입데스크

외신부
국제뉴스제국부
다국뉴스부

충국오국팀
을림픽오국팀
우림픽오국팀
스포오임팀
포란오국팀

방송사 사회부에서도 가장 많은 인력이 배치돼 있는 서울시 경찰팀의 임무
분담 구조는 다음 표처럼 되어 있다.

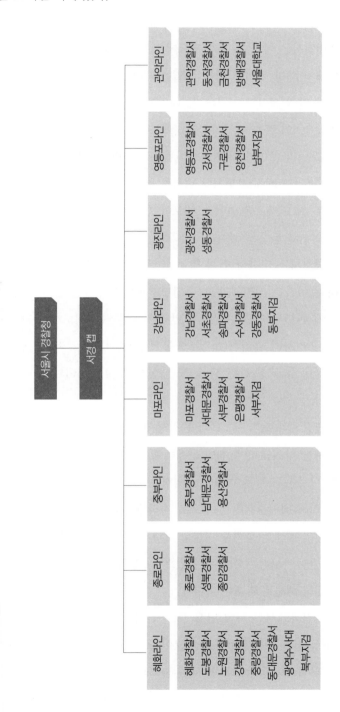

[KBS 경찰팀 취재 체제] (기준: 2018년)

출입처와 대변인실

취재 시스템이 신문사 내부의 업무를 효율적으로 추진하기 위한 제도라면, 대변인실은 이 같은 취재 필요에 대응하기 위해 정부 부처나 기업 등의 외부 세계에서 해당 기관의 업무를 일반 대중에게 알리고 기자들의 일도 체계적으로 돕기 위해 설치한 기관이다. 대변인실은 보다 공식적으로 정부 쪽에서는 공보관실, 기업 쪽에서는 홍보부 등의 이름으로 불린다. 이 부서에서는 부처나 회사를 널리 알리기 위해 홈페이지를 운영하고, 자체 홍보 매체를 발간하기도 한다. 그리고 때때로 부처나 회사가 추진하는 사업을 대중에게 알리기 위한 홍보 자료, 보도자료를 만들어 배포하고, 주요 인사의 기자회견을 열거나 언론사와의 인터뷰 등을 주선한다.

출입처는 기자의 취재 영역을 일컫는 말인데, 예를 들어 법률 문제를 취급하는 기자는 대법원과 법원 행정처에서부터 각급 법원과 검찰, 그리고 변호사들에 관련된 기관, 법무부, 법제처 등을 출입처로 갖는다. 교통 문제를 담당하는 기자의 출입처는 건설교통부부터 철도청, 항만청 등 관청과 인천공항, 부산항 등 교통 관련 시설, 또 대한항공 및 아시아나 등 관련 기업까지를 포함한다.

편집국의 취재 시스템과 출입처 제도는 여전히 폐쇄적·배타적으로 운용돼서 기자들 사이에 영역 침범 문제를 두고 갈등의 요인이 되기도 한다. 같은 출입처를 나가는 기자들이 모여 운영하는 기자단 제도 또한 비회원에 대한 폐쇄성으로 인해 비민주적인 관행으로 지적돼왔다. 1990년대 중반부터 취재 영역과 출입처의 폐쇄적 장벽을 허물고 보다 종합적인 시각에서 기사를 쓸 수 있는 환경을 만들어보려는 시도는 있었으나, 출입처 제도의 배타성과 폐쇄성은 아직도 완전히 해결된 과제는 아니다.

선진국에서는 특히 탐사 보도적 기사가 보편화하여, 기자들이 출입처의 장벽을 넘나들며 자신의 관심 분야를 취재하고 다른 취재 영역을 담당하는 동료들과 협력해 공동으로 기사를 출고하는 사례가 늘고 있다. 예를 들어, 복지 쟁점을 다루고자 한다면 요양시설이나 복지관 등의 현장부터 시·도 등 지방자치단체, 그리고 최상위 행정기관인 보건복지부를 취재해야 한다. 또 법률·정책적 지원이 필요한 경우는 청와대와 국회의 노동 관련 상임위원회도 취재해야 하는데, 배타적 취재 문화는 이러한 입체적 취재에 걸림돌로 작용할 수밖에 없다. 기획 취재가 강화되며 한국 매체들도 이러한 노력을 강화하는 추세이기는 하나, 아직 이러한 문화가 보편화하지는 못했다.

취재원의 보호와 기자의 의무

취재원의 종류

기자의 가장 중요한 자산은 취재원이다. 취재원은 주로 기자에게 기사 작성에 필요한 단서와 자료를 제공해주는 사람을 말한다. 취재원 가운데는 문서나 녹음테이프, USB, CCTV 녹화 영상 등도 있지만, 결과적으로 그것들도 모두 사람의 손을 거쳐 기자에게 전달된다. 그렇기 때문에 취재에서 가장 중요한 것은 취재원의 신뢰를 얻는 일이다. 신뢰받지 못하는 기자는 기삿거리를 제공받기 어렵다.

취재원 보호 원칙

취재원은 고급 관리에서부터 여러 분야의 전문가들, 그리고 대학생이나 고등학생, 가정주부, 사건의 피의자까지 다양한 사람을 모두 포함한다. 신문에 이름이 나거나 직책이 알려져 세상 사람들이 특정한 사람을 알게 되는 일은 당사자에게 대단히 중요한 영향을 줄 수 있다. 신문에 한 마디가 인용됐기 때문에 장관을 그만둔 사람도 있고, 성폭행 관련 기사에 신원이 노출돼 자살을 기도한 피해자가 있기도 하다. 다시 말하면, 기자는 취재원을 대할 때 기사가 나간 뒤 그 사람에게 미칠 영향까지를 생각해서 조심스럽게 대하고, 특히 언론 보도에 익숙하지 않은 사람에게는 보도가 그들의 삶에 미칠 수 있는 영향까지도 세심하게 배려해 설명해주어야 한다는 뜻이다. 민감한 문제를 다루는 기자 가운데는 수사 당국의 취재원을 밝히라는 요구를 거부해 구속된 사례도 있다.

위장취재

이 같은 관점에서 볼 때 기자가 신분을 속이는 일은 정당한 취재 행위가 아니다. 특히 전화 취재를 시도하는 경우, 자신을 경찰이나 검찰의 직원으로 속이는 사례는 많이 있어왔으나 이는 언론의 사회적 존립 근거를 약화시키게 된다. 전화로도 신분을 속이는 일은 올바른 취재가 아니다. 기자는 취재에 임할 때 취재원에게 최대한 자세하게 자신이 무엇을 왜 취재하는지를 설명해줄 의무를 가진다. 목적을 속이는 일도 신분을 속이는 것 못지않게 비윤리적이기 때문이다. 기자는 또 취재원의 사생활을 최대한 보호해줄 의무를 가진다. 과거에는 사건 관련자의 집에 허락 없이 들어가 사진을 가져오는 일이 당연시됐고 교통사고로 입원한 환자나 건물 붕괴 등으로 사망한 사람들의 신분을 밝히는 일도 거부감 없이 허용됐으나, 이제는 이 같은 보도 행위가 피해자들의 사생활에 어떠한 영향을 미칠지에 대해서도 신중하게 검토하는 자세가 요구된다. 경찰의 사건 조사 기록을 동의 없이 보거나 관공서의 컴퓨터 자료를 몰래 검색하는 행위도 법률적으로 정당성을 보장받기 어려움은 물론이다.

취재 관련 관행

이 같은 여러 가지 취재원 관련 고려 사항들 때문에 언론계에는 관행화된 행동 양식이 발전돼왔다. 취재원과 기자의 신사협정 정도로 이해될 수 있는 관행은 다음의 몇 가지로 정리할 수 있다.

엠바고embargo

'엠바고'는 출입처나 취재원 쪽에서 기자들에게 자료를 배포하며 일정 기간 해당 기사의 보도를 보류해달라고 하는 요청을 말한다. 대체로 출입처에서 보도자료를 기자단에게 전달할 때 자료 위에 "○월 ○일 ○시 이후 보도 가능", "○시 이후 보도해주세요" 등의 시한을 밝히는 방식으로 관행이 정착돼 있다. 이 같은 엠바고 요청의 경우 기자들은 그 시간까지 자료를 가지고 기사를 작성한 뒤 가능 시간 이후 기사를 출고한다.

온 더 레코드on the record

기자는 취재원과 대화할 때 대화 내용을 모두 기사화해도 좋은지를 합의하게 되는데, '온 더 레코드'라는 말은 이때 취재원의 말을 모두 그 사람의 신원을 밝히며 보도해도 좋다는 뜻이다. 공식적인 기자회견이나 보도자료로 배포되는 내용, 공식 행사에서의 연설, 언론매체 등 공론기구에 발표한 글 등은 모두 온 더 레코드 자료로 취급된다. 국회의 토론 내용, 청문회나 공청회 발언 내용 등도 온 더 레코드 자료로 생각할 수 있다.

오프 더 레코드off the record

'오프 더 레코드'란 취재원 쪽에서 보도를 하지 말아달라고 요구할 때 쓰는 표현이다. 기자를 만나 관련 사안에 대해 이러저러한 사정은 설명하지만 그 내용을 이름을 밝히지 않고도 보도하면 안 된다는 약속이다. 취재원은 오프 더 레코드 내용인 경우 취재기자에게 사전에 분명하게 그 같은 사실을 다짐할 의무가 있다. 취재기자는 약속을 했으면 지켜줘야 하는 게 도리다. 대화 내용 전체를 오프 더 레코드로 하자고 부탁하는 경우도 있고, 때로는 일부분에 대해서만 오프 더 레코드를 요구하기도 한다. 이야기할 때는 온 더 레코드로 했다가 사후에 오프 더 레코드를 부탁하는 수도 있다.

취재원 쪽에서 신분 노출을 꺼릴 때 '배경 설명'과 관련한 조건을 거는 수가 있다. 기자에게 말하는 내용을 취재원이 누구인가는 밝히지 말고 보도해달라는 뜻이다. 정치나 정책 관련 기사에 이 같은 사례가 많이 나타난다. 또 심층 취재 기사나 고발성이 강한 기사에서 자주 이 같은 취재 방식이 사용된다. 어떤 경우는 기자가 취재에 응하지 않는 취재원을 설득할 때 이러한 조건을 제시한다.

'고위 당국자'나 '청와대 관계자' 등과 같은 표현으로 취재원이 제시되는 기사들이 이 같은 배경 설명적 조건에서 나오는 결과물이다. 미국 언론계에는 'Deep Background'라는 약속도 존재한다. 이는 매우 간접적인 방법으로만 대화 내용을 기사화하라는 뜻이다. 이 경우는 취재원의 신원을 밝히지 못함은 물론이고 대화 내용을 단독으로 기사로 사용해서도 안 된다. 다른 관련 기사를 쓸 때 대화 내용을 부분적으로 녹여서 사용하는 것만 가능한 것으로 이해하면 된다.

기사에서의 취재원 밝히기

그러면 취재원은 기사에서 어떠한 형태로 밝혀지는가? 취재원 밝히기의 유형은 어떻게 나뉘는가? 기사는 크게 취재원을 밝힌 기사와 밝히지 않은 기사로 나뉜다. 취재원을 밝힌 기사는 다시 취재원을 분명하게 명시한 기사와 익명으로 직책이나 근무처 등만을 밝힌 기사로 분류할 수 있다.

취재원을 밝히지 않은 경우

다음은 취재원이 밝혀지지 않은 기사의 예다.

21일 하오 2시 4분께 서울 영등포구 신길6동 3741의 57 청소년독서실 4층 옥상에 육군 항공사령부 502대대 소속 500MD 2인승 경무장 헬기가 추락, 부조종사 임상영(林森榮·28)준위가 숨지고 주조종사 임승효(林勝孝·36)준위는 중태다.

사고 당시 독서실에는 학생 20여명이 있었으나 급히 대피해 화를 면했으며 건물도 별다른 피해를 입지 않았다.

사고는 훈련 비행을 마치고 부대로 복귀하던 항공사령부 소속 헬기 2대 중 뒤따르던 헬기의 꼬리 부분이 갑자기 떨어져 나가면서 3~4차례 선회하다 건물 옥상에 부딪쳐 일어났다.

사고로 헬기는 전소됐으며 부조종사 임씨는 불에 타 숨졌고 주조종사 임씨는 추락 당시 헬기에서 튕겨 나와 화상과 골절상을 입었다.

한국일보
1998년 1월 22일

군용 헬리콥터가 떨어져 조종사들이 숨지고 건물이 파괴됐다는 내용을 전하는 사고 기사다. 사고 내용과 관련한 자세한 사항은 모두 제시됐지만 누구로부터 그 같은 정보를 얻었는지는 밝히지 않았다. 이러한 기사는 있는 대로만 보면 담당 기자들이 현장에서 사고 내용을 목격한 것으로 이해된다. 특히 '뒤따르던 헬기의 꼬리 부분이 떨어져 나가면서 3~4차례 선회하다 건물 옥상에 부딪쳤다'는 내용은 목격하지 않고는 포함시킬 수가 없는 묘사다.

이 같은 사고의 경우, 이 기사에서는 활용하지 않았으나 대부분 같은 유형의 기사는 현장 목격자를 인용하고, 경찰이나 군 조사반의 조사 기록을 참고하며, 병원 담당자의 부상자 관련 논평을 포함시킨다. 이 기사는 경찰 조사 기록을 바탕으로 작성된 것으로 보이는데, 게재 과정에서 양을 줄이며 취재원 부분을 삭제한 것으로 판단된다.

취재원을 명시한 경우

다음은 취재원을 첫 문장의 주어로 사용하며 명백히 밝힌 기사의 예다.

> **빈센트 브룩스 주한미군사령관**이 21일(현지시각) "지금 우리는 (북한의) 도발 없이 235일을 보냈다"며 "(지난해) 11월 29일 (북한 탄도) 미사일이 발사된 이후 우리는 큰 변화가 일어나는 것을 목격했다"고 말했다.
>
> 브룩스 사령관은 이날 콜로라도 주에서 열린 '애스펜 안보포럼'에 보낸 영상 기조연설을 통해 북한의 도발 수위가 미·북 정상회담 이전부터 약해졌다고 평가하면서 이 같이 밝혔다.

조선일보
2018년 7월 23일

이 기사를 읽는 사람은 취재원이 '빈센트 브룩스 사령관'이라는 사실을 분명히 알 수 있다. 상대적으로 짧은 기사는 이처럼 취재원을 첫 문장의 주어로 사용하는 경우가 많다. 행위의 주체가 분명하고 글의 흐름도 능동적일 수 있기 때문이다.

이보다 더 많이 보는 경우는 다음 기사의 예처럼 취재원이 리드 다음 두 번째 문장의 머리 부분에 오는 글쓰기 양식이다. 전형적인 역피라미드 기술 방식에서는 이처럼 두 번째 문장, 경우에 따라서는 세 번째 문장쯤에 가장 중요한 취재원을 밝혀 기사의 신뢰도를 높인다. 제2·제3의 취재원이 필요하면 그들은 그다음 문장들에서 기사의 필요에 따라 제시된다.

> 법조계 비리에 대한 검찰 수사가 본격화했다.
>
> **서울지검 특수3부**(박상길 부장검사)는 21일 재판 계류 중인 조직폭력사건 피고인의 석방을 위해 법원고위층 로비자금 명목으로 거액을 받아 가로챈 서울지방법원 남부지원 박완순(47·기능직)씨 등 2명을 변호사법 위반 혐의로 구속했다.

한국일보
1998년 1월 22일

취재원은 이 예문처럼 문장의 주어 형태로 표시되기도 하지만, "…에 따르면 …라고 한다"는 투의 양식을 사용하는 경우도 빈번하다.

익명의 취재원

취재원을 밝히기는 하되, 취재에 협조한 사람을 보호하기 위해 정확한 신분을 밝히지 않는 애매한 표현을 사용하는 기사도 많다. 한 예로 다음 기사를 보자.

> ### DJ의 용인술 "실세란 없다"
> 김대중(金大中) 대통령 **당선자의 한 측근**이 김 당선자가 정권 인수 과정에서 드러낸 용인술(用人術)을 보고 새삼스럽게 던진 촌평이다. 이 측근의 말처럼 김 당선자는 특정인에게 힘을 몰아주지 않고 한정된 역할 만을 맡기고 있다. 당은 조세형(趙世衡) 총재 권한 대행, 대통령직 인수위는 이종찬(李鍾贊) 위원장, 노사정 위원회는 한광옥(韓光玉) 부총재, 청와대 비서실 개혁은 김중권(金重權) 당선자 비서실장에게 각각 맡겨 분점체제를 유지시키고 있다.

한국일보
1998년 1월 17일

김대중 씨의 사람 쓰기에 관한 기사다. 여기서 취재원은 두 번째 문장의 중간쯤에 '한 측근'으로 제시된다. 이는 도저히 누구인지를 짐작조차 할 수 없는 표현이다. 이 같은 표현 방식을 '익명의 취재원'이라고 한다. 정치 기사에는 이러한 취재원이 등장하는 사례가 많다. 기사의 신뢰도는 아무래도 조금 떨어지지만 취재원과 익명으로 쓰기로만 약속을 했기 때문에 이렇게 썼을 것으로 짐작한다.

익명으로 쓰는 기사들은 '…로 전해졌다' 또는 '…라고 알려졌다' 식의 첫 문장을 사용하는 경우가 많다. 기사가 담고자 하는 중요 내용을 먼저 이러한 방식으로 전하고, 취재원은 그다음 문장쯤에 등장한다. 이러한 경우, 취재원에 대한 표현은 '한 참석자는 …라고 말했다'이거나, 전화 취재인 경우에는 '한 참석자는 본지 통화에서 …라고 말했다' 등의 양식을 택한다.

익명성을 보여주는 방식은 완전한 익명 처리에서부터 어느 정도는 취재원의 위치를 짐작할 수 있도록 정보를 제공하는 방식까지 다양하다. 예를 들면, 'A 씨는' 이라고 쓰게 되면 취재원의 성별, 나이, 직업 등 아무것도 알기가 어렵게 된다. 그런가 하면 '검사장 출신 변호사는'으로 쓰게 되면 취재원의 상대적 무게감을 독자가 느낄 수 있게 된다.

언론에 대한 신뢰도가 급격히 저하하면서, 선진국에서는 기사 쓰기의 투명성transparency을 강조하는 추세가 대세를 이루고 있다. 『저널리즘의 기본 원칙』(2014)에서도 투명성은 가장 강조되는 요소다. 기사의 디지털 복제가 횡행하고 가짜뉴스가 특히 SNS를 뒤덮는 사태가 이어지면서, 전통 매체들이 시민의 신뢰를 회복하는 지름길로 취재원 밝히기의 중요성과 취재 과정에 대한 투명한 접근의 중요성을 자각한 결과다.

『디지털 시대의 저널리즘 윤리』(2015)에서는 '언론인을 위한 지도 지침'이라는 내용으로 이 문제를 강조했는데, 옆에서 별도로 구체적인 내용을 소개한다.

삼각확인의 중요성

삼각확인triangulation은 미국 언론에서 강조되는 취재의 준칙으로, 절대로 한 취재원의 말에만 의존해서 기사를 완성하지 말라는 취재 원칙이다. 세상일을 보는 시각은 한 가지일 수 없다. 어떤 정책에 찬성하는 사람이 있으면 반대하는 사람도 있다. 중요한 직책에 있는 사람이 기자회견을 열어 정치적 반대자의 범죄 행위를 폭로하면 기자는 공격의 대상이 되는 사람의 입장도 반드시 들어봐야 하고, 기사에는 그 같은 취재 내용이 균형 있게 반영돼야 한다. 간략하지만 이 같은 내용이 삼각확인 원칙의 핵심이다.

기자는 사회적으로 매우 큰 위력을 갖는 공공적 정보를 생산하기 때문에 특히 갈등의 요소가 있는 사안을 다룰 때는 갈등의 당사자들 입장이 모두 반영되도록 취재의 폭을 넓혀야 한다는 말이다. 우리나라 신문 기사는 대부분 한 명의 취재원을 중심으로 쓰인다. 그렇기 때문에 사실이 파편적이고, 자칫 기자와 신문이 취재원에 의해 이용당하는 사례가 잦다. 삼각확인 작업은 오보나 왜곡 보도를 최소화하는 좋은 관행이기 때문에 기사의 품질을 높이고 신뢰도도 향상시키는 지름길이 될 수 있다.

1. 진실을 추구하고 가능한 완벽하게 보도하라.
   - 정확성을 철저하게 추구하라.
   - 정보 수집, 보도, 해석에서 정직함, 공정성, 용기를 발휘하라.
   - 발언권이 없는 집단의 의견을 대변하라. 드러나지 않는 부분을 기록하라.
   - 권력층, 특히 언론과 표현의 자유에 대해 권력을 행사하는 자들에게 책임을 물어라.

2. 투명성을 지켜라.
   - 어떻게 취재했으며, 왜 사람들이 신뢰해야 하는지를 보여주라. 취재원과 증거, 그리고 여러분이 내린 선택을 설명하라. 여러분이 알 수 없는 부분을 밝히라. 지적 정직성을 지침으로 삼고, (다 아는 체 하기보다는) 겸손함을 자산으로 삼아라.
   - 독립성을 추구하든, 정치적, 철학적 관점에서 정보를 접근하든, 여러분의 저널리즘적 접근 방식을 뚜렷하게 밝혀라. 여러분의 시각이 보도하는 정보에 어떤 영향을 미치는지 기술하라. 여기에는 여러분이 취재하는 주제, 작업의 바탕이 된 취재원을 어떻게 선택했는지도 포함된다.
   - 실수와 오류를 인정하고 신속하게 교정하되, 진실을 알고자 하는 과정에서 잘못된 정보를 소비한 사람들을 격려하는 방식으로 하라.

3. 공동체를 수단으로 삼기보다 목적으로 삼으라.
   - 여러분이 봉사 대상으로 여기는 공동체의 욕구를 이해하고, 공동체 구성원이 여러분과 소통할 뿐 아니라 서로 소통할 수 있도록 해주는 충실한 메커니즘을 조성하는 데 지속적으로 노력하라.
   - 자신의 권력이나 지위를 공익에 어긋나게 활용하려는 사람들의 영향을 배제하면서, 서로 경쟁하는 여러 시각을 발굴해 전파하라.
   - 올바른 윤리적 결정에는 협력으로 풍부해진 개인적 책임감이 반드시 필요하다는 점을 깨달아라.
   - 여러분의 행동 결과로 초래되는 피해를 최소화할 수 있는 대안적 발표 경로를 발굴하고 여러분의 작업에서 영향을 받는 사람에게 연민과 공감을 지녀라.
   - 공동체 구성원이 스스로 정보에 해박해지도록 하고 그렇게 되도록 격려하라. 저널리즘을 모든 사람이 책임감 있게 참여하고 해박한 정보를 얻을 수 있는 지속적인 대화로 만들라.

출처: McBride & Rosenstiel (Eds.). (2013); 임영호 역(2015)에서 재인용.

7장
기사 쓰기와 고치기

기사를 어떻게 시작해야 하는가? 취재가 어느 정도 진행되면 기자는 기사에 대해 고민한다. 취재가 시작되는 시점부터 글쓰기 고민이 시작된다는 것이 더 현실에 가깝다. 매 시각이 마감 시간인 디지털 플랫폼 시대에는 기사 쓰기에 대한 압박이 더 심할 수밖에 없다.

기사의 가장 큰 특징은 소설이나 수필 등 다른 종류의 산문과 달리 시간적 여유가 없다는 점이다. 그래서 기자는 취재한 사실들을 최대한 빠르게 글로 표현할 수 있는 자신만의 글쓰기 방식을 단련해가야 한다. 기자가 취재와 동시에 고민하는 문제들은 다음의 내용을 포함한다.

- 첫 문장리드에 무엇을 포함시킬까?
- 기사 형식은 스트레이트역삼각형 기사로 할까, 아니면 기획 기사로 할까?
- 취재한 내용은 어떠한 순서로 배열할까?
- 어느 취재원을 맨 처음 등장시킬까?
- 직접인용은 어떠한 내용으로 사용할까?
- 기사를 줄여야 하면, 어떠한 내용을 빼야 하나?

일단 취재를 끝내고 자리에 앉아 기사를 쓰기 시작하면 헤아릴 수 없이 많은 질문이 쏟아지고, 기자는 하나하나 선택을 해나가야 한다. 문제는 뉴스 기사의 성격상 앉아서 생각을 정리할 시간이 별로 없다는 점이다. 마감 시간은 다가오는데 기사는 잘 안 써지면 그 답답함은 이루 말할 수 없다.

기사는 대체로 어떠한 과정을 거쳐 쓰여지는가? 조금이라도 덜 고통스럽게 기사 쓰는 일을 해내는 방법은 없는가? 이 장에서는 우선 기사 쓰기의 과정이 어떻게 진행되는지를 설명한 뒤, 문장을 다듬고 기사를 좋은 글로 만드는 데 필요한 주의 사항들을 제시한다. 또 훌륭한 기사를 생산하는 데 반드시 필요한 취재의 치밀성과 세부 묘사, 기사 검토의 중요성도 강조한다.

기사 쓰기의 과정

앞 장에서도 간략하게 언급했지만, 우리나라 기자들은 기사 쓰기 역량을 강화하는 지름길은 종류별 기사의 표준 양식을 빠른 시일 안에 익히는 것이라고 생각한다. 특히 상식과 논술 시험이 중심이 돼 있는 한국 기자 공채 제도의 특성 때문에 대부분의 신입기자들이 체계적인 글쓰기 교육이나 기사 작성 교육을 받지 않은 상태임을 고려하면, 이는 가장 널리 사용되는 학습 방법인 동시에 유일한 교육 방법이기도 하다.

우리 언론계에서는 채용 초기 수습기자라고 불리는 6개월 정도의 기간 동안 이 같은 초보적 기사 쓰기 교육이 집중적으로 이루어진다. 수습기자들은 대체로 사회부에 배치돼 일차적으로 사건·사고 취재 훈련을 받으며 기자의 길을 시작한다. 따라서 처음 시작하는 기자들이 배우는 기사의 유형은 날씨나 도난, 살인, 강도, 성폭행 등 사건·사고 기사가 대부분이다. 수습기자들은 이밖에도 아파트 붕괴 사고나 화재, 시위, 노동쟁의 등의 기사 유형을 주로 학습하게 된다. 이들은 이러한 현장 교육 과정을 통해 기사의 틀을 익히고 그 같은 틀을 채우는 데 필요한 자료를 취재하는 요령도 함께 체득한다.

시작의 어려움

되풀이할 필요 없이 기본적 기사의 틀을 익히는 일은 매우 중요하다. 그러나 아무리 기사 유형에 익숙해진다 해도 실제로 구체적인 기삿거리를 앞에 두게 되면 글쓰기의 고민이 생기는 것은 마찬가지다. 어느 한 기사도 저절로 써지지는 않는다. 글쓰기는 어차피 개인의 특성이 드러나는 작업이다. 어떤 이는 기사를 시작하기 전에 반드시 커피를 한 잔 마셔야 하고, 또 어떤 사람은 주위에 사람이 있으면 글이 써지질 않는다. 어떤 기자는 줄담배를 피워야 원고지가 채워지는가 하면, 다른 사람은 요즘 같은 컴퓨터 시대에도 꼭 펜을 잡아야 기사를 쓸 수 있는 경우도 있다. 기사를 쓰기 전에 기사 개요를 준비하는 사람이 있는가 하면, 리드가 제대로 정리되지 않으면 본문을 시작하지 못하는 사람도 있다.

글쓰기는 개인의 생체리듬과 밀접하게 연결돼 있다. 생각이 흐르지 않고 정신이 집중되지 않으면 글은 안 나가게 마련이다. 그럼 어떻게 하면 비교적 어렵지 않게 기사를 쓸 수 있을까? 어떤 과정을 거치면 큰 실수 없이 기사를 완성할 수 있을까?

기사 작성의 4단계 접근법

다음에 소개하는 내용은 미국 앵커리지 대학의 캐롤 리치Carole Rich 교수가 쓴 기사 쓰기 교재 『Writing and Reporting News: A Coaching Method』(2016)에서 소개하는 기사 쓰기 요령 중 기사 쓰기의 4단계 접근법이다.

1. 기사의 주제를 정하기conceive the idea
   - 기사에서 무엇을 이야기할 것인가?
   - 다루려는 핵심 문제가 명료하게 정리됐는가?
   - 관련 맥락 속에서 다루고자 하는 기사의 초점focus이 잘 잡혔는가?
   - 혹시 다른 관점에서 접근해야 하는 것은 아닌가?

2. 자료 수집 또는 취재 작업collect
   - 기사의 뼈대가 되는 육하원칙 내용을 확보했는가?
   - 취재원은 다원적으로 접근했는가?
   - 더 필요한 자료는 없는가?
   - 새로운 취재원이 필요하지는 않은가?

3. 기사 구조의 구성construct
   - 기사틀을 어떻게 할 것인가스트레이트 또는 기획?
   - 자료를 제시하는 순서는 만족스러운가?
   - 리드는 제대로 정했는가?

4. 기사 고치기correct
   - 전체적으로 기사의 흐름은 좋은가?
   - 결정적인 자료가 누락되지는 않았는가?
   - 글의 흐름과 어휘의 선택은 자연스러운가?
   - 문법과 어법을 잘 지켰는가?

돈 프라이 교수의 기사 쓰기 방법

이 책에 따르면, 앞서 소개한 4단계 접근법은 포인터 연구소Poynter Institute for Media Studies의 돈 프라이Don Fry 교수가 사용하는 글쓰기법을 응용했다. 프라이 교수는 기사 쓰기는 연필을 잡고 책상에 앉기 훨씬 전에 시작해야 한다고 말한다. 기자는 취재가 진행되는 동안 끊임없이 머릿속에서 기사를 쓰고 또 고치는 작업을 진행한다는 뜻이다. 리드도 생각하고 기사의 초점도 자꾸 되풀이해 생각하며, 전체 내용의 틀 역시 수정하고 또 보충한다. 다시 말하면, 기자의 머릿속에서 취재 활동과 기사가 계속 상호작용하며 서로를 보완한다는 뜻이다.

취재가 어느 정도 마무리되면, 프라이 교수는 머릿속에 정리된 기사의 틀을 바탕으로 기사 쓰기 작업에 필요한 개요를 준비한다. 그리고는 자신이 모아놓은 취재 수첩을 정리하며 반드시 사용할 자료와 인용문을 고르고 그들의 순서를 정리한다. 프라이 교수에 따르면, 그는 취재한 내용 가운데 대체로 5% 정도의 자료만을 실제로 기사에 반영한다고 한다. 이는 95%의 취재 내용을 참고 자료로만 쓴다는 뜻으로, 기사를 쓰려면 취재의 깊이가 어느 정도여야 하는가를 느끼게 해주는 그만의 원칙이다.

그다음에 그는 기사의 각 부분에 들어갈 내용을 몇 마디로 요약한 기사의 뼈대를 만든다. 여기서 가장 중요한 고려 사항은 독자가 무엇을 먼저 알고 싶어 하는가 하는 내용이다. 막상 기사를 쓰기 시작하면 그는 기사의 중심 내용이 되는 요점 구문nut paragraph을 먼저 쓴다. 맨 처음 리드부터가 아니라 본문의 요점 단락을 먼저 쓴다는 뜻이다. 그리고 그 뒤로는 기사의 흐름을 따라 마지막 문장까지 진행한다. 리드는 그다음에 쓰인다. 본문이 다 완성된 뒤에 리드를 쓴다는 말이다. 마지막으로 그가 하는 일은 교정 작업이다. 기사의 내용을 꼼꼼히 살피고 문법과 어법, 문장을 점검한다.

기사 쓰기의 전체 작업은 끊임없는 질문에 대한 응답 과정이다. '혹시 더 보충할 것은 없는가?', '취재원은 가장 필요한 사람으로 썼는가?' 질문은 데스크가 제기할 수도 있고 기자가 자기 자신에게 던질 수도 있다. 웬만한 질문들이 모두 어느 정도 만족스럽게 다뤄졌으면 기사 고치기 작업을 멈추게 된다.

FORK 방법

같은 책에서는 이러한 기사 쓰기 과정을 다시 'FORK 방법'이라는 이름으로 정리해서 제시한다. FORK 방법은 다음과 같이 설명할 수 있다.

F = Focus

O = Order

R = Repetition of key words

K = Kiss off

여기서 가장 중요한 부분은 역시 '기사의 중심 내용을 정하는 일focus'이다. 쓰고자 하는 기사의 알맹이는 무엇인가? 어떻게 하면 기사의 알맹이를 쉽게 찾을 수 있는가?

이 책은 이와 관련해 두 가지 구체적인 요령을 알려준다. 하나는 취재기자 스스로 제목을 뽑아보라는 것이다. 몇 단어로 자신이 쓰려는 기사를 압축하려다 보면 기사의 중심 내용이 잡힌다는 뜻이다. 두 번째 요령은 자신이 쓰려는 기사의 내용을 한두 마디로 줄여 친구에게 말하듯이 표현해보라는 것이다. 쉬운 말로 간단하게, 그러면서도 부담 없이 생각을 정리하면 좋은 초점이 잡히게 된다.

'기사 내용을 배열하는 순서order'는 역시 취재 수첩을 사용하는 편이 가장 바람직하다. 취재 내용이 적힌 노트를 펼쳐놓고 꼭 사용하고자 하는 내용을 잘 보이게 표시한 다음 그들을 차례를 정해 나열해보면 기사의 흐름도 구체적인 구도를 잡게 된다.

'주요 어휘의 반복Repetition of key words'은 독자가 기사의 흐름에서 떨어져 나가지 않도록 하려는 배려이자 기사의 집중도를 높이는 요령이다. 앞 문장이나 단락의 주요 내용과 뒷문장이 잘 호응하려면, 짧은 글이기는 하지만 기사에서도 주요 개념의 연결은 대단히 중요하다.

'키스 오프Kiss off' 방법은 기사가 길고 복잡할 경우에 효과가 있는 주의 사항이다. 여러 사람을 취재원으로 쓸 경우 한 취재원은 가능하면 한 단락에서만 사용하고 단락이 바뀌면 다른 취재원을 써야 한다. 한 취재원이 여기저기 되풀이해서 나타나면 독자는 행위의 주체를 혼동할 가능성이 높아진다. 또 하나 기억할 일은 기사가 몇 가지 소주제를 동시에 전하는 경우도 마찬가지로 각 소주제가 단락으로 분리되도록, 즉 서로 섞이지 않게 기사를 구성해야 한다는 점이다.

기사 작성의 7단계

지금까지의 내용을 정리하면 다음과 같다.

1. 1단계: 쓰고 있는 기사의 초점을 기억하라

기사를 쓰는 동안 중심 개념에서 멀어지지 말라는 뜻이다. 한 기사는 한 가지 메시지만 담아야 한다. 기사에 동원되는 자료는 모두 그 기사의 초점을 뒷받침하는 내용으로 제한돼야 한다.

2. 2단계: 리드를 여러 개 준비하라

처음부터 완벽한 리드를 쓰려고 하지 마라. 서너 개의 리드를 써본 후 나머지 기사를 완성하라. 그다음 다시 전체를 점검하며 가장 좋은 리드를 골라 사용하면 기사의 완성도를 더 높일 수 있다.

3. 3단계: 고치기는 나중에 하라

기사를 쓰며 자연스럽지 못하거나 불만족스러운 부분은 표시했다가 뒤에 전체를 다시 읽으며 손보는 편이 좋다. 각 부분의 문제에 너무 묶여 있으면 정작 중요한 큰 흐름에 문제가 생길 수 있다.

4. 4단계: 기사를 써나가며 항상 머릿속의 독자 질문을 의식하라

독자가 원하는 것이 무엇인지, 독자가 바라는 표현 방법은 어떠한 것인지도 고려하라는 뜻이다. 이 같은 상상의 상호작용은 글쓰기를 더욱 동적인 긴장감으로 채운다.

5. 5단계: 큰 소리로 읽어보라

기사가 어색해 보이면 소리 내어 읽어보는 것도 좋은 방법이다. 눈으로 잡지 못하는 잘못을 귀로 들으며 더 잘 잡게 되기도 한다. 방송 뉴스에서는 이 같은 점검 과정이 필수적이다.

6. 6단계: 기사의 정확성을 확인하라

특히 사람 이름, 장소, 시간 등 객관적 사실을 다시 한 번 확인해야 한다. 인용문의 정확성도 세심한 주의를 요한다. 직접인용의 경우에 이 과정은 더욱 중요하다. 때로 입장이 정반대로 제시되는 수가 있고 부분인용의 경우 취재원의 말을 본의 아니게 왜곡해 문제가 되기도 한다.

7. 7단계: 시간 여유를 두고 다시 한 번 점검하라

오늘과 같은 디지털 출고 시대에 어려운 일이긴 하지만, 당장 실리는 기사가 아닐 경우 다음날 다시 한 번 기사를 읽어보는 절차를 거치면 시간에 쫓겨 찾을 수 없었던 부족한 점들이 드러나기도 한다. 2~3시간 정도 점검하는 것도 나쁘지 않다.

좋은 글은 어떻게 쓰나

좋은 글은 독자가 좋아하는 글이다. 좋은 글은 읽는 사람이 쉽게 이해하는 글이다. 거기에 읽는 맛이 보태지고 멋도 있으면 더 좋다. 신문이나 방송 기사는 다양한 독자와 시청자를 대상으로 한다. 그래서 누구나 쉽게 알 수 있게 기사를 써야 한다. 우리나라 방송에서는 초등학교 5~6학년이면 이해할 수 있는 어휘와 문장으로 기사를 써야 한다고 가르친다. 미국 신문은 8학년 정도의 학력, 즉 중학교 2학년 정도면 모든 내용을 알 수 있도록 기사를 쓰는 게 좋다고 권한다.

그렇다고 독자를 가르치듯이 쓰라는 뜻은 아니다. 기자는 기사의 의미를 최대한 명료하게 전하려고 노력해야 한다는 권고로 보면 좋다. 그렇다면 간결하고 힘 있으면서도 명료한 문장은 어떻게 쓰는가? 그러한 글을 쓰려면 어떻게, 어떠한 지침에 따라 공부해야 하는가?

저명한 문필가인 마크 트웨인Mark Twain은 이와 관련해 특히 어휘 선택의 중요성을 강조한다. "올바른 단어와 거의 올바른 단어의 차이는 마치 번개와 반딧

불의 차이와 같다." 마크 트웨인의 이 말은 상황에 꼭 맞는 말을 쓸 때와 그에 가까운 표현을 쓸 때 그 효과의 차이는 하늘과 땅 만큼이나 크다는 뜻으로 이해된다.

『문장론의 기초The Elements of Style』(1918)라는 글쓰기 교재로 미국에서 신화적 존재가 된 윌리엄 스트렁크 주니어William Strunk Jr.의 다음 인용문은 글쓰기 학습을 하는 사람이라면 누구에게나 유용한 말이다.

> 힘 있는 글은 간결하다. 한 문장에는 불필요한 어휘가 하나라도 있으면 안 된다. 한 단락은 마찬가지로 필요 없는 문장이 하나라도 있으면 안 된다. 이는 마치 연필로 그리는 그림에 쓸모없는 선이 하나라도 있으면 안 되는 것과 같고, 기계에 쓸모없는 부품이 하나도 없어야 하는 것과도 같다. 이러한 원칙은 글 쓰는 이가 모든 문장을 짧게 쓰도록, 혹은 세부 사항을 피해서 골격만을 묘사하도록 요구하지는 않는다. 다만 모든 어휘가 의미를 갖도록 주문할 뿐이다.

문장에 쓰이는 단어 하나하나가 쓸모없이 되풀이되면 안 된다. 모든 어휘가 각 문장 속에서 살아 있어야 한다는 스트렁크 주니어의 권고는 특히 상투적 표현에 무뎌진 사람들을 겨냥한다고 볼 수 있다.

좋은 문장을 쓰는 요령

좋은 기사를 쓰는 데 도움이 되는 말로 자주 언급되는 내용은 다음과 같이 정리할 수 있다.

가능하면 능동형 동사를 써라

독자는 적극적인 글을 좋아한다. 특히 동작이 있는 글이 좋다. 그리고 수동형보다는 능동형이 구문도 더 간결하다.

【 예문 1 】

사내는 그의 손목에 <u>채워져 있던</u> 수갑을 풀어준 다음 문을 열었다.

'채워져 있던' 수갑보다는 '채운' 수갑이 훨씬 간결하다.

【 예문 2 】

갑자기 객실 문이 열리며 30대 건장한 사내 다섯 명이 뛰어들어 왔다. 한결같이 가죽점퍼를 입었는데 세 명의 손에 권총이 <u>들려져</u> 있었다.

여기서는 '세 명의 손에 권총이 들려져 있었다'보다 '세 명은 손에 권총을 들었다'가 더욱 간결하고 힘이 있다.

문장을 짧게 써라

문장이 길면 당연히 이해도 어렵다. 한 문장 안에 여러 개의 주어가 사용되고 동사와 형용사도 많게 된다. 국어학자 박갑수 교수는 신문 기사는 한 문장에 대략 50자 정도만 쓰도록 하는 편이 바람직하다고 주장한다. 그에 따르면 일본에서도 45~50자 정도가 적절한 기사 문장의 길이로 통한다고 한다. 또한 미국의 기사 작성 교재들은 기사 문장의 평균 길이는 25단어 정도가 적당하다고 한다. 그러나 저명한 언론인들의 글을 보면 대체로 문장이 이러한 교과서들의 권유보다도 짧다. 다음 두 기사의 문장을 비교해보자.

【 예문 3 】

미국은 최근 미 연락 사무소 설치에 대한 북한의 부담을 줄이기 위해 상설 연락 사무소 대신 순회 연락 사무소 설치를 제안했으며 연말까지 설치를 목표로 북한 측과 교섭을 벌이고 있는 것으로 13일 알려졌다.

【 예문 4 】

신한국당이 6일 전당대회를 통해 공식 출범했다. 민자당은 이제 완전히 없어졌다. 이날 전당대회는 단순한 총선 출정식만은 아니었다. 새정치의 출범을 약속한 자리였다. 김영삼 대통령이 직접 새정치의 족쇄를 자기 발목에 채웠다. 그리고는 유권자의 심판을 요구했다. 어찌 보면 크나큰 모험을 강행한 것이다.

【예문 3】은 모두 83자로 구성됐다. 【예문 4】는 긴 문장이 25자, 짧은 문장은 13자다. 앞글은 비교적 복잡한 상황을 전하는 사실 보도이고 뒷글은 해설 기사라는 양식상의 차이는 있지만, 역시 읽고 맛을 느끼기는 두 번째 글이 낫다.

【예문 5】는 중앙일보 박보균 대기자의 칼럼이다. 2018년 6월 28일에 게재됐다. 이 글도 짧은 문장의 힘을 곧바로 느끼게 해주는 좋은 예다.

【 예문 5 】

외진 숲속이다. 잠시 걸으니 가족묘원이다. 충남 부여군 외산면. 2014년 여름 김종필(JP) 전 총리는 그곳을 찾았다. 유택(幽宅)을 마련했다는 안도감일까. 그의 표정은 밝았다. 풍광을 살피는 내게 넌지시 말했다. "좌청룡·우백호 명당은 아니야. 그냥 편안히 누울 데야." 묘비가 서 있다. 비명(碑銘)은 121자. JP의 치열한 삶이 압축적으로 담겼다. 나의 감상에 JP는 옅은 미소를 지었다. 4년쯤 뒤인 27일 JP는 그곳에 묻혔다.

비석 앞에 그가 섰다. "無恒産而無恒心(무항산이무항심)을 치국의 근본으로 삼아"라는 구절이 있다. 그의 시선이 멈췄다. "『맹자』는 고전이지만 오묘함은 영원해. 먹고사는 경제(항산)를 해결해야 정치 발전(항심)이 가능하다는 인간 사회 이치에 대한 통찰이지."

항산과 항심.─ JP가 낚아챈 대비와 순서다. 국가 발전에서 어느 것이 우선인가. 산업화냐 민주화냐. 그의 자부심이 우러나왔다. "선(先)산업화 성취의 토대 위에 민주화가 이룩되고 오늘의 한국이 만들어졌어." 5·16쿠데타 논란은 거기에 따라다닌다. 그는 이렇게 일축했다. "쿠데타면 어떻고 혁명이면 어떠냐 말이야. 5·16은 세상의 근본과 본질을 바꿔놓았어. 그게 혁명이야."

복문과 중문은 피하고 단문을 써라

주어와 동사는 서로 가까이 있어야 좋다. 수식어도 떨어져 있으면 수식의 대상이 불분명해진다. 복문이나 중문 등 전하는 내용이 한 문장 안에 뭉뚱그려 있는 글은 읽어도 그 의미가 명확하게 전달되지 않는다. 다음【예문 6】을 보자.

【 예문 6 】

유럽의회는 유럽연합집행위원회가 광우병이 사람에게 전염될 수 있음을 알고도 은폐하려 했다는 의혹이 제기됨에 따라 이에 대한 조사 확대를 준비 중이라고 10일 밝혔다.

이 글의 문제는 앞에서 두 개의 유럽 관련 기구가 중복돼 나오며 읽는 사람에게 누가 무엇을 했는가를 혼란스럽게 하는 데 있다. 주어인 '유럽의회'와 동사인 '밝혔다'가 너무 멀리 떨어져 있고, 그 사이에 또 하나의 절이 끼어 있기 때문에 이러한 결과가 초래된 것으로 보인다. 이 문장은 다음【예문 7】과 같이 고치면 한결 분명해진다.

【 예문 7 】

광우병이 사람에게 전염될 수 있음을 알고도 유럽연합집행위원회가 이를 은폐하려 했다는 의혹이 제기됨에 따라 유럽의회는 10일 이에 대한 조사를 확대할 계획이라고 밝혔다.

다음【예문 8】은 기본적으로 한 문장으로 처리하기엔 너무 긴 예다. 여기 쓰인 글자는 모두 126자나 된다.

【 예문 8 】

한국공무원정도회 서울남부지부 관악분회 익명 회원 명의의 이 편지 겉봉투 앞면에는 촌지를 사절하오니 차라리 불우이웃돕기에 써달라는 내용이, 뒷면에는 추석 전날 민원인에게 피치 못해 받은 촌지로 고민하는 공직자들이 많으니 귀사에서 촌지 불우이웃돕기 기탁 창구를 만들어달라는 내용이 쓰여 있었다.

이 문장은 별 무리 없이 두 문장으로 나눠 쓸 수 있도록 내용이 구성돼 있다. 다음【예문 9】처럼 고쳐 쓰면 이해가 한결 쉽다.

【 예문 9 】
한국공무원정도회 서울남부지부 관악분회 익명 회원 이름의 이 편지 봉투 앞면에는 촌지를 사절하오니 차라리 불우이웃돕기에 써달라는 내용이 쓰여 있었다. 뒷면에는 추석 전날 민원인에게 피치 못해 받은 촌지로 고민하는 공직자가 있으니 귀사에서 촌지 불우이웃돕기 기탁 창구를 만들어달라는 내용이 적혀 있었다.

다음【예문 10】은 한국일보 김성우 기자의 칼럼(1997. 10. 25.)으로 왜 단문 구조가 좋은지, 그리고 단문형으로도 어떻게 복잡한 내용을 전할 수 있는지를 잘 보여주는 예다.

【 예문 10 】
기가 막혀서 못살겠다. 분통이 터져서 못살겠고 울화가 치밀어 못살겠다. 어디에 정(正)이 있고 어디에 도(道)가 있는지 눈을 닦고 찾고 싶고 길을 막고 묻고 싶다. 모르는 것이 너무 많아서도 못살겠다. 이 나라에 정치가 있는지도 모르겠고 법이 있는지도 모르겠다. 이 나라에 여당이 있는지도 모르겠고 야당이 여당인지 여당이 야당인지도 모르겠다. 참으로 어지러운 세상이다. 나라가 몇몇 사람의 장난감이란 말인지 나라를 가지고 잘도 논다.

글 호흡에 변화를 주라

긴 문장을 반드시 써야 할 경우가 있다. 그럴 때는 긴 문장 다음 문장은 최대한 짧게 쓰는 편이 좋다. 그러면 독자는 지루해하지 않는다. 그러나 긴 문장이 계속 같은 수준의 복합적 구조로 되풀이되면 읽는 사람은 싫증을 내게 된다. 다음 【예문 11】과 【예문 12】는 각각 한국일보 김성우 기자의 칼럼(1993. 11. 22.)과 조선일보 강천석 논설고문의 칼럼(2018. 7. 7.)으로, 이 두 글을 세심하게 살펴보면 어떻게 장단長短을 배합하라는 뜻인지를 이해할 수 있다.

【 예문 11 】

나는 국민학교를 졸업할 때까지 교과서 이외의 책을 한 권도 읽은 기억이 없다. 집에는 책이 없었다. 우리 집에만 없는 것이 아니라 온 동네를 통틀어 보았자 어느 집에도 별다른 책이 있을 것 같지 않은 좁은 세계였다. 책이 그다지 흔한 시절도 아니었다. 단 한 번 국민학교에 입학하기 전, 어디서 용케 빌려왔던 것일까, 어머니가 옛이야기 삼아 읽어주던 책이 생각난다. 지금도 그 책의 이름을 외우고 있다. 무쇠탈이라는 것이었다.

【 예문 12 】

김정은 북한 국무위원장의 완전한 비핵화 약속은 지켜질까. 폼페이오 미국 국무장관이 평양을 방문하고 있는 이 순간에도 대답은 '글쎄'와 '아니다'가 다수다. 전문가 집단일수록, 북한과 협상 경험이 많을수록 고개를 가로젓는 쪽이다. 서울이나 워싱턴이나 사정은 비슷하다. 문정인 대통령특보는 북한을 불신하는 사람들은 하늘과 땅이 바뀌는 변화에 적응하지 못하는 냉전적 사고에 젖은 사람들이라고 비판한다. 크리스토퍼 힐 전 한국 주재 미국대사는 대표적 북핵 협상론자다. 그런 그가 완전한 비핵화의 가능성을 어둡게 보고 있으니 냉전적 사고 운운하는 비판은 과녁을 빗나갔다.

완전한 비핵화의 가능성을 낮게 보는 이유는 두 가지다. 하나는 북한의 행동과 말 사이의 엇박자다. 아무리 정찰위성의 성능이 발달해도 상대의 의도를 찍을 수는 없다. 의도는 사람 머리와 마음속에 있기 때문이다. 결국 겉으로 나타난 행동을 먼저 파악하고 그걸 토대로 의도를 추정하는 방법밖에 없다. 북한이 싱가포르 회담 이후 핵과 미사일 시설을 축소·폐쇄하고 있다는 징조는 없다.

정찰위성이 포착한 움직임은 오히려 거꾸로다.

전문 용어의 사용을 피하라

"절대로 외래어 표현이나 학술 용어 또는 특정 직업에 종사하는 사람들만 쓰는 전문 용어를 쓰지 마라. 특히 평범한 일상용어로 표현이 가능한 경우는 더욱 그러하다." 『1984년Nineteen Eighty-Four』(1949)의 저자 조지 오웰George Orwell의 말이다. 최대한 보통 사람이 쓰는 일상 언어를 사용해 글을 쓰라는 충고다. 그러나 우리가 접하는 신문 기사에는 부담스런 표현들이 빈번하게 등장한다.

【 예문 13 】

그동안 활발한 창업 열기는 구조조정 과정에서 한계 기업 퇴출에 따른 생산 공백을 메워 경기침체에도 생산 활동이 지속될 수 있도록 하는 역할을 해왔다.

경제 기사는 【예문 13】과 같은 양식으로 쓰이는 경우가 많다. 경제 지식이 부족한 사람은 '구조조정'이 무엇인지, '한계 기업'은 무엇인지, 또 '퇴출'은 무엇인지 이해하기가 어렵다. 모두 보다 쉬운 말로 고쳐서 전달돼야겠다. 한계 기업은 '경영이 어려운 기업', 퇴출은 '폐업' 또는 '문을 닫게 하기' 정도로 풀어쓰면 내용을 더 쉽게 이해할 수 있다.

이 밖에 '올린다'라고 하면 될 내용을 '가격을 현실화한다'고 쓰거나, 빅딜Big Deal이니 신디케이트 론Syndicate Loan이니 하는 외래어를 그대로 사용하는 습관도 우리 언론의 문제 현상이다.

"Short words are best, and the old words when short are best of all." 쉽고 짧은 단어가 가장 좋다는 윈스턴 처칠Winston S. Churchill 전 영국 수상의 말이다. 그는 이러한 생각을 자신의 연설문에 그대로 반영했다. 그 결과 처칠은 2차 세계대전 당시 영국인들의 마음을 하나로 단결시켜 독일과의 전쟁을 승리로 이끈 명연설을 여러 개 남길 수 있었다.

시청각 감각을 자극하도록 써라

다음【예문 14】는 어니스트 헤밍웨이Ernest Hemingway가 『뉴욕 타임스』 신문을 위해 스페인 내전을 취재할 때 송고한 기사의 일부다.

【 예문 14 】

There is a rifle fire all night long. The rifles go "tacrong, carong, craang, tacrong", and then a machine gun opens up. It was a bigger caliber and is much louder – "rong, cararing, rong, rong."

다양한 의성어를 사용해서 전쟁터의 분위기를 미국에 있는 독자들에게 생생하게 전하려는 의도가 잘 드러난 기사다.

다음【예문 15】는 조선일보 오태진 기자가 쓴 칼럼(2016. 6. 14.)의 일부다. 부산에 있는 특별한 식당을 찾아가는 발걸음을 대단히 감각적으로 기록했다. 처음부터 독자를 동행으로 끌어들일 만큼 시청각 감각의 자극이 가득하다. 읽는 이는 어쩔 수 없이 기자가 움직이는 동선을 따라가며 느낌을 공유하게 된다. 시각으로 느끼는 색조뿐 아니라 바다의 소리, 식당에서 제공하는 음식의 미감까지 골고루 느끼게 해주는 글이다.

【 예문 15 】

하늘은 푸르고 바다는 짙푸르다. 물기 없이 보송보송한 바닷바람이 머리카락을 쓸어넘긴다. 한껏 숨을 들이마셨다. 이리 맑고 깨끗한 날이 얼마 만인지. 이른 아침 서울을 떠나 한낮 부산 송정해변에 섰다. 시간 여행이라도 한 듯 즐거운 반전(反轉)이다.

현충일 연휴 근무 조(組)여서 6월 2일 미리 나만의 연휴를 냈다. 해운대·송정·송도가 전국 맨 처음 해수욕장을 연 이튿날이다. 활처럼 휜 1.2㎞ 백사장이 한적하다. 외국 여인들이 비키니 입고 엎드려 볕을 쬔다. 수영하는 이는 한둘뿐이다. 평일인 데다 선선하다. 서울 낮 기온이 29도까지 올라갔지만 부산은 24

도에 그쳤다.

대신 검정 고무 옷 입은 서퍼들이 점점이 떠 있다. 수평선 쪽을 바라보며 기다린다. 파도가 오자 재빨리 몸을 돌려 보드에 오른다. 파도를 타려고 일어서지만 대개는 곧바로 넘어진다. 몇은 멋지게 미끄러지며 해변까지 나아간다. 참 젊다. 여자아이가 돌고래 모양 튜브를 물가로 끌고 간다. 튜브에 올라타 언니·오빠 서퍼들 흉내를 낸다.

송정해변을 걷기에 앞서 남쪽 분식 가게 송정집에 들렀다. 아담한 단층에 상큼한 민트색을 칠했다. 문 연 지 15분 지나 오전 11시 45분에 도착했다. 벌써 사람들이 기다린다. 대기표가 25번이다. 1년 전 낮 2시 넘어 처음 왔을 때도 한참 기다려야 했다.

깔끔한 대기실에 황갈색 가루 담긴 상자와 보온병이 놓여 있다. 누구나 타 마시게 하고, 담아 가라고 비닐봉지도 뒀다. 정미(精米)할 때 나오는 고운 쌀겨다. 이 집은 정미기를 갖추고 매일 아침 그날 쓸 쌀을 찧는다. 전기밥솥 열 개엔 따로 타이머를 달았다. 밥이 다 되고 한 시간 반 지나면 신호가 울린다. 그 밥은 팔지 않고 직원들이 먹거나 누룽지를 만든다. 갓 찧은 쌀로 갓 지은 밥은 그 자체로 진미(珍味)다.

벽엔 주인 휴대전화 번호를 내붙였다. '만족하지 못한 분이 문자 남기면 고치겠다'고 썼다. 50분 만에 번호를 불러준 종업원이 밝고 반듯하게 인사한다. "오래 기다리셨습니다. 고맙습니다." 차림은 2,800원 하는 김밥부터 만두·국수·비빔밥까지 여덟 가지다. 둘이서 음식 셋을 시켰다. 작년 것까지 모두 여섯 가지를 맛봤다.

세부 묘사를 잘하라

세부 묘사가 없는 기사는 건조하다. 추상적인 개념들로만 채워진 문장은 독자의 주의를 잡기 어렵다. 기사의 맛은 어떻게 생긴 사람이 어떠한 정황에서 무엇을 어떻게 했는가를 독자가 이해할 수 있도록 전달하는 데 있다. 그러려면 세부 사실에 대한 관찰과 기록은 필수적이다.

다음 【예문 16】은 한국일보 박선영 기자의 칼럼 가운데 시작 부분이다. 2017년 6월 27일 게재된 이 글은 박 기자가 노동 시간 단축에 관한 기획 취재를 위해 스웨덴에 출장을 갔다가 거리에서 '라떼파파'를 만나고 느낀 소감을 적었다.

【 예문 16 】

이달 초 스웨덴으로 '노동 시간 단축' 취재를 갔을 때다. 월요일 오전 9시를 조금 넘긴 시각, 반바지에 야구모자를 눌러쓴 젊은 남자가 유모차를 끌고 꽃가게로 들어가는 모습이 보였다. 유모차 속 잠든 아기와 꽃다발을 이것저것 들춰보는 젊은 아빠의 모습이 오색찬란한 꽃들 속에서 그렇게 어여쁠 수 없었다. 버지니아 울프의 〈댈러웨이 부인〉 속 한 장면처럼 꽃을 고르고 있는 남자 주부라니. 흡사 스토커라도 된 듯 그 모습을 몰래 훔쳐보며 꽃집 앞을 서성거리던 나는 마침내 한 다발의 꽃을 사들고 나오는 그에게 말을 걸었다. "익스큐즈 미, 저는 사우스 코리아에서 온 저널리스트인데요. 당신이 혹시 그 유명한… 라테파파?"

'라테파파'란 테이크아웃 라테를 마시며 혼자 유모차를 끌고 다닐 정도로 육아에 주도적인 스웨덴 아빠들을 일컫는다. 한국 엄마들이 라테 마시며 유모차 끌면 '맘충'인데, 스웨덴 아빠들이 같은 행위를 하면 왜 라테파파로 칭송받느냐는 매우 타당한 비판은 잠시 잊고, 라테파파의 사전적 정의라 할 만한 그에게 짧은 인터뷰를 청했다. 유모차 속 아기는 9개월 된 아들로 셋째 아이이며, 6개월간의 육아 휴직을 마친 아내가 회사에 복직한 후 3개월째 혼자서 세 아이를 돌보고 있는 중이라고 했다. 두 딸을 유치원에 데려다준 후 집으로 돌아가는 길에 산 보라색 꽃다발은 그가 얼마나 능숙한 가정주부인지를 보여주는 상징적 지표 같은 것이었다.

이름과 나이와 직업을 물었다. 올해 나이 36세, 이름은 요엘 스피라(Joel Spira), 직업은 배우. "와, 배우시군요. 혹시 출연작 중 제가 볼 수 있는 게 있나요?" 당연히 단역 배우일 것이라 생각하며 물은 질문에 그는 잠시 고민하더니 〈이지 머니(Easy Money)〉가 좋겠다며 친절하게 자신의 이름과 작품명을 적어줬다. 서로의 행운을 빌며 헤어지고 난 후 곧바로 구글 검색. 관련 기사가 쏟아졌다. 〈이지 머니〉는 스웨덴 박스 오피스 1위의 흥행 대작이요, 요엘 스피라는 영화와 TV 시리즈와 연극 무대를 종횡무진하며 최근엔 주연급으로 활약 중인 유명 배우였던 것이다. 연기 세계에 관한 인터뷰를 해도 시원치 않을 판에 노동 현실에 대한 코멘트라니, 이렇게 미안할 데가.

이 글에는 박선영 기자가 라테파파를 만나는 모습을 독자가 마치 현장에 있는 듯이 느낄 수 있도록 세부 사실들이 잘 그려져 있다. 그의 옷차림, 유모차에 있는 아이의 모습, 두 사람이 대화를 시작하는 상황, 그리고 그의 직업과 아이를 돌보게 되며 바뀐 일상에 대한 설명까지가 부담스럽지 않게 독자에게 전달된다.

미국 저널리즘 격언 가운데 "show, don't tell."이라는 말이 있다. 좋은 기사의 핵심 요건 가운데 하나가 현장을 보여주는 일이라는 뜻이다. 현장 묘사는 기자라는 직업을 다른 글 쓰는 직업과 구분하는 중요한 요소다. 기자를 꿈꾸는 사람은 글쓰기 연습을 시작하면서부터 반드시 묘사 연습에 상당한 노력을 기울여야 한다. 묘사를 잘하려면 계속적인 관찰력 훈련과 기록 연습이 필요하다. 또 눈앞에 전개되는 복잡한 상황 가운데 어느 사실이 전체를 요약할 수 있는 요점이 되는 것인지에 대한 판단력 훈련도 함께 곁들여져야 한다.

【 예문 17 】

백일몽과 같은 11분간의 휴전 협정 조인식은 모든 것이 상징적이었다. 너무나 우리에게는 비극적이며 상징적이었다. 학교 강당보다도 넓은 조인식장에 할당된 한국인 기자석은 둘뿐이었다. 유엔 측 기자단만 하여도 약 100명이 되고, 참전하지 않은 일본인 기자석도 10명이 넘는데, 휴전 회담에 한국을 공식적으로 대표하는 사람은 한 사람도 볼 수 없었다. 이리하여 한국의 운명은 또 한 번 한국인의 참여 없이 결정되는 것이다.

【예문 17】은 1953년 7월 29일 판문점 휴전 협정 조인식을 묘사한 조선일보 최병우 기자의 기사 중 일부다. 중앙일보 김영희 대기자는 이 기사를 자신이 본

한국 신문 최고의 기사라고 칭찬했다. 당시 최병우 기자는 29세였다. 이 기사는 역사적 순간을 몇 개의 숫자로 잡아낸다. 행사 시간 11분, 유엔 측 기자단 100명, 한국 기자 2명, 일본 기자 10명 등의 숫자는 관찰력이 뛰어나지 않으면 행사의 진행에 휩쓸려 확인하기 어려운 자료들이다. 최 기자는 이러한 세밀한 관찰력으로 한국 언론 역사에 남는 뛰어난 기사를 써낼 수 있었다.

글 고치기의 중요성

신문 기사는 고치고 다듬는 과정을 통해 더 좋은 문장으로 독자를 만난다. 신문사는 글 고치기를 직업으로 하는 사람들이 움직이는 기관이다. 그래서 그곳에서 글을 쓰는 사람은 스스로 자신의 글을 고치는 것은 물론이고, 자신이 제출한 기사에 데스크가 손을 대는 일을 너무 당연하게 받아들인다.

처음부터 완벽한 글은 없다. 내용과 어법, 문장의 세련미 모두를 포괄하는 말이다. 특히 언론에 첫발을 딛는 사람들은 이 같은 소위 말하는 에디팅 과정을 통해 취재를 배우고 기사 쓰기 및 언어 구사 능력도 키운다. 기자로서의 사고 체계를 형성하는 데에도 글 고치기 과정은 핵심적인 역할을 한다. 가능한 한 여러 선배에게 자신이 쓴 기사를 보여주고 지도를 받아보는 것도 좋은 접근법이다. 에디팅에 거부감을 갖는 것은 모든 사람이 공통적으로 갖는 느낌이겠으나, 지나친 자기중심주의는 좋은 스승을 만나 커다란 진보를 이룰 기회를 스스로 차버리는 원인이 되기도 한다. 다음 몇 가지 사례들은 글을 고치면 어떠한 효과를 얻을 수 있는지를 보여준다.

【 예문 18 】
거리 가판대를 통해 배부되는 무분별한 생활정보지들의 난립으로 길거리의 쓰레기가 더욱 증가하고 있다.

【예문 18】은 한 학생이 써온 과제의 리드 부분이다. 이 문장은 무엇보다 표현

과 개념의 중복 때문에 깔끔한 맛이 없다. 우선 '거리'와 '가판대'의 중복이다. '가판대'는 거리에 설치된 판매대를 뜻하는데 그 앞에 '거리'를 덧붙였다. 다음에 되풀이되는 말은 '무분별한'과 '난립'이다. '난립'이 무분별한 존재를 뜻하므로 역시 '무분별한'은 없어도 된다. 마지막 반복은 '길거리'라는 표현 내부에 있다. '거리'만 해도 될 텐데 '길'자를 붙여 표현이 혼란스러워졌다. 평상시 사용하는 언어가 기사로 쓰는 글에도 그대로 옮겨온 사례로 보인다. 학생들은 특히 이같은 실수를 자주한다. 따라서 기사를 쓰고 난 뒤 이러한 부분에 세심한 주의를 기울이는 훈련이 중요하다.

【 예문 19 】

신학기부터 이대에서도 교내 출입 차량에 대해 주차료를 부과하기로 했다. 교내 주차 유료화는 이미 여러 대학에서 실시하고 있는 제도로, 이들 대학에서는 교내 출입 차량 대수가 40~50% 정도 줄어 그 효과가 크게 나타나고 있다.

【예문 19】의 문장은 고칠 곳이 많다. 우선 첫 문장의 끝부분은 '주차료를 부과한다.'라고 바꾸면 좋다. 기사는 예정 사업을 대부분 현재형으로 표시한다. 첫 문장에서 고려할 또 한 부분은 '교내 출입 차량'이라는 표현이다. 바로 앞 구절이 '이대에서도'이기 때문에 바로 뒤 구절에서 '교내'라는 부분은 꼭 필요하지 않다. 다음 문장은 '여러 대학'이라는 부분이 걸린다. 어느 학교인지, 몇 개나되는 대학인지가 구체적으로 제시되지 않았기 때문이다. 이 부분은 '연세대, 동국대 등 5개 대학에서' 정도로 바꾸면 좋다. 또, '40~50% 정도'는 어차피 어림수이기 때문에 차라리 '반 정도'의 표현이 더 쉽게 이해될 수 있고, '…줄어 그효과가 크게 나타나고 있다.'라는 마무리는 쓸데없는 부가 설명이므로 '줄었다.'로 고치는 편이 훨씬 간결하다.

【 예문 20 】

강남 지역 응급환자 신고 전화가 119로 통일된다. 그동안 응급환자의 구급 신고는 119구급대와 129응급환자 정보센터에서 받아왔다. 129응급환자 정보센터는 긴급구조 인력을 갖추지 않아, 119구급대에 다시 연락해야 하는 문제가 있었다. 지난해 129응급환자 정보센터가 접수한 뒤, 119구급대에 출동을 요청한 신고는 30만 건이 넘었다. 강남소방서는 구급 체계 일원화에 따라 신속한 출동과 응급 서비스를 제공하게 될 것이라고 덧붙였다.

【예문 20】은 리드 다음에 나와야 할 취재원을 밝히는 문장이 기사의 맨 뒤에 잘못 배치돼 있다. 그래서 기사를 다 읽을 때까지 제도 개선의 주체를 알 수 없다. 따라서 마지막 문장을 두 번째 줄로 올려 배치해야 한다. 그리고 이 같은 제도 개선을 발표하는 날짜를 명기해야 한다. 두 번째 문장은 '강남소방서는 20일 구급 체계를 일원화해서 신속한 출동과 응급 서비스를 제공하기 위해 이 같은 제도를 시행한다고 밝혔다.' 정도로 고치면 기사의 틀이 바로잡힌다.

【예문 21】과 【예문 22】는 거리와 주변 환경에서 쉽게 접하는 사례들이다. 많은 사람에게 전하는 공공 메시지이지만 결정적인 문제가 보여 가져왔다.

【 예문 21 】

이 길은 산책로이므로 자전거를 타지 마십시오.

이 문장은 앞부분과 뒷부분이 조화를 이루지 못한다. 논리적 설득을 시도하는 '…이므로'를 썼으면 뒤에서는 '… 하면 안 됩니다.' 방식으로 써야 조화를 이룰 수 있다. 이 경우에는 원래의 명령문 구조를 살리려면 '이 길은 산책로이오니 자전거를 타지 마십시오.' 정도로 고치는 게 자연스럽다.

【 예문 22 】

본 구역은 주정차 금지 구역입니다.

【예문 22】는 어디서나 보기 쉬운 표지 문구다. 두 가지 문제가 있어 가져왔다. 하나는 이러한 글에 무의식적으로 드러나는 권위주의적 사고다. '본 구역'이라는 말에서 '본'이라는 말이 그러하다. '본인', '본 건물', '본 논문' 등 이러한 사고

구조를 드러내는 표현은 아직도 여러 곳에 남아 있다. 따라서 '본 구역'은 '여기는'으로 바꾸면 훨씬 친절해진다. 또 한 문제는 별것 아닌 일에 온통 한자어를 쓰는 현상이다. '주정차', '금지 구역' 등이 모두 한자어다. 순우리말로 바꾸면 다음 문장 정도로 고칠 수 있다. '여기 차 세우시면 안 됩니다.', '여기 차 세워두지 마세요.'

【 예문 23 】

아래 사항에 해당하는 자는 출입을 금합니다.

【예문 23】은 【예문 22】와 같은 맥락에서 지나치게 읽는 사람을 불쾌하게 하는 표지 문구다. 이 문장은 한 목욕탕 사우나에 붙어 있는 경고문이다. 혈압이 높은 사람이나 술을 마신 사람은 위험할 수 있으니 조심하라는 의도였는데, 읽는 사람은 그 글에 숨어 있는 목욕탕 주인의 엄청난 권위주의 또는 철저한 무신경을 느끼고 기분이 상하게 된다. '아래 사항에 해당하시는 분은 사우나 사용을 주의하시기 바랍니다.' 정도로 고치면 고객들의 저항감을 없앨 수 있다.

몇 개 안 되는 사례지만 어떻게 문장을 고칠 수 있는지를 살펴봤다. 고칠 수 없는 글은 없다. 『On Writing Well』(1976)이라는 글쓰기 책을 쓴 윌리엄 진서 William Zinsser는 어니스트 헤밍웨이의 예를 보여주며 글 고치기가 얼마나 중요한 과정인지를 설명한다. 그에 따르면 헤밍웨이는 한 작품을 완성하기까지 원고를 무려 30여 차례에 걸쳐 고치고 다시 썼다. 결국 글쓰기에는 천재성이나 재주가 별 의미가 없다고 볼 수 있다. 한 번 검토한 글보다는 두 번 본 글이, 또 그보다는 세 사람이 본 기사가 더 나아질 수 있다는 말이다. 글에 관한 한 끊임없이 좋은 글을 읽으며 배우고, 마음을 열고 선배나 동료에게 고쳐주기를 부탁할 수 있어야 한다.

3부

기사 쓰기의 기본 유형

8장
기사의 구조: 역피라미드와 이야기체

이 장에서는 기사의 구조에 대해 설명한다. 구성 방식을 기준으로 하면 기사는 역피라미드inverted pyramid, 역삼각형와 이야기체narrative 또는 feature로 나뉜다. 역피라미드는 가장 중요한 내용을 요약해서 앞에 배치하는 형식이고, 이야기체는 가장 중요한 내용을 풀어서 중간이나 뒤에 배치하는 형식을 말한다. 역피라미드는 전체 윤곽을 먼저 보여준 뒤에 세부 모습을 하나씩 보여주고, 이야기체는 세부 모습을 조금씩 드러내므로 전체 윤곽을 나중에 보여주는 셈이다.

사물을 관찰하는 도구에는 망원경과 현미경이 있는데 역피라미드는 망원경, 이야기체는 현미경을 주로 사용한다고 비유할 수 있다. 이와 같은 역피라미드와 이야기체는 기사의 구성 방식으로서 장점과 단점을 모두 갖는다.

기사의 구성 요소

역피라미드는 1860년대 미국 언론계에 정착한 기사 형식으로, 정파성과 의견 등 주관적 요소를 배제한 사실 중심의 객관주의 저널리즘이 주류로 자리 잡는 과정에서 완성됐다. 기본 원리는 가장 중요하다고 판단되는 사실을 맨 처음에 제시하고, 이어서 덜 중요한 사실을 차례로 나열하는 방식이다.

이러한 방식은 신문과 방송에서 기사의 대표적 구조로 인정된다. 장점은 크게 두 가지다. 하나는 독자가 기사의 핵심 사항을 쉽게 알도록 한다는 점이고, 다른 하나는 편집 과정에서 기사의 뒷부분을 잘라내도 중요한 내용이 삭제되지 않는다는 점이다.

역피라미드를 중심으로 기사의 구성 요소를 양식과 내용의 측면에서 분석하고, 제목 및 리드lead와 본문의 관계를 이해하면 기사 작성에 필요한 기본 능력을 갖출 수 있다. 우선 기본형인 역피라미드 기사를 제대로 학습해야 이를 바탕으로 다양한 이야기체 기사의 작성이 가능하다.

양식의 구성 요소

언론은 독자의 관심을 잡고 기사가 전하는 내용을 독자가 쉽게 이해하도록 하기 위해 몇 가지 양식적 도구를 발전시켰다. 100여 년에 걸쳐 관행화한 양식적 요소로는 제목과 리드의 제도화를 들 수 있다.

간단히 말하면, 기사는 제목과 리드, 본문의 세 부분으로 구성된다. 제목은 가장 중요한 내용을 압축한 주제목, 그리고 이를 보완 설명하는 부제목, 본문 중간의 소제목이 있다.

◆ **제목**head, headline, subhead

제목은 취재기자가 아니라 편집자의 몫이다. 중요한 제목은 편집국장과 부장, 팀장 등 데스크가 상의해서 결정하지만 대부분의 제목은 편집부장과 지면의 편집 담당자가 뽑는다. 제목을 결정하는 데 취재기자의 역할은 제한적이다. 취재기자는 기사 내용을 좀 더 자세하게 설명하거나, 제목이 기사 내용을 지나치게 단순화 혹은 왜곡한다고 판단할 경우 의견을 말할 수 있다. 기사 쓰기와 분리된 작업이므로 여기서는 제목 달기에 대해 구체적으로 논의하지는 않는다. 그러나 제목의 중요성을 생각할 필요가 있다.

새 외제차 덜 덜 덜…알고 보니 중고

→ 주제목

100여 대 속여 판 독일인 등 2명 영장 … 전두환 씨 조카 입건

→ 부제목

경찰청 특수수사과는 중고 외제차를 국내로 들여와 새 차인 것처럼 속여 판 혐의(특정경제범죄가중처벌법상 사기)로 외제차 수입업체 R사 대표 H(52·독일인) 씨와 H 씨의 동거녀 조모(51·한국계 영국인) 씨에 대해 24일 구속영장을 신청했다.

→ 리드

경찰에 따르면 H 씨와 조 씨는 2005년 1월부터 올 5월까지 사고가 나 수리를 받았거나 주행거리가 1만~3만 km인 메르세데스벤츠, BMW, 아우디 등 100여 대를 독일에서 싼값에 사들여 주행거리를 조작한 뒤 수입해 새 차인 것처럼 판매한 혐의다.

→ 본문 시작

이들은 수입한 중고 외제차를 독일 현지에서 전시용이나 시승용으로만 쓰이던 주행거리 1000km 미만의 새 차라고 광고하면서 "시승용으로 사용된 적이 있기 때문에 정상 가격보다는 싼값에 판다"며 구매자들을 속인 것으로 드러났다.

이들은 주행거리 1만 5000km인 중고 벤츠 S500을 독일에서 8640만 원에 사 주행거리를 조작한 뒤 국내에서는 1억 8400만 원에 판매하는 등 자신들이 구입한 값보다 두 배 이상 받았다. 벤츠 S500의 새 차 값은 2억 900만 원 정도.

경찰 관계자는 "피해자가 확인된 경우만 17명이고 피해액은 16억 원 정도"라며 "이들이 수입한 중고 외제차가 100대가 넘기 때문에 실제 피해액은 훨씬 더 많을 것"이라고 말했다.

한편 경찰은 자동차 배출가스 및 소음검사를 받기 위해 자동차 내부 구조를 불법 변경한 혐의(자동차관리법 위반)로 전두환 전 대통령의 조카 전모(40) 씨 등 중고 외제차 수입업자 6명을 불구속 입건했다.

전 씨 등은 차량 소음과 배출가스를 일시적으로 감소시키는 흡음기와 촉매기를 수입차에 불법 부착해 배기가스 및 소음 검사를 통과한 것으로 조사됐다.

→ 본문 끝

이종석 기자 wing@donga.com

동아일보
2006년 8월 25일
이종석 기자

기자 이름
(바이라인)

제목은 기사 읽기의 방향을 결정한다. 독자는 대부분 제목을 보고 기사를 읽을지 말지를 결정한다. 또한 독자가 기사를 읽고 난 뒤에 내용을 기억하느냐 못하느냐를 제목이 좌우한다. 제목은 기사의 중요도를 가시적으로 보여주는 기준이다. 제목을 큰 활자로 만들고, 부제목과 소제목을 여러 개 붙이면 기사 분량이 적어도 독자는 크고 중요한 기사로 인식한다.

지면에서 제목이 차지하는 공간의 비중 또한 간단히 넘길 일이 아니다. 스포츠신문 1면 기사는 제목이 차지하는 비중이 67%에 달한다. 보통 기사에서도 제목은 해당 기사의 전체 크기에서 30% 가까운 공간을 차지한다. 시각적으로 그만큼 제목이 중요하다는 뜻이다.

◆ 리드 lead

앞에서 설명했듯이 리드는 기사의 첫 문장 또는 첫 단락을 말한다. 전문前文이라는 표현을 쓰기도 한다. 어느 미국 언론인은 리드를 기자가 독자에게 던지는 미끼, 또는 식사에서 보면 전채appetiser에 해당하는 부분이라고 말했다.

언론계에서 수습기자를 교육하는 선배들은 리드의 중요성을 강조하면서 '첫 단추'에 비유한다. 옷을 입을 때 첫 단추를 잘못 끼우면 다음 단추가 모두 제자리를 찾지 못하듯이 리드를 잘 잡지 않으면 기사가 어디로 가는지 모른다는 의미에서다. 뒤에서 자세하게 다루겠지만 리드는 한 가지 형태가 아니다. 기사의 비중과 내용, 분량에 따라 다양한 모습을 띤다.

그러면 리드는 왜 중요한가? 간단히 말해 기사의 내용 중에서 독자가 가장 먼저 읽는 내용이기 때문이다. 역피라미드 기사에서는 더욱 그렇다. 리드는 기자가 기사에 부여하는 의미와 중요성을 압축하며, 독자가 기사를 읽는 방향성을 제시한다.

◆ 본문 main text

제목과 리드 다음의 나머지 부분이 본문이다. 앞의 예문처럼 본문은 여러 개의 단락으로 구성되며 각 단락은 여러 개의 문장으로 구성되는데, 이 문장들이 리드를 뒷받침하는 구체적인 사실을 하나씩 제시한다.

내용의 구성 요소

기사는 기자가 확인한 사실을 담은 부분과, 여기에 필요한 내용을 기자에게 말해준 취재원news source을 밝히는 부분으로 나뉜다. 여기서 취재원에게 확인해서 기자가 정리하는 내용은 육하원칙으로 세분화된다.

◆ 취재원

기사에는 대부분 취재원이 나온다. 기사의 객관성과 신뢰도를 위해서다. 취재원은 기사를 쓰기 위해 기자가 만나거나 전화로 통화한 사람 또는 기관을 말한다. 문장에는 '○○○에 따르면', '○○○는 …라고 말했다'는 형태로 나타난다. 기자는 현장의 목격자나 특정 분야의 전문가, 경찰, 주민의 증언을 필요로 하므로 취재원은 기사를 구성하는 가장 중요한 요소다.

취재원이 두 명 이상 나오는 기사도 많다. 미국 언론은 논란의 여지가 있는 사안에는 균형 보도balanced reporting를 위해 복수의 취재원을 사용하도록 요구한다. 6장에서도 언급한 삼각확인으로, 누군가의 일방적인 주장만을 근거로 기사를 쓰지 않도록 하기 위해서다. 한국 언론은 취재원을 한두 명만 사용하고, 복수를 등장시키는 경우에도 형식적 균형을 갖추는 수준에 머무는 경향이 강하다.

◆ 육하원칙5W1H

육하원칙은 기사가 전하는 사실의 구체성을 구성하는 내용이다. '누가, 무엇을, 언제, 어디서, 왜, 어떻게'를 말한다. 이렇게 구체적인 내용이 많을수록 독자는 기사를 더 쉽게 이해한다. 그래서 기자는 어떠한 종류의 기사를 취재하든 여섯 가지 질문을 중심으로 정리하고 부족한 내용을 보완한다.

'누가who'는 개인 또는 기관을 말한다. 사건 기사에서는 수사 주체 또는 용의자나 피의자, 피해자가 해당한다. '언제when'와 '어디서where'는 사건이 발생한 시간과 장소 또는 수사 결과를 취재원이 발표한 시점이 된다. '무엇what'은 사건이나 행위 또는 발표 내용을 가리킨다. '어떻게how'는 사건이나 행위가 구체적으로 어떠한 모습이었는지를 묘사하는 내용이다. '왜why'에 해당하는 부분은 기사를 쓸 때 소홀하기 쉽다. 사실 전달을 넘어 기자의 주관적 해석을 표현하는 경우가 빈번하기 때문이다. 반면 고발, 분석, 해설을 담은 기사에서는 '왜'라는 요소의 비중이 커진다.

역피라미드 기사의 특성

역피라미드 형식은 기사 쓰기 연습의 가장 기초적인 단계로 자리를 굳혔다. 언론에서는 역피라미드식 사고의 틀을 수습기자가 익히도록 하는 수준에서 기사 쓰기 교육을 마무리했다고 생각하기도 한다.

역피라미드식 사고란 기자가 가진 정보 중에서 가장 중요한 내용부터 보고하고 기사 문장으로 차례차례 표현하는 능력을 말한다. 여기에는 정보의 경중을 가리는 기준, 기사에 포함할 내용과 버릴 내용을 추려내는 방법, 어떠한 시각에서 기사를 전개할지에 대한 판단이 포함된다. 이러한 기준과 방법과 판단을 지속적으로 배움으로써 기사 감각을 포함한 언론인으로서의 능력을 익히게 된다.

역피라미드 기사는 리드에 요약된 핵심 사항을 본문에서 하나씩 구체적으로 설명하는 구조를 취한다. 따라서 독자가 기사를 쉽고 분명하게 이해하려면 하나의 문장에 하나의 내용만 담는 편이 좋다. 이러한 양식이 발전한 원인은 크게 두 가지다.

- 독자는 시간이나 흥미 부족을 이유로 기사를 읽다가 언제나 멈출 수 있다. 기자는 그러한 독자가 중요한 정보를 빨리 얻도록 써야 한다. 심지어 한 줄만 읽어도 기사의 핵심 사항을 알게 해야 한다.
- 편집자는 기사의 길이를 항상 고민한다. 지면이나 방송 시간이 부족하면 기사를 줄여야 하는데 역피라미드 기사는 작업을 쉽게 한다. 뒤에서부터 삭제해도 기사 흐름에 영향을 주지 않기 때문이다.

역피라미드 기사의 특징을 이해하려면 전혀 다른 양식의 기사를 먼저 보는 방법도 좋다. 다음은 우리나라 최초의 순 한글 신문인『독립신문』의 1899년 8월 14일자, 요즘으로 말하면 사회면인 '잡보'란에 실린 기사다.

(평양 쇼식)

평양군 사는 김쥰옥 씨가 영국 샹민 흡능어 씨의 물건 4천원엇치 가량을 가지고 도망질하였던지 해 군슈의게 잡히여 사문한즉 돈슈효는 영국 샹민의 쇼고와 한 가지지 안하나 여간 돈량이 남아 잇다는지라 김씨가 말하기를 그 영샹류하는 인천항으로 압송식혀 달나 하기에… 압송한다고 평양군슈가 외부에 전보하엿다더라.

독립신문
1899년 8월 14일

이는 기자가 체계적으로 취재를 해서 작성한 기사가 아니다. 시중에 떠도는 풍설을 하나의 문장으로 전한다. 초기 우리나라 신문의 취재 및 글쓰기 방식을 보여준다. 자세히 읽어도 문장의 의미가 제대로 전달되지 않는다. 심지어 압송되는 사람이 누구인지, 어디에서 어디로 압송하는지도 알 수 없다. 그로부터 20여 년이 지난 1920년 무렵에도 작법은 크게 달라지지 않는다. 다음은 1920년 4월 1일 창간된 직후의 동아일보 기사다.

김정렬 당년 십육세 된 소년은 그곳 읍내 보통학교 졸업생으로 금년 삼월 칠일에 보통학교 학생 박칠성 임흥숙 외 여러 아이를 모아놓고 작년 이맘 때 우리나라가 독립선언하였고 금년에도 운동을 계속하여야 되겠는데 우리 보통학교 학생 나이 열다섯 살 이상이면 성인이라 말할 수 있은즉 어찌 가만히 있으랴고 상의하매 여러 아이들이 일시에 찬성하므로 곧 추렴을 내어 종이와 물감을 사가지고 구한국 태극기를 많이 그리고 그 외에 '가련한 사람들아 일어나거라'는 격서를 받아 읍내 사람에게 돌리어 모여드는 사람과 함께 국기를 들고 한국 독립만세를 부른 까닭으로…

동아일보
1920년 4월 8일

옛날이야기를 들려주는 느낌이지만 문장이 제대로 정리되지 않았다. 요점이 무엇인지를 파악할 수가 없다. 특히 중문과 복문이 중첩적으로 연결되어 행위의 주체를 파악하기 어렵게 한다. 당시의 기사체가 역피라미드식 사고와는 거리가 멀다는 사실을 확인할 수 있다. 앞의 사례와 다음 기사를 비교해보자.

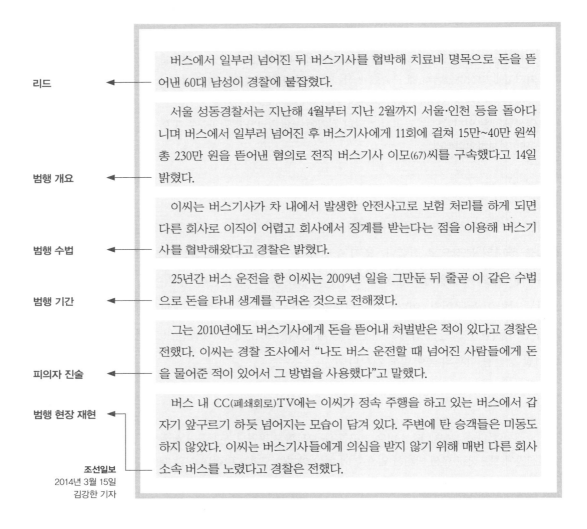

리드

버스에서 일부러 넘어진 뒤 버스기사를 협박해 치료비 명목으로 돈을 뜯어낸 60대 남성이 경찰에 붙잡혔다.

범행 개요

서울 성동경찰서는 지난해 4월부터 지난 2월까지 서울·인천 등을 돌아다니며 버스에서 일부러 넘어진 후 버스기사에게 11회에 걸쳐 15만~40만 원씩 총 230만 원을 뜯어낸 혐의로 전직 버스기사 이모(67)씨를 구속했다고 14일 밝혔다.

범행 수법

이씨는 버스기사가 차 내에서 발생한 안전사고로 보험 처리를 하게 되면 다른 회사로 이직이 어렵고 회사에서 징계를 받는다는 점을 이용해 버스기사를 협박해왔다고 경찰은 밝혔다.

범행 기간

25년간 버스 운전을 한 이씨는 2009년 일을 그만둔 뒤 줄곧 이 같은 수법으로 돈을 타내 생계를 꾸려온 것으로 전해졌다.

피의자 진술

그는 2010년에도 버스기사에게 돈을 뜯어내 처벌받은 적이 있다고 경찰은 전했다. 이씨는 경찰 조사에서 "나도 버스 운전할 때 넘어진 사람들에게 돈을 물어준 적이 있어서 그 방법을 사용했다"고 말했다.

범행 현장 재현

버스 내 CC(폐쇄회로)TV에는 이씨가 정속 주행을 하고 있는 버스에서 갑자기 앞구르기 하듯 넘어지는 모습이 담겨 있다. 주변에 탄 승객들은 미동도 하지 않았다. 이씨는 버스기사들에게 의심을 받지 않기 위해 매번 다른 회사 소속 버스를 노렸다고 경찰은 전했다.

조선일보
2014년 3월 15일
김강한 기자

전형적인 역피라미드 기사다. 전직 버스기사인 60대 남성이 버스기사를 협박해 돈을 받았다는 리드가 첫 문장에 나온다. 두 번째 단락부터 시작하는 본문은 리드가 압축한 내용을 범행 개요와 범행 수법, 범행 기간, 피의자 진술의 순서로 하나씩 설명한다.

이러한 기사에는 쓰는 이의 주관적 느낌이나 의견, 주장이 보이지 않는다. 기자가 객관화된 사실을 활용해서 기사를 구성했기 때문이다. 배정된 지면의 크기에 비해 분량이 많다고 판단되면 편집자는 뒤에서부터 삭제하면 된다. 상대적으로 덜 중요한 내용을 뒤에 배치했기 때문이다.

한국 언론에서는 기사를 역피라미드 구조로 써야 한다는 통념이 오랫동안 강하게 자리 잡았다. 문제는 중요한 내용을 앞에 배치하면 제목과 함께 리드에서 기사의 방향과 개략적인 내용을 미리 보여주므로 독자의 호기심을 부르지 못한다는 점이다.

이러한 역피라미드의 특성이 기사를 읽는 재미를 줄이며, 기사의 해석을 언론이 독자에게 강요한다는 비판이 나오면서 언론은 이야기체 기사에 주목하기 시작했다. 핵심 사항을 조금씩 보여주거나, 복선 및 암시를 활용해서 궁금증을 자아낼 수 있는 형식의 기사를 늘리기 시작했다.

이처럼 이야기체 기사의 장점이 부각됐지만 인터넷의 개발, 모바일의 확산, 그리고 소셜네트워크서비스SNS의 등장은 언론이 다시 역피라미드에 주목하게 만들었다. 온라인 공간에서 뉴스를 소비하는 패턴이 바뀌었기 때문이다.

이전에는 독자가 종이신문에서 하나를 골라 구독하고, 지상파 방송에서 하나를 골라 시청했지만 이제 네티즌은 수많은 포털을 중심으로 다양한 언론사의 뉴스를 접한다. 제목과 함께 본문 한두 줄을 읽고 흥미를 느끼지 못하면 다른 매체와 콘텐츠로 바로 넘어간다. 온라인 이용자의 이런 행태를 미주리 대학의 『News Reporting and Writing(12th ed.)』(2017)에서는 '뜨거운 난로 위를 맨발로 걷는 식'이라고 비유했다. 순식간에 이곳저곳을 옮겨 다닌다는 뜻이다.

온라인 공간에 수많은 콘텐츠가 올라오므로 이용자는 관심이 없거나 싫어하는 분야에 아예 눈을 돌리지 않는다. 이러한 이유로 언론은 독자의 관심을 끌 만한, 가장 중요한 내용을 맨 앞에 배치하는 역피라미드를 여전히 선호한다. 자극적이고 선정적인 문구를 담은 낚시성 제목은 온라인 독자를 최대한, 빨리, 오랫동안 잡아두려는 언론의 경쟁이 낳은 부작용이다.

온라인 공간이 계속 확장되고, 더욱 많은 콘텐츠가 이용자의 눈을 사로잡는 상황에서는 역피라미드 기사가 고유한 기사 형식의 하나로 계속 자리 잡을 전망이다.

역피라미드 기사의 리드 쓰기

리드를 위한 고려 사항

기사를 쓰는 과정에서 첫 번째 고비는 리드다. 어느 글이나 첫 문장이 어렵기는 마찬가지지만 편지 같은 글에서는 관행적이거나 상투적인 표현이 있어 글쓰기의 고뇌가 한결 줄어든다. 그러나 기사는 가장 중요한 내용을 맨 앞에 던져 독자의 시선을 잡아야 하는 상품이다. 그런 점에서 첫 한 줄을 쓰기 위한 어려움은 조금 과장하면 기자의 피를 말린다. 과거 금연이 일반화하지 않았던 시절에는 대부분의 언론사 편집국이 연기로 가득 찼다. 부서마다 리드를 썼다 고치고, 다시 썼다 지우면서 기자들이 애꿎은 담배만 피워댔기 때문이다.

그러면 리드는 어떻게 써야 하나? AP통신의 저명한 에디터인 잭 카폰Rene Jack Cappon은 자사 기자를 위한 기사 작성법 책에서 중요한 주의 사항을 알려 준다. 우선, 리드를 최대한 단순화해서 너무 많은 내용을 담지 않도록 했다. 리드가 복잡하면 독자는 혼란을 느끼고 기사에 흥미를 잃기 쉽다. 그는 또 가능한 한 구체적이고 세밀한 내용을 담아서 기사가 전하는 사항을 독자가 그림으로 그릴 수 있도록 하라고 말한다. 다음은 카폰이 제시한 좋은 예문이다.

Madison, Wis. (AP). — State Senator Clifford "Tiny" Krueger eased his 300-pound frame into a witness chair Friday and said fat people should not be barred from adopting children.

기사를 읽으면 독자는 140kg에 가까운 거구의 사람이 작은 증인석 의자에 몸을 구겨 넣는 장면을 저절로 떠올리며 이야기 속으로 자연스럽게 빨려들게 된다. 그는 이밖에 기자가 쓰고자 하는 기사가 다른 기사와 어떤 점에서 다른 가를 효과적으로 제시할 수 있어야 한다는 점을 강조한다. 취재 대상의 특이성을 세심한 관찰을 통해 잡아내야 한다는 말이다. 또한 카폰은 리드를 쓸 때 반드시 강한 인상의 동사를 적절하게 활용하라고 강조한다. 수동형 리드가 아니라 능동형으로 쓰고, 진부한 동사가 아니라 구체적인 행동을 정확히 묘사하는 어휘를 골라 쓰라는 충고도 곁들인다.

리드는 독자에게 강력한 인상을 심어주기 위해 가장 중요한 사실을 강조하는 기능을 한다. 기자는 취재를 마친 뒤 자신이 수집한 정보를 앞에 두고 무엇을 앞세울지를 빨리 결정해야 한다. 여기서 고려해야 할 사항은 육하원칙의 내용이다. '누가'를 강조할 것인가? 아니면 '무엇'을 강조할 것인가? 그도 아니면 '언제'를 내세울 것인가? 아니면 '어디서'를 앞세울 것인가? 또는 '어떻게'를 부각시킬 것인가? 아니면 '왜'를 리드의 중심 사항으로 다룰 것인가?

이러한 질문에 대한 답변은 기사의 성격에 따라 다르다. 또 일련의 흐름을 갖는 기사의 경우에는 바로 직전의 상황이 어떠한 내용을 가장 궁금하게 여기는 가에 따라 그에 알맞은 리드가 결정되게 마련이다.

사안의 흐름에 따른 리드의 변화

결국 좋은 리드를 쓰려면 취재하는 사안의 의미를 정확히 파악하는 능력이 중요하다. 또 해당 사건과 관련한 주변 상황의 변화를 신속히 따라가고, 부지 런히 움직여서 기사의 흐름을 바꿀 수 있는 사실을 다른 기자보다 빨리 취재하는 능력이 필요하다.

하나의 사안에 대해서 기사를 한 번 쓰는 데 그치지 말고, 이어지는 상황이나 관련되는 사안에 계속 관심을 기울이면서 후속 보도를 어떻게 할지 끊임없이 생각해야 한다. 다음에 소개하는 기사는 사안의 흐름에 따라 신문의 보도 방향과 내용이 어떻게 변하는지, 그리고 기사의 리드는 어떻게 바뀌는지를 보여준다.

> 폭염 속에 어린이집 통원 차량에 방치된 4세 어린이가 숨지는 사고가 또 발생했다. 17일 경기 동두천경찰서에 따르면 이날 오후 4시 50분쯤 경기 동두천시의 한 어린이집 차안에서 ㄱ양(4)이 숨진 채 발견됐다. ㄱ양은 이날 오전 9시 40분쯤 다른 원생들과 통원 차량을 타고 어린이집에 도착했지만, 미처 차에서 내리지 못한 것으로 파악됐다.

경향신문
2018년 7월 18일
최인진 기자

이 기사는 통학 버스에 탔던 아이가 내리지 못했다가 숨진 채 발견됐다는 사실을 전한다. 피해자가 네 살배기 아이라는 점, 어른들의 부주의로 생명을 잃었다는 점, 사고가 일어난 시기가 폭염이 계속되는 상황이었다는 점이 맞물려 안타까움을 느끼게 한다.

사건이나 사고가 발생하면 정부와 공공기관, 지방자치단체는 대책 마련에 나선다. 어린이가 통학 버스에서 숨진 사고에서도 마찬가지다. 이렇게 안타까운 일이 해마다 반복되므로 관련 부처가 장단기 대책을 발표하면 언론은 후속 보도로 반영한다.

> 지난 17일 네 살배기 여자아이가 땡볕 더위 속 어린이집 통학 버스 안에 6시간 동안 방치됐다가 세상을 떠났다. 지난해 대구, 전남 광양, 경기 동두천에서도 통학 버스에 아이가 홀로 방치됐다가 행인에게 구조되는 등 매년 '찜통버스' 사고가 반복되고 있다.
>
> 교육부는 이런 사고를 방지하기 위해 '어린이 통학 버스 위치 알림 서비스'를 도입하기로 하고 18일 한국교통안전공단과 업무 협약을 맺었다. 교육부는 올해 2학기부터 서비스를 시범운영한다. 예산 8억 5000만 원을 들여 유치원과 초·중학교, 특수학교에서 약 500대에 단말기 설치비와 통신비를 지원할 계획이다.

경향신문
2018년 7월 19일
노도현 기자

통학 버스에서의 사고를 계기로 정부가 '어린이 통학 버스 위치 알림 서비스'를 도입한다는 내용이다. 동두천시에서의 사고가 17일에 발생했는데 교육부가 하루 만에 대책을 내놓았다. 사고 직후에 마련한 대책인지, 이전부터 준비한 대책인지를 기사에서는 확인하기 어렵다.

사안은 여기서 끝나지 않는다. 비슷한 사고가 반복되거나, 정부의 대책에서 허술함이나 미비점이 드러나는 경우가 있다. 실제로 이 기사 끝에는 누리꾼이 '슬리핑 차일드 체크Sleeping child check' 제도를 해법으로 언급한다는 내용이 나온다. 어린이 안전 문제는 같은 신문이 다음 날에도 보도했는데 사안의 성격이 조금 다르다.

> 서울의 한 어린이집에서 보육교사가 잠들지 않은 11개월 영아를 억지로 재우다 숨지게 한 혐의로 19일 체포됐다. 지난 17일에는 경기 동두천시 한 어린이집 측의 부주의로 4세 아이가 폭염 속 통학 차량에 7시간 가까이 방치됐다가 사망하는 등 최근 학대·방임이나 과실 사망 사고가 잇따라 발생했다.

경향신문
2018년 7월 20일
선명수·박용하 기자

보육교사의 잘못으로 영아가 숨졌다는 기사다. 통학 버스 안에서 일어난 사고와는 성격이 다르지만 피해자가 모두 아이라는 점에서 관심을 끌기에 충분하다. 기사는 어른의 잘못이나 부주의로 아이가 생명을 잃는 일이 이어졌다고 강조한다. 심각성을 알리는 보도가 이어지고, 문제를 시정하라는 여론이 형성되면서 대통령이 나섰다.

> 정부가 기존 '어린이집의 운전자·동승 보호자 매뉴얼' 준수 여부 확인 방법이 없다며 제도의 한계를 인정했다. 서울 화곡동 어린이집 영아 학대 사망 사건과 동두천 통학 차량 어린이 방치 사망 사건을 두고 문재인 대통령은 조속한 대책 마련을 지시했다.

경향신문
2018년 7월 21일
김찬호·박용하·손제민
기자

내용이 전적으로 동일하지 않아도 특정 시점의 전후로 연관성 있는 일이 계속 발생하면 언론은 후속 보도에 나선다. 사안이 심각하다고 생각하면 기획 기사나 캠페인을 시작할 수 있다. 기사의 리드는 이렇게 사안이 진행되면서 조금씩 달라진다. 사안이 이어지는 단계별로 사안의 특성, 즉 중대성이나 심각성을 잘 포착해야 적절한 리드를 고를 수 있다.

다시 요약하면, 리드는 기사를 둘러싼 사안의 흐름, 주변 조건의 변화를 때로는 선도하고 때로는 핵심 변화 사항을 요약하며 계속 변한다. 결국 리드를 잘 쓰려면 사회의 흐름, 여론의 분위기, 현장의 변화를 정확하게 파악하여 언어로 표현하는 능력을 키워야 한다.

리드의 유형

기사를 취재하고 리드를 쓸 때 정형화한 틀에 매달려서 쓰는 기자는 거의 없다. 그러나 기사를 자세히 보면 몇몇 유형의 리드가 계속 나타남을 확인할 수 있다. 다음에 제시하는 사례는 한국 신문이 자주 사용하는 리드의 유형이다. 처음 기사를 쓰기 위해 공부하는 사람은 이러한 고정형을 익히고 나서 조금씩 변화를 시도하면 어느 기사에서 어떠한 유형의 리드가 가장 적합하고 기사의 흐름을 자연스레 이끄는가를 보다 쉽게 체득한다.

◆ 전체 제시형

동아일보
2018년 7월 20일
정성택 기자

> 허익범 특별검사팀이 노회찬 정의당 원내대표에게 불법 정치자금 4600여만 원을 전달하는 데 관여한 혐의로 도모 변호사(61)에게 청구한 구속영장이 19일 기각됐다. 특검이 수사에 착수한 지 22일 만에 처음 청구한 영장이 기각된 것이다.

특별검사팀의 구속영장 청구가 기각됐음을 짧은 문장에 담았다. 독자는 다음 부분을 읽지 않아도 기사의 전체 방향과 내용을 짐작한다. 자세한 내용을 알고 싶으면 나머지 단락을 읽으면 된다. 이 기사의 본문에서는 도 모 변호사가 전달한 정치 자금의 조성 과정, 서울중앙지법의 판사가 영장을 기각한 이유를 차례로 설명한다. 다음 예문은 외국 언론이 보도한 내용을 국내 신문이 정리한 기사다.

> 이용객 기준 세계 1위 공항인 미국 조지아주(州) 애틀랜타 하츠필드-잭슨 국제공항이 17일(현지 시각) 갑작스러운 정전으로 11시간 넘게 마비됐다고 CNN 등이 보도했다.
> 이날 정전으로 애틀랜타 공항에서는 1173편의 항공편 운항이 중지되고 승객 3만 명의 발이 묶였다.

조선일보
2017년 12월 19일
정우영 기자

CNN을 비롯한 외국 언론 보도를 국내 신문이 전하는 과정에서 전체 상황을 첫 문장에 간단하지만 모두 들어가도록 담았다. 언제(17일) 어디서(미국 애틀랜타 국제공항) 무엇을(마비) 어떻게(11시간 넘게) 왜(정전) 누가(CNN) 등 육하원칙의 요소가 하나의 문장에 들어갔다. 본문에는 정전과 공항 마비로 인한 불편, 연방항공청FAA의 조치, 사고의 원인, 공항 운영의 차질을 설명하고, 마지막으로 애틀랜타 공항이 이용객 기준으로 세계 1위 공항이라는 보조적 정보를 다시 전한다.

◆ 요약형

가장 빈번하게 만나는 리드의 형태로, 역피라미드 기사의 취지에 잘 맞는다. 다음은 헌법재판소의 결정과 교통사고 기사로 첫 문장에서 핵심 내용을 요약했다. 전체 제시형의 리드에 비해서 구체적 정보가 보이지 않는다. 따라서 요약형은 통상적으로 분량이 많은 기사에서 사용한다.

> 공공장소에서 과다 노출한 경우 처벌하도록 한 경범죄처벌법 조항은 헌법에 어긋난다는 헌법재판소 결정이 나왔다.

동아일보
2016년 11월 25일
허동준 기자

중앙일보
2016년 8월 1일
강승우 기자

> 부산 해운대 도심에서 외제 차량이 신호를 무시하고 과속으로 달리다 추돌사고를 일으켜 피서객 등 3명이 숨지고 14명이 다쳤다.

독자는 헌법재판소의 결정을 리드에 압축된 수준에서만 파악한다. 본문에는 경범죄처벌법 제3조의 세부 내용, 헌재의 결정 이유, 그리고 위헌 법률 심판 제청 과정이 나온다. 교통사고 기사에서도 사고 시간과 장소, 가해자와 피해자의 인적사항 및 사고 경위는 리드가 아니라 본문에서 설명한다.

◆ 질문형

독자의 관심이나 참여를 유도하는 기사에서 상황을 한마디로 정리하지 않고 사안을 더욱 부각시키려고 할 때 자주 사용하는 형태다. 다음 예시는 최저임금 인상으로 사용자와 근로자가 각각 어떠한 영향을 받을지 궁금증을 부른다.

> 최저임금위원회가 내년도 시간당 최저임금을 올해 6,470원보다 1,060원 오른 7,530원으로 의결하면서 최저임금을 받아온 근로자들과 이들을 주로 고용해 온 영세 자영업자들의 희비가 극명히 엇갈리고 있다. 17년만에 최대 폭이라는 이번 최저임금 인상으로 커피전문점에서 일해온 K군은 얼마를 더 벌게 될까. 그렇다면 이 매장 업주 L씨의 종업원 인건비 부담은 얼마나 늘어나게 될까.

한국일보
2017년 7월 17일
이성택 기자

◆ 인용형

취재원의 말로 시작하는 경우다. 이러한 리드가 효과적이려면 취재원이 사안의 본질을 잘 요약해야 한다.

"(입담에서) 져 본 적이 없다." vs "아나운서 아내에게 도움 받고 있다."

2018 러시아 월드컵을 앞두고 이영표, 박지성, 안정환 등 지상파 3사 축구 해설위원이 입담을 과시하며 워밍업에 돌입했다. 세 사람 모두 지난 2002 한일 월드컵 당시 4강 신화를 일군 주역. 16년을 돌아 '발'이 아니라 '입'으로 맞서게 된 세 사람의 경쟁은 러시아 월드컵을 즐기는 또 하나의 관전 포인트가 될 전망이다.

문화일보
2018년 5월 28일
안진용 기자

선수에서 해설자로 변한 세 사람의 발언을 앞에 배치한 이유는 기사의 방향과 내용을 적절하게 축약했다고 기자가 생각했기 때문이다. 독자의 관심을 높이고 기사의 사실성을 강화하는 일석이조의 효과를 얻는다. 같은 형태지만 다음 리드는 조금 길다. 언론이나 평론가가 아니라 아이돌 그룹 '방탄소년단'이 'BTS 열풍'을 스스로 설명하는 내용이라서 뉴스 가치가 높다고 판단한 결과다.

"이렇게 큰 사랑을 받게 된 배경은 여러 가지로 분석할 수 있지만, 우선 저희들이 정말 하고자 하는 음악으로 출발했고, 스스로 퍼포먼스를 펼치는가 하면 가수의 본질에 충실하면서 할 수 있는 한 최상의 퀄리티로 노래와 춤을 구현한다는 것입니다. 또 아이돌로서, 연예인으로서 소셜미디어를 통해 많은 사람들과 소통하려 한다는 점, 디지털 뉴미디어 시대라서 저희가 부른 한국어 가사들이 여러 나라의 언어로 번역되고, 유튜브 등 채널을 통해 널리 빠르게 유통된다는 점 등이 글로벌 인기의 원동력이라고 생각합니다."

세계일보
2018년 5월 25일
이복진 기자

◆ 나열형

어느 사안에 대해서 여러 당사자가 대립한다면 동등하며 병렬적인 배치가 필요하다. 나열형 리드는 기본적으로는 요약형 리드와 같은 틀이지만, 행위의 주체가 복수이므로 강조되는 사실 역시 여러 가지가 된다.

> 한겨레신문
> 2015년 12월 29일
> 이제훈·최혜정·김미향
> 기자
>
> 박근혜 정부와 아베 신조 일본 정부는 28일 한-일 외교장관 회담을 통해 일본군 '위안부' 피해자 문제(위안부 문제)의 해결 방안에 합의하고 합의 사항의 착실한 이행을 전제로 "최종적·불가역적 해결"을 선언했다. 그러나 한국정신대문제대책협의회(정대협)는 성명을 발표해 "굴욕적이고 충격적인 외교적 담합"이라고 비판했다.

위안부 기사에서 한·일 정부의 선언과 한국정신대문제대책협의회의 비판을 함께 소개한 이유는 대립되는 사안에서 언론이 객관성과 공정성을 지키기 위해서다. 민감한 사안이므로 기사에 기자의 주관적인 표현은 들어가지 않았다. 해당 사안에 대한 주장은 사설이나 칼럼에 담으면 된다.

◆ 선택형

기사가 다루는 내용이 누군가를 또는 무엇인가를 골라야 하는 경우에 주로 사용한다. 이러한 리드는 여론의 움직임이 크게 두 갈래로 나뉘는 이슈, 유력 후보들의 지지율이 계속 바뀌는 선거에서 효과적이다. 여론조사, 스포츠 소식과 학계의 연구 결과를 소개하기에 앞서 흥미를 유발할 때도 나온다.

> 동아일보
> 1998년 1월 9일
> 양기대 기자
>
> 감원이냐 감봉이냐. 국제통화기금(IMF) 시대를 사는 근로자들이 직면한 고난도의 질문이다. 그러나 한국노동연구원이 지난해 12월 말 조사한 결과 근로자 4명 중 3명은 감원보다는 감봉이 더 낫다고 응답했다.
> 전국의 5인 이상 사업체 근로자 1천5백 명을 상대로 한 이번 조사에서 응답자의 77.5%가 경영 압박으로 감원이 불가피하다면 감원 대신 월급 삭감을 바라는 것으로 나타났다.

◆ 해설형

여러 당사자가 관련되거나 논란이 계속된 일에서 독자의 이해를 돕기 위해 평가나 전망을 넣는 경우를 말한다. 사회적으로 중요한 의미를 지니므로 사실을 먼저 제공하고, 보충 또는 추가 설명에 해당하는 부분을 뒤에 붙인다.

11년 넘게 끌어온 삼성전자의 반도체 백혈병 분쟁이 마침내 마침표를 찍게 됐다. 반도체 백혈병 분쟁을 해결하기 위해 결성된 조정위원회의 중재안을 삼성전자가 무조건 수용하기로 한 데 따른 것이다. 피해자 시민단체 반올림(반도체 노동자의 건강과 인권지킴이)도 이를 받아들이기로 했다. 삼성의 이번 결정은 사회적 합의를 대승적으로 수용하겠다는 이재용 삼성전자 부회장의 의지가 반영된 것으로 전해졌다. 삼성그룹 차원의 쇄신안 발표도 뒤이을 것으로 전망된다.

동아일보
2018년 7월 23일
황태호·신동진 기자

내년도 최저임금 인상에 반발하는 전국 소상공인들이 최저임금 인상 저지를 위한 행정 소송과 함께 다음 달 29일 서울 광화문 광장에서 대규모 시위에 나선다. 시위 날짜가 29일인 것은 지난 2년간 최저임금 인상률(29.1%)에 항의하는 의미다.

조선일보
2018년 7월 25일
임경업 기자

삼성전자 기사에 나오는 이재용 부회장의 의지는 전언(傳言)이고, 그룹 차원의 쇄신안은 당시 시점에서 확정된 내용이 아니다. 직접 듣지 않고, 공식 발표되지 않은 내용을 리드에 넣음으로써 합의 수용 배경과 파장을 더 자세하게 알려주려고 했다. 소상공인 기사의 두 번째 문장 역시 시위 날짜 선정 이유_{최저임금 인상률}를 보완 설명하는 역할을 한다. 다음 기사의 리드는 삼성전자 기사와 비슷하지만 비판적 전망이라는 점이 다르다.

수도권 매립지 보전 용지에 테마파크를 추진하기 위한 움직임이 본격화되고 있다. 하지만 현 상태대로 공원으로 관리하는 게 낫다는 반론도 만만치 않아 향후 논란이 될 것으로 보인다.

국민일보
2018년 7월 10일
정창교 기자

◆ 사회고발형

정부 정책의 영향, 사회현상의 배경, 유명인 일탈 행위의 원인을 비판적 시각에서 정리한 리드를 말한다. 여러 각도에서 접근하고, 현장을 충실하게 취재해야 가능하다. 심층 기획이나 캠페인처럼 문제를 드러내고 대안을 제시하는 기사에 적합한 형태다.

동아일보
2018년 7월 19일
윤다빈·이형주 기자

> 경기 동두천시의 한 어린이집에서 4세 여자아이가 통학 차량에 갇혀 숨진 사건은 총체적 관리 부실이 빚은 비극인 것으로 드러나고 있다. 이를 예방할 수 있는 시스템을 마련해야 한다는 목소리가 높다.

조선일보
2013년 12월 27일
김형원·유소연 기자

> 학회에서 안전성에 대한 논의가 거의 없었던 수술법이 서울 강남 성형촌(村)에서 '티 안 나게 예뻐지는 미용 수술'로 입소문을 타고 있다. 20~40대 여성이나 연예인 사이에서 '뒤통수 성형'으로 통하는 이 수술은 총상(銃傷), 교통사고 등으로 심각한 손상을 입은 두개골이나 선천성 머리뼈 기형을 교정(矯正)해주기 위해 고안됐다. 성형·신경외과 전문의들은 "이 수술법을 미용 용도로 활용한다는 소리는 금시초문"이라며 우려했다.

통학 차량 기사는 어린이 보호에 소홀한 사회 시스템의 미비를 리드에 담음으로써 개선책 역시 종합적이고 체계적으로 수립해야 함을 강조한다. 성형수술 기사는 안전성이 검증되지 않은 성형수술의 문제를 통해 외모지상주의와 의료계의 상업성을 비판한다. 자료에 의존하면 나오기 힘든 기사이므로 사회고발형 리드는 기자의 문제의식을 요구한다.

리드의 형태는 앞의 사례들보다 한결 다양한 모습을 띠며, 여러 유형이 하나의 리드에 들어가기도 한다. 예를 들면, 질문형과 인용형의 혼합이나 선택형과 질문형의 혼합이 있다. 이 중에서 기자는 요약형 리드를 특히 잘 쓰려고 노력해야 한다. 핵심을 추려내서 짧은 문장에 담으려면 전체를 이해하는 판단력, 가장 중요한 부분을 가려내는 사고력, 구체적으로 전달하는 표현력을 갖춰야 하기 때문이다. 핵심을 파악하고 압축하는 작업은 긴급 상황에서의 보고와 판단에도 필요하다.

역피라미드 기사의 본문 구성

역피라미드 기사의 본문은 리드를 뒷받침하는 세부 내용으로 채워진다. 첫 문장이 리드로서 전체 내용을 요약하고 취재원을 제시하는 출입문이라면, 두 번째 문장 이후의 본문은 리드에 압축된 정보를 자세하게 설명하는 내부 공간이다.

다음은 앞에서 기사의 양식적 특징을 설명할 때 사용한 예문의 일부다. 단락별로 내용을 분석하면 역피라미드 기사의 기본적 구성 방식을 이해할 수 있다.

새 외제차 덜 덜 덜 … 알고 보니 중고
100여 대 속여 판 독일인 등 2명 영장 … 전두환 씨 조카 입건

① 경찰청 특수수사과는 중고 외제차를 국내로 들여와 새 차인 것처럼 속여 판 혐의(특정경제범죄가중처벌법상 사기)로 외제차 수입업체 R사 대표 H(52·독일인) 씨와 H 씨의 동거녀 조모(51·한국계 영국인) 씨에 대해 24일 구속영장을 신청했다.

② 경찰에 따르면 H 씨와 조 씨는 2005년 1월부터 올 5월까지 사고가 나 수리를 받았거나 주행거리가 1만~3만 km인 메르세데스벤츠, BMW, 아우디 등 100여 대를 독일에서 싼값에 사들여 주행거리를 조작한 뒤 수입해 새 차인 것처럼 판매한 혐의다.

③ 이들은 수입한 중고 외제차를 독일 현지에서 전시용이나 시승용으로만 쓰이던 주행거리 1000km 미만의 새 차라고 광고하면서 "시승용으로 사용된 적이 있기 때문에 정상 가격보다는 싼값에 판다"며 구매자들을 속인 것으로 드러났다.

④ 이들은 주행거리 1만 5000km인 중고 벤츠 S500을 독일에서 8640만 원에 사 주행거리를 조작한 뒤 국내에서는 1억 8400만 원에 판매하는 등 자신들이

구입한 값보다 두 배 이상 받았다. 벤츠 S500의 새 차 값은 2억 900만 원 정도. ⑤ 경찰 관계자는 "피해자가 확인된 경우만 17명이고 피해액은 16억 원 정도"라며 "이들이 수입한 중고 외제차가 100대가 넘기 때문에 실제 피해액은 훨씬 더 많을 것"이라고 말했다.

동아일보
2006년 8월 25일
이종석 기자

단락 ①은 기사의 리드로 전체 내용을 요약했다. 범행 수법을 간단히 설명하므로 요약형 리드에 가깝지만, 정보를 제공한 취재원(경찰청 특수수사관)과 피의자의 인적사항을 자세히 드러냈다는 점에서 전체 제시형의 느낌도 준다. 본문은 리드에 나오는 개략적 정보를 자세하게 풀어서 정리한다.

단락	범행 도구	사기 수법
①	중고 외제차	국내로 들여와 새 차인 것처럼 속여
②	주행거리가 1만~3만 ㎞인 메르세데스벤츠, BMW, 아우디 등 100여 대	싼값에 사들여 주행거리를 조작한 뒤 수입해 새 차인 것처럼 판매한
③	수입한 중고 외제차	주행거리 1,000㎞ 미만의 새 차라고
④	주행거리 1만 5,000㎞인 중고 벤츠 S500	독일에서 8,640만 원에 사 주행거리를 조작한 뒤 국내에서는 1억 8,400만 원에
⑤	수입한 중고 외제차가 100대가 넘기 때문에	실제 피해액은 훨씬 더 많을 것

범행에 사용된 차량부터 보자. 리드인 단락 ①에서는 '중고 외제차'로 간단히 표현했지만 단락 ②와 단락 ④에서는 차종과 실제 주행거리를 표기했다. 사기 수법 역시 마찬가지다. 리드에서는 새 차처럼 속였다는 내용만 전한다. 단락 ②와 단락 ③에서는 독일에서 구입하고 주행거리를 조작해 새 차처럼 광고했다고 설명하며 단락 ④에서는 중고 벤츠 S500를 예로 들면서 더 구체적으로 알려준다.

역피라미드의 대안

역피라미드 기사는 가장 중요한 정보를 맨 앞에 배치해서 시간에 쫓기는 독자가 기사를 읽을지 말지를 쉽게 결정하는 데 도움을 준다. 반면에 핵심 내용이 다 드러난 상태이므로 호기심을 유도하는 등의 글 읽는 재미는 덜하다.

이런 특성을 감안하며 미국 언론은 역피라미드와 완전히 다르게 구성하는 서사적 기사 또는 이야기체 기사narrative story를 오래 전부터 발전시켰다. 국내에서도 이러한 이야기체 기사를 뉴스 제작에 반영하는 사례가 늘어나는 추세다.

다음에 제시하는 기사는 역피라미드로 작성된 외제차 수입 사기 기사를 이야기체로 구성한 사례다. 피해자 한 명의 사례를 도입부에서 먼저 보여주며, 피의자가 저지른 범행의 전모는 후반부에 제시한다. 전체적 윤곽이 아니라 부분적 모습을 먼저 소개해서 궁금증을 부른다. 부분적 모습과 전체적 윤곽을 연결하는 내용은 중간에 배치했다.

① 의사 박모(43)씨는 올 4월 한 인터넷 수입차 판매 사이트에서 고급 외제차를 싸게 판다는 광고를 보게 됐다. 외국에서 자동차 매장 시승용으로 쓰던 차를 국내에 들여와 싸게 판다는 내용이었다. 박씨는 외제차 수입업체 R사 대표인 독일인 H씨(52), 한국계 영국인 조모(51·여)씨와 만나 시승용으로 750㎞를 달린 벤츠 S350 차량을 소개받고 이를 8000여만 원에 구입했다. S350의 신차 가격은 1억 3000만~1억 6000만 원에 달한다. ② 그러나 차를 몬 지 두 달 만에 계기판에 고장이 생겨 수리 업소에 맡겼다가 뜻밖의 사실을 알게 됐다. 차를 고친 수리공이 "차량 전체가 새로 도색돼 있고 많이 주행한 흔적이 있다"고 말해준 것이다. 이를 이상하게 여긴 김씨는 독일의 지인에게 차대번호를 전해주고 출고 시기를 알아봤다. 그 결과 문제의 차는 출고된 지 2년도 넘었으며 이미 독일에서 3만 5000㎞나 주행한 상태였다.

③ 이를 신고받고 수사에 나선 경찰청 특수수사과는 24일 중고 수입 자동차를 불법 개조하고 주행거리를 속여 비싸게 판 혐의(특경가법상 사기)로 H씨와 조씨에 대해 구속영장을 신청했다.

④ 경찰에 따르면 H씨 등은 올 3월 독일에서 5700만 원을 주고 사온 2005년식 벤츠 S500을 주행거리 1000㎞ 정도의 매장 전시용 차량이라고 속여 1억 600만 원에 파는 등 지난해 10월부터 주행거리를 조작하는 수법으로 17대의 차량을 팔아 16억 400만 원을 챙겼다. ⑤ 경찰은 확인된 17개 외에 H씨 등이 모두 100여 대의 차량을 판매했다는 장부를 확보, 추가 피해자가 있을 것으로 보고 수사 중이다.

중앙일보
2006년 8월 25일
이철재 기자

8장 기사의 구조: 역피라미드와 이야기체

기사는 ① 피해자 1명의 외제차 구입 ② 고장과 의심과 신고 ③ 경찰의 수사 착수 ④ 범행의 전모 ⑤ 경찰의 수사 확대라는 흐름으로 구성했다. 분량이 짧지만 발단 ① → 반전 ② → 전개 ③ → 결론 ④ → 마무리 ⑤의 형식을 갖췄다. 같은 날짜에 나온 동아일보 기사와는 기사 흐름이 완전히 다르다.

이야기체 기사는 이렇게 사실을 활용해서 소설처럼 쓴다고 생각하면 된다. 중요한 점은 있는 그대로의 사실을 소설의 기법으로 구성해야지, 사실을 가공하거나 변형해서 소설을 쓰면 안 된다는 점이다. 기사는 사실적 글쓰기factual writing이지 꾸며낸 이야기fictional story가 아니다.

정형화된 구조, 통일된 양식의 역피라미드에서 벗어나자는 취지에서 발전됐으므로 이야기체 기사의 틀을 명확하게 제시하기는 힘들다. 하지만 몇 가지 유형을 참고하면 다양한 기사 쓰기가 가능하다. 가장 쉬운 방법은 연대기적 작법chronology이다. 다음 기사처럼 사안이 발생한 순서대로 쓰는 식이다.

ㄱ씨는 신앙심이 깊었다. 일본으로 선교 활동을 다녀올 만큼 독실한 기독교인이었다. ㄱ씨는 ㄴ씨와 2010년 4월 교회에서 만나 연애를 한 지 반년 만에 결혼했다. 결혼 직후, ㄴ씨는 건실한 줄로만 알았던 남편의 '어두운 면'을 발견했다. '야한 동영상'(야동)을 몰래 즐겨 보는 게 취미였던 것이다. 이때부터 부부는 야동, 컴퓨터 게임, 경제 문제를 놓고 자주 다퉜다.

남편은 아내가 예전 남자친구나 일로 만나는 남성들과 부적절한 관계가 아닌지 의심했다. 아내가 야근을 하고 밤늦게 귀가하면 아내의 휴대전화 통화 내역을 수시로 확인했다. 둘은 관계를 개선하려고 교회의 부부상담 프로그램에 여러 차례 참여해봤지만 헛수고였다.

ㄴ씨는 2012년 4월 집을 나와 언니 집으로 들어가면서 별거 상태가 됐고, 두 달 뒤 이혼 소송까지 냈다. ㄴ씨는 소송이 진행되던 중 부부의 성관계 동영상이 인터넷에 떠돈다는 황당한 소식을 듣고 남편을 고소까지 했다. 검찰은 동영상 속 남녀가 부부와 동일인인지 감정이 불가능하다는 이유로 ㄱ씨를 무혐의 처분했다. 이미 부부의 관계는 복구가 불가능한 지경에 이르렀다.

서울가정법원 가사1단독 정용신 판사는 "이들의 혼인관계는 아내가 남편에게 기대하는 독실한 종교인의 생활에 어긋나는 지나친 성인 동영상 시청과 둘 사이의 성관계 동영상 유포를 둘러싼 다툼 등 남편의 잘못으로 파탄에 이르렀다"며 ㄴ씨의 이혼 청구를 받아들였다고 23일 밝혔다.

한겨레신문
2014년 9월 24일
김선식 기자

간단히 요약하면 이렇다. 남녀가 만났다, 첫인상이 좋아서 결혼했다, 그런데 다투고 의심하기 시작했다, 별거에 들어갔다, 소송이 진행되는 상황에서 부부의 성관계 동영상이 유포돼서 갈등이 심해졌다, 법원이 이혼 청구를 받아들였다. 법원의 판결을 계기로 부부관계가 악화된 과정을 알았는데, 기자는 부부가 만난 순간부터 판결이 나오기까지를 시간 순서대로 구성했다.

역피라미드와 연대기적 작법을 결합하는 기사도 가능하다. 도입부에서 판결 요지를 먼저 보여주고, 본문은 시간 순서대로 구성하여 왜 이러한 판결이 나왔는지에 대한 궁금증을 풀어주고, 결론에서 판결 이유를 보충 정보로 추가하는 방식이다. 다음 기사를 보면 단락 ①은 역피라미드의 리드에 해당하고, 단락 ②와 ③은 시간 순서대로 전개한 이야기체 방식이며, 단락 ④는 리드를 보완하는 내용임을 알 수 있다.

119

8장 기사의 구조: 역피라미드와 이야기체

① 서울가정법원 가사1단독 정용신 판사는 A씨가 남편 B씨를 상대로 낸 이혼 소송에서 "원고와 피고는 이혼하라"고 판결했다고 23일 밝혔다.
② A씨는 2010년 4월 교회에서 처음 만난 B씨가 일본으로 선교 활동을 다녀오는 등 독실한 기독교인이라 생각해 만난 지 6개월 만에 결혼했다. 하지만 A씨의 이런 기대는 결혼 직후 금세 무너졌다. 자신 몰래 남편이 성인용 동영상을 자주 보는 것을 알게 된 A씨는 그만 볼 것을 요구했지만 B씨의 버릇은 고쳐지지 않았다. 더구나 B씨는 성인용 동영상 외에 컴퓨터 게임도 자주했고 부인의 외도를 의심해 A씨의 휴대전화 통화 내역을 수시로 확인하기도 해 둘 사이 다툼이 계속됐다.
③ 결국 A씨는 결혼 2년이 채 되지 않은 2012년 6월 이혼 소송을 제기했다. 소송이 진행되던 지난해 3월에는 B씨가 A씨와의 성관계 중 촬영한 것으로 보이는 동영상이 인터넷에 유포된 정황이 드러나면서 갈등의 골은 깊어졌다. A씨는 B씨를 형사고소했지만 수사 기관은 동영상 속의 남녀가 동일인이라는 증거가 불충분하다며 B씨에 대해 무혐의 처분했다.

④ 정 판사는 "A씨가 기대하는 독실한 종교인의 생활에 어긋나는 B씨의 지나친 성인용 동영상 시청과 A·B씨 사이의 성관계 동영상 유포 문제를 둘러싼 다툼 등으로 혼인관계는 더 이상 회복하기 어려울 정도로 파탄됐다"며 이혼 청구를 받아들였다.

문화일보
2014년 9월 23일
김동하 기자

이번 장에서는 기사의 기본형인 역피라미드 양식을 주로 설명했다. 이러한 양식이 갖는 의미와 효용성, 왜 이러한 글쓰기 양식이 발전했는가, 리드는 무엇이고 리드를 쓰는 방법에는 크게 어떠한 유형이 있는가를 제시했다.

역피라미드식 기사 쓰기는 기사에 접근하는 사고방식의 기초를 다져준다. 또 취재와 기사 쓰기 과정에서 어떠한 판단의 과정을 거쳐야 하는지를 훈련시켜준다. 언론인이 되고자 하는 사람은 따라서 이러한 기사 구성 양식의 특징을 충분히 익히고 실제로 그러한 틀에 맞춰 기사를 쓰는 훈련을 게을리해선 안 된다.

하지만 역피라미드는 장점과 함께 단점을 갖는 기사 양식이므로 다른 방식의 기사 구성 방식에도 관심을 가져야 한다. 다양한 기사의 형식을 익혀서 담당 분야, 취재하는 사안의 성격, 확보한 사실의 범위, 분량과 마감 시간을 감안하여 가장 적합한 양식으로 만드는 노력이 필요하다.

연습문제

다음 기사에 적합한 리드를 써보자.

1. 경찰관 사망

경찰에 따르면 8일 낮 12시 39분경 경북 영양군 영양읍 동부리 한 가정집에서 백모 씨(42)가 물건을 부수고 난동을 부리고 있다는 어머니의 신고가 들어왔다. 사고는 출동한 영양파출소 소속 김모 경위(51)와 오모 경위(53)가 이 남성을 제압하는 과정에서 일어났다. 백씨가 낮 12시 50분경 휘두른 흉기에 김 경위가 목 부위를 크게 다쳤고, 오 경위도 그가 내리친 돌에 머리와 귀를 다쳤다.

오 경위의 지원 요청을 받고 출동한 형사팀장 등 경찰관 10명이 오후 1시경 테이저 건으로 백씨를 제압했다. 오후 1시 35분경 닥터헬기로 안동병원에 이송됐지만 김 경위는 오후 2시 29분경 결국 숨졌다. 오 경위는 생명에 지장이 없는 상태다.

경찰은 백씨를 긴급 체포해 사고 경위를 조사 중이다. 경찰 관계자는 "몇 년 전에도 백씨가 환경미화원에게 흉기를 휘둘러 다치게 했고, 정신질환을 앓은 적이 있다는 이웃의 이야기를 확인 중"이라고 말했다.

1992년 순경에 임용된 김 경위는 2014년 6월 경사에서 경위로 진급했고 올해 1월 안동에서 영양으로 옮겼다. 가족은 부인과 1남 1녀가 있다.

동아일보
2018년 7월 9일
장영훈 기자

사례

- 정신병력이 있는 것으로 알려진 40대 남성의 난동을 막기 위해 출동한 경찰관 1명이 흉기에 찔려 사망했다. 동료 경찰관 1명도 크게 다쳐 병원에서 치료를 받고 있다. (동아일보)
- 대낮 시골 주택가에서 조현병(정신분열증) 환자가 휘두른 흉기에 신고를 받고 출동한 경찰관 1명이 숨지고 1명이 크게 다쳤다. (조선일보)

2. 의료계 반발

의협은 지난 21일부터 28일까지 실시한 '총파업 결정 투표' 결과를 1일 서울 의협회관에서 발표하면서 "의협 시·도의사회에 등록된 회원 6만9923명 가운데 76.69%가 '3월 10일 총파업 돌입'에 찬성했다"고 밝혔다.

이번 투표에는 건강보험심사평가원에 등록된 현업 활동 의사 9만 710명(2013년 기준)의 53.87%에 해당하는 4만8861명이 참여했다. 반대표는 23.28%(1만 1,375명), 무효표는 0.03%(14명)였다. 이에 따라 의협은 오는 10일부터 집단 휴진에 들어갈 예정이다.

노환규 의협 회장은 "77%에 가까운 찬성률은 의료제도의 근본적 개선을 원하는 회원들의 절박한 심정이 담긴 것"이라며 "제2기 비상대책위를 구성하고 3일까지 집단 휴진 기간과 투쟁 방식을 결정해 회원들에게 공지할 것"이라고 말했다.

의협은 정부가 추진하는 원격진료 및 의료법인 자회사에 반대하면서 건강보험제도의 개혁을 요구해왔다.

조선일보
2014년 3월 3일
이동휘 기자

사례

- 대한의사협회(이하 의협)가 오는 10일부터 '집단 휴진'에 돌입하기로 결정해 지난 2000년 의약분업 사태 이후 14년 만에 의료대란이 올 가능성이 생겼다. (조선일보)
- 대한의사협회(의협)가 10일부터 개업의들을 중심으로 집단 휴진에 들어가기로 했다. 하지만 대형병원과 개업의 간의 입장 차가 큰 데다 개업의 간에도 휴진 참여에 대한 생각이 달라 파장은 그리 크지 않을 것으로 보인다. 의료계의 집단행동은 2000년 의약분업 사태 이후 14년 만이다. (동아일보)

9장
보도자료를 활용한 기사

보도자료는 언론의 편의를 위해 취재원이 제공하는 기초 자료를 말한다. 정부, 지방자치단체와 공공기관, 기업, 시민사회단체와 경제단체 등 다양한 사회집단은 중요한 정책이나 사업, 사회운동을 국민에게 알리기 위해 언론의 도움을 필요로 한다. 기자회견을 마련하고, 브리핑이나 간담회를 열고, 다양한 이벤트를 기획한다. 이러한 과정에서 보도자료가 핵심적인 역할을 한다.

정책이나 사업 또는 행사의 중요 내용이 언론에 반영돼야 하므로 보도자료는 육하원칙에 따라 정리되는 특성을 갖는다. 기자가 취재 보도 과정에서 독자나 시청자의 궁금증을 풀어주려고 하듯이, 취재원은 기자가 관심을 갖고 확인할 만한 내용을 보도자료에 담는다. 기자가 보도자료를 토대로 기사를 구성하므로 보도자료의 내용과 형식이 기사와 비슷하면 언론에 크게 보도될 가능성이 높다.

보도자료와 언론

정부의 보도자료를 하나 보자. 국토해양부_{국토교통부의 전신}가 수도권 교통난을 해소하기 위한 실행 계획을 서울특별시, 경기도, 인천광역시와 함께 수립해서 2008년 4월 7일 발표했다. 보도자료 제목은 "수도권 출퇴근 시간 30분 빨라집니다"였다. 이어서 주요 대책을 다음과 같이 네 가지로 요약했다.

- 굴곡노선 직선화, 광역 급행버스 운행
- 환승 할인을 직행 좌석버스까지 확대
- 수도권 2,200개 버스정류장에 버스 안내 전광판 설치
- 주요 역에만 서는 광역 급행전철 운행

조간으로 발행되는 종합일간지 9개 매체 중에서 8곳이 국토해양부 발표를 보도했다. 2008년 4월 8일자로, 대부분 사회면이나 2면에 나왔다.

- 수도권 출퇴근 30분 빨라진다(동아일보, 18면)
- 수도권~서울 광역 급행버스 도입(조선일보, 18면)
- 수도권 광역급행버스 내년 1월 운행(중앙일보, 12면)
- 인천·경기~서울 도심 광역 급행버스 운행(한국일보, 14면)
- 서울~수도권 출퇴근 시간 30분 빨라진다(경향신문, 9면)
- 수도권 출퇴근 30분 빨라진다(서울신문, 2면)
- 수도권 출퇴근 30분 빨라진다(국민일보, 2면)
- 수도권 출퇴근 30분 빨라진다(세계일보, 9면)

기사 제목을 5개 신문은 보도자료 제목에서, 3개 신문은 주요 대책의 맨 앞 내용에서 옮겼다. 표현은 물론 글자 수까지 거의 비슷하다. 수도권 교통 대책이 시민에게 어떠한 영향을 미칠지를 중심으로 언론이 뉴스 가치를 판단한 결과다. 정부 발표를 단순히 소개하기보다는 시민의 일상에 미치는 정책 효과를 예

상해서 기사를 구성하고 제목을 만들었다는 뜻이다. 이러한 과정에서 언론은 '수도권 출퇴근 시간 30분 빨라집니다'라는 보도자료 내용에 주목했다. 보도자료를 제공한 기관이 아니라 독자나 시청자의 관점에서 보도자료를 해석하고 활용한 사례라고 할 만하다.

보도자료의 작성과 전달

보도자료의 작성

보도자료를 작성하고 언론에 전달하는 부서의 이름은 기관에 따라 다르다. 정부와 지방자치단체, 공공기관은 대변인실이 이러한 업무를 담당한다. 대통령비서실(청와대)에서는 국민소통수석비서관 산하의 홍보기획비서관과 대변인, 행정안전부와 교육부에서는 대변인실이 해당된다. 국무총리비서실은 공보실을 두었다.

대변인실과 공보실은 언론 관련 업무를 총괄한다. 따라서 언론을 대상으로 하는 홍보 전략을 수립하고 보도자료를 작성하는 일이 주요 업무다. 홍보 내용을 결정한 뒤에는 어떻게 만들어서 언제 배포할지를 결정한다. 형식과 분량, 구성과 문장, 보충 자료를 검토하고 수정 및 보완하는 과정은 필수다.

전국경제인연합회 같은 경제단체나 기업에서는 홍보실이나 홍보부라는 이름이 커뮤니케이션실로 바뀌는 추세다. 회사에 따라 이사급 임원이나 부장급, 때로는 과장급 직원이 보도자료 작성 업무를 맡는다. 민관의 공보나 홍보 담당부서에는 기자 출신이 적지 않다. 이들은 기자들이 어떠한 형식의 글을 좋아하고 어떠한 틀로 만든 자료를 원하는지 알므로, 그에 맞는 자료를 제공하려 노력한다.

규모가 작은 기관이나 기업, 학회는 대변인실이나 홍보실을 별도로 두지 않고 관련 업무를 홍보대행업체에 맡긴다. 이들 업체는 보도자료를 작성해서 언론에 전달하는 수준을 넘어, 홍보 전략 수립이나 위기 대응에 필요한 컨설팅

서비스까지 제공한다.

보도자료의 전달

대부분의 보도자료는 문서 형태로 작성된다. 과거에는 알리고자 하는 내용을 서류로 정리해서 언론사에 배달하거나 기자실에서 배포했다. 기자회견을 열어 그 자리에서 나눠주며 설명을 덧붙이고 기자들의 질문에 답하기도 했다.

팩스의 등장은 이러한 관행을 크게 바꿨다. 만나서 설명하는 일이 필요하다고 판단하면 기자회견이나 간담회를 개최하지만, 그렇지 않은 경우는 담당 기자에게 보도자료를 팩스로 보냈다. 이는 많은 언론사에 동시에, 그리고 정확하게 보낼 수 있어서 자료를 배포하는 담당자의 수고를 덜어주었다.

인터넷의 등장은 취재원과 언론의 관계에 커다란 영향을 미쳤다. 보도자료의 작성과 전달 과정 역시 마찬가지다. 팩스보다 간편한 이메일로 언론에 보내는 일이 가능해졌다. 이제는 보도자료를 기관의 홈페이지에 실시간으로 올리므로 일반 국민 누구나 볼 수 있다.

정보통신 기술의 발전으로 보도자료의 전달 방식은 계속 변하는 중이다. 사진, 그래픽, 동영상, 음성 파일 같은 보조 자료의 비중이 커지면서 USB나 클라우드 서비스를 활용하는 일이 늘었다. 이에 따라 취재원과 언론이 편해졌지만, 기자가 중요하게 여겨야 하는 현장 방문과 취재원 접촉을 소홀하게 만드는 요인이 되기도 한다.

보도자료의 기본적 성격

보도자료를 잘 활용하려면 보도자료라는 콘텐츠가 갖는 속성의 이해가 필수적이다. 기자는 가능하면 현장을 가고 취재원을 만나야 한다. 하지만 일이 많거나 마감 시간에 쫓기면 보도자료만으로 기사를 작성한다. 이러한 경우를 감안하여 몇 가지를 주의해야 보도자료에 의존하는 문제를 보완하고 기사의 완결성을 높일 수 있다.

보도자료는 홍보물이다

매우 당연하지만 제대로 주목받지 않는 말이다. 보도자료는 취재원이 기자를 설득해 자신들의 입장을 기사에 반영하도록 만든 문건이다. 중요한 사실을 체계적으로 정리한 내용이 포함되지만, 문건의 논리를 따라가면 취재원의 입장을 그대로 취할 가능성이 높다. 따라서 보도자료로 기사를 써야 한다면 홍보적 시각을 가능한 한 배제하려고 노력해야 한다. 자료 속에 의도적으로 배치된 사례나 표현을 최대한 덜어내고, 객관적 사실이라고 판단되는 요소를 선택해 기사를 써야 한다는 뜻이다.

보도자료는 일방적이다

상황이 계속되는 과정에서 갈등의 당사자가 보도자료를 내면, 자신의 주장이 옳고 상대는 그르다는 방향으로 유도하려는 의지를 담을 가능성이 매우 높다. 엄밀히 말하면 모든 보도자료는 이처럼 일방성 또는 당파성을 갖는다. 자신의 입장을 돋보이게 하는 주장만 전달하는 게 아니라 상대편의 입장과 주장을 비난하거나 심지어 왜곡하는 경우도 많다. 여러 당사자가 날카롭게 대립하는 갈등 상황일수록 겉으로는 객관적이고 사실적인 자료처럼 보이는 보도자료를 균형 감각을 갖고, 조심해서 읽는 자세가 필요하다.

보도자료는 과장된다

보도자료에는 '국내 처음', '동양 최대', '세계 최초'라는 표현이 자주 나온다. 경제나 과학기술 분야가 특히 그렇다. 언론은 이를 그대로 기사에 옮긴다. 보도자료를 만든 기관과 전문가를 신뢰하기 때문이다. 하지만 '세계 최초의 성공', '가장 빠른 개발' 같은 표현이 보도자료에 나오면 검증이 요구된다. "세계 최고 권위의 학술지에 논문을 게재했다"는 식의 기사는 독자나 시청자의 시선을 끈다. 정부나 기업의 홍보 욕구가 지나쳐 과대 포장하지 않았는지를 따질 필요가 있다.

홍보물이고 일방적이고 과장되기 쉬운 보도자료 내용을 언론이 그대로 옮기는 관행에서 '발표 저널리즘'이라는 용어가 나왔다. 홍보가 목적이므로 자기주장만을 담고, 과장 또는 축소·왜곡하면 기자는 보도자료에서 사실의 전모를 보기 힘들다.

보도자료를 작성하는 주체가 권력, 고위 정치인, 대기업이라면 언론은 특히 조심해야 한다. 이들은 정보와 자금을 활용하여 여론을 자신들에게 유리하게 움직이려고 노력한다. 이처럼 다른 조직이나 계층보다 유리한 위치에서 특정한 의도로 만든 보도자료는 전체가 아니라 부분만 보여주기 쉽다. 언론이 이러한 내용을 그대로 전달하면 보도의 완결성이 떨어지며, 경우에 따라서는 축소·왜곡 보도 또는 오보를 만든다.

노무현 대통령 내외분은 5.2(수) 오후, 군 작전 및 해외파병 임무 수행 중에 전사하거나 순직한 장병의 유가족들을 초청하여 오찬을 함께 하며 위로했다.

이 자리에는 2002년 6월 서해교전 전사자의 부모 10명, 2003년 3월 동티모르 상록수부대 순직자의 유가족 10명, 그리고 금년 2월 아프가니스탄 다산부대 전사자 고 윤장호 하사의 부모 등 22명이 참석했다.

노 대통령은 오찬에서, 국가를 위해 헌신하다 고귀한 생명을 바친 국군 장병들의 숭고한 희생정신을 기리고, 사랑하는 자식과 남편을 잃은 유가족들이 겪는 슬픔과 고통을 위로했다. 특히 노 대통령은, 유가족들이 겪는 생활상의 고충에 대해 두루 들은 후, 국가보훈제도가 부족함이 없는지 살펴서 나라를 위해 희생한 분들의 유가족에게 실질적 도움이 되도록 하겠다고 말했다.

오늘 오찬에는 김장수 국방부 장관, 김정복 국가보훈처장, 김관진 합참의장, 박흥렬 육군참모총장, 송영무 해군참모총장과, 백종천 통일외교안보정책실장 등 청와대 관계자들이 배석했다. 〈끝〉

대통령 홍보수석실
2007년 5월 2일

홍보수석실의 보도자료는 노무현 대통령이 군 장병의 유가족을 초청해서 위로했다는 내용을 전한다. 단락 4개, 문장 5개로 분량이 짧은 편이다. 이 중에서 3개 문장의 주어가 노무현 대통령이다. 마지막 문장의 주어는 국방부 장관과 청와대 관계자 등 고위직이다. 유족은 두 번째 단락에서 숫자로 나온다.

대통령이 주어로 나오는 문장은 대통령의 동정을 위주로 사실을 전한다. 대통령이 누구를 위로했다, 대통령이 뭐라고 말했다는 내용에 그치는 이유다. 이러한 보도자료에는 유족의 생각과 말이 나오기 힘들다. 국방부가 배포한 보도자료 역시 비슷하다.

> 노무현 대통령은 2일 오후 군 작전과 해외파병 임무 수행 중에 전사하거나 순직한 장병의 유가족을 청와대로 초청, 오찬을 함께 하며 위로했다.
> 이 자리에는 2002년 6월 서해교전 전사자 부모 10명, 2003년 3월 동티모르 상록수부대 순직자 유가족 10명, 지난 2월 아프가니스탄 다산부대에서 폭탄테러로 전사한 고 윤장호 하사의 부모 등 22명이 참석했다.
> 노 대통령은 이 자리에서 "국가를 위해 헌신하다 고귀한 생명을 바친 국군장병들의 숭고한 희생정신을 기리고, 사랑하는 자식과 남편을 잃은 유가족들이 겪는 슬픔과 고통을 위로한다"고 말했다.
> 특히 노 대통령은 유가족이 겪는 생활상의 고충에 대해 두루 들은 후, "여러분들의 표정에 순직한 남편·아들 생각이 많이 나는 것 같다"며 "국가보훈제도가 부족함이 없는지 살펴 나라를 위해 희생한 분들의 유가족에게 실질적 도움이 되도록 노력하겠다"고 말했다.
> 서해교전 전사자 윤영하 소령의 부친 윤두호 씨는 관계 당국과 장병을 비롯한 국민의 관심에 감사를 표시했고, 폭탄테러로 숨진 윤장호 하사의 부친 윤희철 씨는 "먼저 간 이들의 희생이 하나의 밀알이 돼 대한민국과 세계평화에 기여할 수 있도록 노 대통령께서 관심을 가져 달라"고 말했다.

국방부 대변인실
2007년 5월 3일

국방부의 보도자료는 대통령 홍보수석실보다 하루 늦게 나왔지만 내용과 형식은 대동소이하다. 단락 5개, 문장 5개의 분량에서 대통령이 3개 문장의 주어로 나온다. 유족은 두 번째 단락에 22명이라는 숫자로 나온다. 전날의 보도자료와 다른 점은 마지막 단락에서 유족 2명의 말이 나온다는 사실이다. 유족이 관계 당국을 비롯한 국민의 관심에 감사를 표하고, 대통령의 관심을 당부하는 내용이다.

보도자료에 따르면 대통령은 유가족이 겪는 생활상의 고충을 두루 들었다. 하지만 이들이 생활상의 고충만 말했는지, 심경이 어떤지는 알 수 없다. 청와대와 국방부는 대통령의 동정이 더 중요하다고 생각했던 모양이다.

두 기관의 이런 목적을 담은 보도자료를 언론이 그대로 전했다면 국민은 행사장에서 정확히 어떤 일이 있었는지 알 수 없다. 언론은 정부 발표에 전적으로 의존해서 보도하지 않았다. 다음은 동아일보와 한겨레신문의 기사다.

서해교전-동티모르 전사자 유족 盧대통령에 눈물의 호소

"美는 50년전 전사자도 챙기는데 정부, 동생 시신 찾긴 하는건지…"

2일 청와대에서 열린 군 장병 유가족 초청 오찬에서 동티모르에서 숨진 김정중 병장의 형 김하중 씨의 인사말을 노무현 대통령이 받아 적고 있는 동안 김 병장의 어머니 장홍여 씨가 울고 있다. 김정제 기자 sjc58738@donga.com

"미국은 6·25전쟁 전사자도 시신을 돈 들여 찾기까지 하는데 (국방부는) 시신을 찾지도 못하더라도 이렇게 저렇게 말씀은 해 주셔야 하는 게 아닙니까."

2일 낮 군 장병 유가족 초청 오찬이 열린 청와대 본관 충무실. 노무현 대통령이 "너무 엄숙해서 말을 못 하겠다"며 간단한 인사말을 끝내자 뭔 뒤 "몇 년 전 동티모르에서 실종된 동생의 시신을 아직도 못 찾고 있다. 시신을 찾고 있는지, 조치가 있는 건지 아무런 연락이 없다"고 하소연했다.

참석자 대표 중 두 번째로 마이크를 잡은 김 씨는 "대통령 내외분께 몇 가지 묻고 싶은 게 있다"고 운을 뗀 뒤 "몇 년 전 동티모르에서 실종된 동생의 시신을 아직도 못 찾고 있다. 시신을 찾고 있는지, 조치가 있는 건지 아무런 연락이 없다"고 하소연했다.

이어 그는 "부모님은 명절만 되면 눈물로 밤을 지새우신다"며 "동티모르에 파병됐던 상록수부대가 없어지면서 내년부터 추모 행사도 없다고 한다. 1년에 한 번 그런 모임도 못 하는 게 서운하다"고 말했다.

이어 "이런 자리에서 그냥 듣고만 흘려 버리는 내용이 아니고 꼭 답변해 달라. 동생만 찾았으면 하는 마음이 간절하다"고 호소했다.

김 씨가 "동생의 시신을 아직 찾지도 못하고 있다"고 말하는 순간

모친 장홍여 씨는 울음을 참지 못하고 오열하기 시작했다. 그 옆에 앉은 송영무 해군참모총장이 일어나 장 씨의 눈물을 닦아 주며 위로했다.

노 대통령은 침통한 표정이었다.

"국방부선 한마디 연락조차 없어" 섭섭함 토로

"부대 없다고 1년 한번 추모식도 안하나" 오열

윤영하 소령의 부친 윤두호 씨는 "2002년에는 국군장병 여러분과 애국시민들이 많이 성원해 주셨다"며 감사를 표시했다. 윤 씨는 참석자 대표로 김 씨에 앞서 제일 먼저 발언했다.

또 올 2월 아프가니스탄에서 폭탄테러로 숨진 윤장호 하사의 부친 윤희철 씨는 "유가족들이 하나의 밀알로서 하나 되는 대한민국과 세계 평화에 헛되지 않도록 대통령이 관심을 가져 달라"고 말했다.

盧대통령 "실질 도움되게 노력"

노 대통령은 이날 참석한 유가족들이 겪는 슬픔과 고통을 위로한 뒤 "국가보훈제도가 부족하지 않은지 살펴서 나라를 위해 희생한 분들의 유가족에게 실질적인 도움이 되도록 노력하겠다"고 말했다.

이날 오찬엔 서해교전 전사자의 부친 10명, 동티모르 상록수부대 순직자의 유가족 10명, 아프가니스탄에서 전사한 윤 하사의 부모 등 22명이 참석했다.

노 대통령이 순직 장병의 유가족을 청와대로 초청한 것은 2003년 4월 동티모르 파병 중 순직한 장병 유가족들을 초청한 이후 두 번째다.

노 대통령은 2003년 6월 서해교전 1주기를 앞두고 경기 평택시의 해군 2함대 사령부를 찾아 서해교전 전적비에 헌화한 적이 있다. 그러나 서해교전 유가족이 청와대에 초청된 것은 이번이 처음이다.

정연욱 기자 jyw11@donga.com

동아일보
2007년 5월 3일
정연욱 기자

동아일보는 "서해교전-동티모르 전사자 유족 盧대통령에 눈물의 호소"를 주제목으로, "美는 50년 전 전사자도 챙기는데 정부, 동생 시신 찾긴 하는건지…"를 부제목으로 뽑았다. 소제목에는 "섭섭함 토로", "오열"이라는 단어가 나온다. 첫 단락의 인용문은 유족의 말을 옮겼다. 본문 문장의 대부분은 유족이 주어이며 "하소연했다", "말했다", "호소했다"는 표현이 술어로 나온다.

주어와 술어가 전하는 행사장의 분위기는 사진과 함께 실감나게 전달된다.

동티모르에서 숨진 장병의 어머니는 눈물을 흘리고 형은 고개를 숙였다. 한겨레신문 역시 동아일보와 비슷하다. 첫 문장은 눈물바다로 변한 행사장을 소개하며, 본문은 유가족의 항의와 호소를 전한다. 사진은 눈물 흘리는 어머니를 부각시켰다.

눈물 젖은 청와대

파병순직 유가족 오찬

"주검이라도 찾아주오"

노무현 대통령이 2일 낮 청와대에서 연 서해교전 전사자와 동티모르 등 해외파병 순직 장병 유가족 초청 오찬이 눈물바다로 변했다.

노 대통령은 이날 고 윤영하 소령 등 서해교전 전사자 유족 10명과 고 민병조 중령을 비롯한 동티모르 파병 순직자 유족 10명 등 22명의 유가족들과 점심을 함께 하며 "마음을 아프게 해드려 안타깝다"고 위로했다.

하지만 유족 대표로 나선 동티모르 파병 실종 병사 김정중 병장의 형 김하중씨는 "몇 년 전 동티모르에서 순직한 동생의 시신을 아직도 못 찾고 있는데 시신을 찾고 있는 건지 지금까지 아무런 연락이 없다"고 항의했다. 그는 노 대통령에게 "그냥 듣고만 흘려버리는 내용이 아니고 꼭 답변을 해달라"고 호소했다. 김씨의 말에 김 병장의 어머니 장흥여씨는 끝내 슬픔을 참지 못하고 오열했고, 이를 지켜보던 김장수 국방장관도 손등으로 눈물을 훔쳤다.

노 대통령은 "위로를 해드리러 모셨는데 위로가 안됐다. 국가의 보훈제도가 부족함이 없는지 살펴서 나라를 위해 희생한 유가족에게 도움이 되도록 노력하겠다"고 답했다.

신승근 기자

2일 노무현 대통령이 서해교전 전사자와 해외파병 순직 장병 유가족을 청와대로 초청해 연 오찬장에서, 동티모르에서 사망한 고 김정중 병장의 어머니 장흥여씨가 오열하고 있다.
청와대 사진기자단

한겨레신문
2007년 5월 3일
신승근 기자

장병이 국가를 위해 복무하다가 전사 또는 순직했다. 대통령이 국군통수권자로서 장병의 유가족을 초청해서 위로하는 일은 긍정적으로 평가할 만하다. 문제는 대통령을 보좌하거나 대통령의 명령에 따라야 하는 기관이 유가족보다는 대통령을 중심에 놓고 보도자료를 작성했다는 점이다. 보도자료가 홍보물이며, 일방적이고, 과장되기 쉽다는 점을 유념해야 언론은 부분이 아닌 전체를 독자나 시청자에게 전할 수 있다.

보도자료의 유형

언론사에 전달되는 보도자료는 일정한 양식을 갖춘다. 첫 페이지에는 제목, 기관의 이름과 로고, 담당 부서와 직원의 이름 및 전화번호, 작성일 또는 배포일, 보도 가능 시점이 나온다. 문서 형태의 본문 뒤에 참고 자료를 붙이기도 한다. 보충 설명이나 사진, 통계 또는 보고서나 회의록 원본의 분량이 많으면 첨부파일로 제공한다.

내용을 기준으로 하면 보도자료의 유형은 대개 다음의 여섯 가지로 나뉜다. 여기 소개하는 유형이 모든 자료를 포함하지는 않는다. 경우에 따라 여러 성격을 조금씩 담은 형태로 나오기도 한다.

- 행사를 안내하는 보도자료
- 공지사항을 담은 보도자료
- 정책을 알리는 보도자료
- 이미지를 높이려는 보도자료
- 주장·해명을 위한 보도자료
- 사건·사고를 정리한 보도자료

행사를 안내하는 보도자료

언론사에 전달되는 보도자료 가운데 가장 많다. 백화점의 할인 판매, 구청이나 사회단체의 불우이웃돕기 모금, 체육 경기, 시상식 등 다양한 행사를 널리 알리고 시민의 참여를 높이려는 목적을 갖는다. 다음의 보도자료는 한강수상놀이터에 관한 내용이다.

행사를 소개한다는 목적에 맞게 운영 기간과 시간, 주요 종목과 대회, 부대시설과 교통편을 친절하게 정리했다. 제목과 본문의 첫 단락에서 "시원하게 놀아보자", "도심 속 가장 가까운 피서지인 한강에서 … 무더위를 날려보자!"는 표현을 사용하여 시민의 관심과 이용을 유도하는 점이 눈길을 끈다.

올 여름 〈한강수상놀이터〉에서 시원하게 놀아보자!

- 서울시, 7. 20.(금)~8. 19.(일)까지 여의도한강공원서 〈한강수상놀이터〉 운영
- 체험부터 강습까지 한번에! △수상자전거 △웨이크보드 등 13종 수상레저가 몽땅!
  - '생존수영교실', '오리배경주대회', '패들링레저교실'도 함께 진행돼
  - 참가신청은 현장접수로 진행, 이용요금도 한강몽땅 기간 중 30~50% 저렴하게 이용 가능
- 평소 접하기 힘든 수상레포츠를 저렴한 비용으로 즐길 수 있는 절호의 기회

□ 무더위가 빨리 찾아온 올여름, 수상레저를 즐기기 위해 멀리 나갈 필요가 없다! 도심 속 가장 가까운 피서지인 한강에서 다양한 수상레포츠를 즐기며 시원하게 무더위를 날려보자!

□ 서울시(한강사업본부)는 "시민들의 여름휴가를 책임질 '한강몽땅 여름축제' 일환으로 7. 20.(금)~8. 19.(일)까지 여의도한강공원(유선장 파라다이스)에서 한강의 수상레포츠를 몽땅 즐길 수 있는 〈한강수상놀이터〉를 운영한다"고 밝혔다.

□ 패들보드, 수상자전거, 튜브스터 등 총 13종의 다채로운 수상레포츠가 몽땅 있는 〈한강수상놀이터〉를 완벽하게 즐길 수 있는 방법 '베스트 3'를 지금부터 소개한다.

□ 첫 번째로 특별한 기술 없이 물놀이를 즐기고 싶은 사람들은 여기 모여라! △오리보트 △바나나보트를 비롯하여 현장에서 바로 강습을 받고 체험할 수 있는 △수상스키 △카누 △웨이크보드 등이 마련되어 있어 초보자들이 이용하기에 안성맞춤이다.

□ 두 번째로 수상에서도 역시 안전이 최고! 안전한 수상레저를 즐기기 위하여 전문 강사가 직접 진행하는 '생존수영교실'이 상설로 진행된다. 올 여름 안전하게 물에서 노는 방법을 배워보자!

□ 세 번째로 한강의 이색 경주대회! 한강하면 떠오르는 대표 명물인 오리보트를 타고 정해진 구간을 빠르게 완주하는 '오리배 경주대회'도 진행된다.

□ 이 외에도 청소년 및 일반인을 대상으로 운영하는 '패들링 레저교실'이 진행된다. 카누, 카약, 패들보드 등을 초보자도 쉽게 배울 수 있도록 전문 강사들이 직접 교육을 진행한다.

□ 〈한강수상놀이터〉는 수상에서 진행되는 행사로 참가자의 안전 확보를 위해 기상상황에 따라 운영 여부가 유동적으로 변경될 수 있다.

□ 〈한강수상놀이터〉에는 샤워장이 마련되어 있으니, 여벌의 옷을 미리 준비하는 것을 추천한다. 종목에 따라 1만 원에서 5만 원의 참가비가 발생되며 현장접수와 사전접수가 모두 가능하다.

   ○ 자세한 문의사항은 홈페이지(http://www.canoegom.com) 및 전화(☎ 070-7372-0482)로 하면 된다.

□ 〈한강수상놀이터〉 오시는 길은 지하철 여의나루역 3번 출구로 나와 원효대교 방면에 위치한 '한강파라다이스 선착장'으로 걸어오면 된다.

서울시
2018년 7월 25일

공지사항을 담은 보도자료

공지사항에는 일상생활에 필요한 정보가 많다. 수돗물이 나오지 않거나 전기가 끊어지면 시민이 불편을 겪으므로 지역별로 정확한 안내가 필요하다. 이밖에 공공요금의 인상 또는 인하, 초등학교나 대학교 입학 안내, 교통량이 많은 터널이나 다리의 보수공사 내용도 보도자료를 통해 언론에 전달된다. 공공기관의 시설이나 물품을 국민에게 개방한다는 내용의 다음 보도자료를 보자.

회의실, 주차장 등 전국 15,000여개 공공자원 개방한다.

- 8월 1일부터 '공공자원 개방·공유 서비스' 시범사업 실시 -

□ 행정안전부(장관 김부겸)는 24일 공공부문이 보유하고 있는 다양한 시설이나 물품을 국민에게 개방하는 '공공자원 개방·공유 서비스 추진계획'을 국무회의에 보고했다.

   ○ '공공자원 개방·공유 서비스'는 중앙부처·지자체·공공기관이 업무용으로 사용하고 있는 시설·물품을 유휴시간이 발생하는 때에 국민에게 개방하는 사업이다.

□ 그동안 일부 자치단체를 중심으로 공공자원을 개방하고 있었으나, 대다수 기관은 개방하지 않고 있었던 것이 사실이다.

   ○ 또한, 공공자원을 개방하고 있는 기관이 있다고 하더라도 개방 정보를 각 기관별로 안내하고 있어 국민이 필요한 시설을 찾고 이용하는 것이 불편하였다.

□ 이에 행정안전부는 8월 1일부터 32개 중앙부처, 243개 지방자치단체, 167개 공공기관이 15,000여 개의 공공자원을 개방하고, 그 정보를 '정부24'에서 통합 안내하는 개방·공유 서비스 시범사업을 실시한다.

    ○ 이번 시범사업에서는 회의실, 강당, 주차장, 체육시설, 숙박시설 등 국민 수요가 높은 5개 자원을 중심으로 우선 개방한다.

    ○ '정부24' 내 '공공자원 개방·공유 서비스 시범사업' 코너에서 개방자원 종류 및 수용인원, 사용료 등의 정보를 제공하고, 각 기관별 사정에 따라 전화·방문예약 후 이용 가능하다.

    ○ 다만, 개방 선도 지역으로 지정된 경기 시흥시, 전북 전주시, 경남 김해시는 각 지역별 누리집에서 지역 내 모든 개방자원을 예약하고 이용할 수 있다.

□ 향후, 개방자원의 종류와 범위를 지속적으로 확대하고 공공자원 통합 예약 시스템(가칭 '공유1번가')을 구축하여 내년 12월부터는 개방·공유 서비스를 전면 실시할 계획이다.

    * ('18년) 정보화전략계획 수립 → ('19년) 시스템 구축

    ○ 시스템이 구축되면, 하나의 포털에서 전국의 중앙부처·자치단체·공공기관이 개방하고 있는 자원을 실시간으로 조회하고 예약할 수 있게 된다.

□ 김부겸 행정안전부 장관은 "주변에서 쉽게 찾을 수 있는 공공시설에 국민이 필요로 하는 자원이 다수 있는데, 이를 국민과 공유하여 쓰는 것이야말로 국민이 피부로 느낄 수 있는 정부혁신의 사례라고 생각한다."라며, "앞으로도 참여기관과 개방자원을 지속적으로 확대하여 전국 각지의 공공자원을 국민이 편리하게 이용할 수 있도록 노력하겠다."라고 말했다.

    * 담당 : 공공서비스혁신과 조한아(02-2100-4065)

행정안전부
2018년 7월 24일

정부와 지방자치단체, 공공기관의 시설과 물품을 이용하면 국민이 편리해진다. 보도자료는 회의실, 강당, 주차장, 체육시설, 숙박시설처럼 수요가 높은 5개 유형을 소개하고, 관련 정보를 어디에서 제공하는지 안내한다. 공공부문만이 아니라 민간의 상업시설도 비슷한 보도자료를 언론에 제공한다.

장애인 손님 어트랙션 이용에 대한 안내 말씀

장애인 우선탑승제도

- 에버랜드에서는 휠체어에 탑승하시거나 다리가 불편하셔서 대기 라인에 기다리기 어려운 장애인 손님을 위하여 우선탑승제도를 운영하고 있습니다.
- '장애인 우선탑승제도' 이용 시 장애인 케어를 위하여 신체 건강한 성인 보호자 1명이 반드시 동반 탑승해야 합니다. (동반 탑승은 성인 보호자 1명만 가능합니다.)
- '장애인 우선탑승제도' 이용 시 장애인 손님은 이용 전 해당 어트랙션의 이용 기준을 반드시 확인해주시고, 장애인 손님 본인의 탑승 의사와 복지카드를 본인 혹은 동행한 보호자를 통해 근무자에게 전달해주신 후 안내에 따라 이용해주시기 바랍니다.
- 원활한 이용을 위해 정문 매표소와 게이트에 비치된 장애인 어트랙션 이용 안내 가이드를 지참하시기 바랍니다.

에버랜드
2018년 7월 2일

정책을 알리는 보도자료

공지사항을 담은 보도자료는 주로 시청이나 구청 또는 전화국 등 대민 서비스 기관이 배포하지만 정책 관련 보도자료는 교육부나 보건복지부, 국방부 등 중앙 부처가 많이 만든다. 자기 부처에서 만든 정책의 추진 상황을 알리거나, 새로운 정책이나 업무를 위한 계획 및 회의 결과를 넣는 경우가 많다.

교육부─사립대, 사학의 건전한 발전 위해 머리 맞댄다

☐ 교육부(부총리 겸 교육부장관 김상곤)와 한국사립대학총장협의회(회장 세한대학교 총장 이승훈)는 사학의 건전한 발전을 위해 '사학발전협의회'를 공동으로 구성하고, 3월 15일 오후 첫 회의를 개최한다고 밝혔다.

○ 이는 지난해 11월 사립대학이 입학금의 단계적 폐지를 결정한 것을 계기로 사립대학과 교육부가 고등교육 발전을 위해 함께 노력하기로 뜻을 모은 데에 따른 것이다.

※ 사학발전협의회 구성(10명)
 - 위원장(공동): 이진석 교육부 고등교육정책실장, 김성익 한국사립대학 총장협의회 부회장
 - 부위원장: 김규태 교육부 고등교육정책관
 - 위원: 교육부 소속 담당과장 3명, 대학 소속 처장급 4명

□ 제1차 회의에서는 학생, 재정, 교무 등 분야별 협의 창구 마련, 대학 평가 부담 완화 방안, 사학 재정 투명성 확보 및 부정·비리 대학 제재의 필요성 등을 논의한다.
 ○ 아울러 이번 회의에서는 최근 대학가 미투 운동에 나선 재학생·졸업생의 용기에 대해 적극적인 지지와 격려를 표하고,
 ○ 대학이 선도적으로 가해자 엄중 조치, 예방책 마련 등에 나서 지난달 정부가 관계부처 합동으로 발표한 '공공부문 성희롱·성폭력 근절 보완대책'에 적극 동참할 뜻을 밝히고,
 ○ 향후 대학 사회의 성차별적 권력구조와 문화 개선에 기여할 수 있는 대학 차원의 구체적 방안을 계속 논의할 계획이다.

□ 김상곤 부총리 겸 교육부장관은 "교육부와 사립대학이 정기적으로 만나 고등교육 발전을 위해 함께 논의하기로 한 것은 이번이 처음으로 그 의미가 크다."라며,
 ○ "앞으로도 고등교육 현안 및 정책에 대해 협력 소통하여 사립대학이 국민의 신뢰를 받고 국가성장을 선도할 인재 양성의 요람이 될 수 있도록 적극 지원하겠다."라고 밝혔다.

교육부
2018년 3월 15일

조금 주의 깊게 살펴보면 교육부 보도자료에서는 새로운 내용이 눈에 띄지 않음을 알 수 있다. 사학의 건전한 발전이라는 목표 자체가 추상적인데, 사학발전협의회 구성이 실효성 있는 방안인지에 대해 궁금증을 갖게 한다. 대학가 미투 운동에 대한 지지와 격려, 마지막 단락에 나오는 부총리의 코멘트는 일반적인 이야기에 그친다.

하지만 보도자료를 바탕으로 후속 취재에 나서면 기자는 뉴스 가치가 높은 기사를 발굴할 수 있다. 이전까지 나오지 않은 방안이 사학발전협의회에서 논

의되고 정책에 반영될 가능성을 예상해야 한다. 협의회 구성에도 불구하고 별다른 대책이 나오지 않으면 그 이유를 분석하는 기획 기사도 가능하다.

이미지를 높이려는 보도자료

보도자료는 결국 해당 기관에 대해 좋은 인상을 갖게 하려는 목적에서 만든다. 그중에서도 특정 개인의 활동이나 업적을 알리려는 내용이 종종 나온다. 예를 들어, △ ○○○ 장관이 누구를 접견했다 △ ○○○ 회장이 시장 동향을 점검하기 위해 미주지역을 방문한다 △ ○○○ 의원이 세미나를 개최한다는 식의 내용이다. 학자의 수상, 연구 업적의 국제적 인정 같은 소식도 여기에 해당된다. 이러한 자료는 신문의 동정 코너에 주로 실린다. 다음 자료는 기업의 사회공헌 활동을 알리는 내용이다.

삼성전자, 청년을 응원하는 '제2회 삼성 스마트 쿠킹 대회' 개최

삼성전자가 22일 광주 아시아문화전당 하늘마당에서 지역 저소득 청년을 대상으로 '제2회 삼성 스마트 쿠킹 대회'를 개최했다.

'삼성 스마트 쿠킹 대회'는 지역 청년들의 창업을 지원하기 위한 취지로 지난해부터 시작됐다.

1위부터 3위의 수상 팀에게는 청년미래전략센터가 주관하는 창업·조리 교육, 광주 야시장 입점 기회가 주어진다.

이날 대회에는 지역 저소득 청년 15개 팀 등 총 30명이 참여했으며, 이들은 삼성전자 최신 냉장고와 직화 오븐을 이용해 야시장 음식에 적합한 '빠르고 간편한 요리'를 콘셉트로 요리경연을 펼쳤다.

삼성전자
2018년 7월 23일

주장·해명을 위한 보도자료

다른 자료에 비해 깊이 있는 관심과 추가 취재가 필요한 유형이다. 단순한 자기홍보가 아니라 특정 사안에 대해 강하게 주장 또는 해명하거나, 경우에 따라서는 상대방을 비판할 목적으로 배포하기 때문이다.

당사자가 쌍방이 아니라 3자거나 4자인 경우가 있으므로 이러한 보도자료의 기사화는 특별한 주의를 요한다. 명예훼손이나 사실의 단순화, 왜곡 여부도 꼼꼼하게 점검하고 기사를 쓰는 것이 바람직하다. 국군 기무사령부의 계엄령 문건에 대한 전국민주노동조합총연맹의 보도자료를 보자.

친위쿠데타를 기도한 자들을 모두 색출하고 즉각 체포하라

청와대가 2017년 3월 박근혜 탄핵정국 당시 기무사가 작성한 계엄령 세부 계획 자료 내용을 일부 공개했다. 문 대통령의 지시로 국방부 특별수사단이 기무사의 계엄령 문건 작성 관련 조사를 하고 있는 가운데 추가로 확인된 문건이라고 한다. 청와대에 의하면 67쪽짜리 계엄령 선포 '대비 계획 세부 자료'는 경악스러운 친위쿠데타 계획임을 보여주고 있다.

세부 자료에는 '보안유지하에 신속한 계엄 선포와 주요한 목 장악', '중요시설 494개소 및 광화문과 여의도에 계엄군을 야간에 전차·장갑차 등을 이용해 신속 투입', '합참의장이 아닌 육군 참모총장으로 계엄사 구성과 계엄사 위치', '방송 및 신문, 인터넷 및 SNS 언론 전면 통제', '여소야대 국회의 계엄 해제 표결을 막기 위한 방안'까지 치밀하고 완벽한 계획이 담겨 있다. 헌법재판소 탄핵 기각 결정에 따른 계엄 선포 계획이니 촛불항쟁을 짓밟고 박근혜 정권을 지키기 위한 명백한 친위쿠데타 계획이다.

박근혜 퇴진을 요구한 1700만 촛불항쟁은 민주주의 자체였다. 이 계획에 따르면 2017년 3월 10일 헌법재판소가 탄핵 청구를 기각했을 경우 그날 자정을 넘기며 곧바로 계엄령이 선포되고, 장갑차가 국회를 포위하고 중무장한 특전사 계엄군이 광화문 촛불광장의 수백만 시민을 겨냥했을 것이다. 4.19혁명을 짓밟은 박정희의 5.16 군사쿠데타, 1980년 민주주의 봄, 광주항쟁을 짓밟은 전두환의 12.12 군사쿠데타처럼 촛불항쟁을 피로 물들일 3.10 친위쿠데타 계획에 몸서리치는 분노를 금하지 않을 수 없다.

이 문건 작성자가 당시 기무사령관 조현천이라고 한다. 그러나 이는 단독 범행으로 몰고 가려는 가당치 않은 알리바이에 불과하다. 친위쿠데타 계획을 공모하고 작전과 실행 계획을 세운 거대한 세력이 있을 것임은 충분히 짐작하고도 남는다. 헌법과 법률을 무력으로 짓밟고 민주주의를 학살하기 위한 계획을 세운 모든 공모자들을 남김없이 색출해야 한다.

이석구 현 기무사령관은 당시 계엄령 문건은 윗선에까지 보고되었다고 한다. 윗선의 정점은 탄핵 기각 시 대통령직을 유지했을 박근혜와 당시 총리로 대통령 권한 대행이었던 황교안이다. '전방의 군인과 장갑차까지 동원하는 계엄령 발동 계획 문건'을 이 둘에게 보고하지 않고 작성했다고 상상하기는 쉽지 않다. 친위쿠데타 계획 문건 작성을 승인한 최종 결정권자를 반드시 밝혀야 한다.

결과적으로 실행되지 않았고 지금 박근혜가 감옥에 있다고 안일하게 대응해서는 안 된다. 국회 해산과 1980년 광주학살을 넘어서는 시민대학살을 불러왔을 수 있는 계엄 선포와 쿠데타를 공모한 자들이 미수 또는 불발에 그쳤다는 이유로 자유롭게 활보하게 해서는 안 된다. 국방부 특별수사단 수사와 함께 국회 국정감사와 특별검사를 포함한 검찰 조사도 추진되어야 한다.

문재인 대통령은 이 같은 쿠데타 계획을 눈 하나 깜짝하지 않고 세울 수 있었던 배경은 전두환, 노태우 같은 군사쿠데타의 수괴들이 버젓이 사면받고 떵떵거리며 살아가고 있기 때문임을 알아야 한다. 역사의 단죄가 무뎌지면 불행한 역사는 되풀이될 수밖에 없다. 어떤 정치적 고려도 배제되어야 한다. 친위쿠데타를 계획한 범죄자들을 지체 없이 체포하고 법정 최고형으로 다스려야 한다.

전국민주노동조합총연맹
2018년 7월 21일

민주노총의 주장은 정치적으로 민감한 사안을 다뤘다. 군부의 쿠데타 시도가 사실이라면 헌정 질서를 흔든다는 점에서 엄중한 일이다. 하지만 민주노총이 보도자료를 배포하는 시점에서는 친위쿠데타 계획과 실행 계획이 확인되지 않았으므로 언론은 기사화 과정에서 신중할 필요가 있다. 특히 보도자료에 나오는 "경악스러운", "명백한", "촛불항쟁을 피로 물들일" 같은 표현을 그대로 사용할지는 토론을 필요로 한다.

사건·사고를 정리한 보도자료

경찰이나 검찰에서 언론사에 배포하는 수사 결과 홍보 자료를 말한다. 범죄 행위를 어떻게 포착했고, 피의자나 용의자를 어떻게 체포했으며, 범죄 행위의 증거로 무엇을 확보했는지를 설명한다. 다음은 서울 서초경찰서가 다단계 범죄 조직을 검거했다는 발표 자료다.

3부 기사 쓰기의 기본 유형

취업 미끼 유인, 합숙 강요한 다단계 범죄 조직 검거

– 합숙을 강요하고 대출을 받아 물품을 강매한 범죄단체 조직 38명 검거, 2명 구속 –

☐ 서울 서초경찰서(총경 최승렬)에서는

  ○ 취업난에 시달리는 20대 초중반의 대학생, 취업준비생 등을 상대로 취업을 시켜주겠다며, 유인, 합숙을 강요하고 대부중개업체를 알선해 주며 피해자로 하여금 대출을 받아 물건을 구매토록 하는 방법으로 피해자 209명으로부터 14억 원 상당을 가로챈 A씨 등 38명을 범죄단체 조직 및 방문판매등에 관한법률위반 등의 혐의로 검거, 이들 중 2명을 구속하였음.

서울 서초경찰서
2017년 5월 4일

보도자료 본문은 사건 개요, 범죄단체 조직 현황, 범행 수법, 당부 사항, 제공 자료의 순으로 나왔다. 사건 개요에서는 피의자 현황과 범죄 사실의 요지를 적용 법조와 함께 설명한다. 조직 현황에서는 역할 분담과 조직도, 내부 질서 유지 체계와 조직 관리 방법을 보여준다. 이어서 범행 수법을 피해자 유인, 제2금융권 대출, 합숙 강요 등 단계별로 구분한 뒤에 시민의 주의가 필요하다고 강조한다. 경찰은 압수 증거를 정리한 문건과 압수수색 동영상, 피해자 인터뷰를 추가로 제공했다.

보도자료로 만든 기사

보도자료를 받으면 기자는 여러 가지를 고려해야 한다. 먼저 해당 자료를 보도할 가치가 있는지부터 판단할 필요가 있다. 기사화를 한다면 유형과 분량을 검토하고, 마지막으로는 구성과 문장을 다듬어 완결성을 높여야 한다.

정부나 기업이 보도자료를 제공했다고 해서 그것을 모두 보도하기는 힘들다. 신문은 지면, 방송은 시간이 제한되므로 아이템의 취사선택이 불가피하다. 보도자료의 기사화 역시 마찬가지여서 일부는 크게 또는 작게 보도되지만 일부는 아예 반영되지 않는다.

보도자료를 기사화하기로 결정하면 구체적인 방법이 중요하다. 우선 보도자료를 위주로 쓸지, 아니면 기자가 추가로 취재한 내용을 위주로 쓸지를 고민해야 한다. 발표 내용을 요약하는 데 그칠지, 아니면 기획 기사처럼 만드는 데 보도자료를 참고하는 형식으로 쓸지를 선택해야 한다는 말이다. 보도의 횟수와 분량 역시 변수다.

기사를 구성하고 문장을 작성하는 과정에서는 꼼꼼함이 더 필요하다. 대부분의 보도자료는 언론사에 동시에 제공되므로, 같은 자료를 언론사가 어떻게 처리했는가는 보도와 함께 확인된다. 기자의 능력, 데스크의 판단력, 언론사의 저력이 매일, 매 건의 기사를 통해 평가받는 셈이다.

다음 사례 1~5는 KB금융지주 경영연구소의 보도자료를 활용한 기사의 주제목과 도입부다. KB경영연구소는 2011년부터 '한국 富者 보고서'를 해마다 발표한다. 금융 자산 10억 원 이상의 개인을 대상으로 자산 운용 행태와 인식을 파악하기 위해 설문조사를 실시해서 작성한다.

2017년 보고서는 전국의 금융 자산 5억 원 이상 보유자 600명에 대한 조사를 수행하고, 이 중에서 금융 자산 10억 원 이상을 보유한 개인을 '한국 부자'로 정의하여 응답자 400명을 중심으로 분석한 결과를 담았다.

보고서는 △ 특집 △ 한국 부자 현황 △ 투자 포트폴리오 현황 및 전망 △ 투자 성향과 금융 니즈 △ 미래 준비에 대한 인식의 순으로 구성됐다. 본문 앞에는 'Snapshot'이라 하여 △ 한국 부자 수 추이 및 증가율 △ 전국 지역별 부자 수 증가 상황 △ 자산 구성비의 변화 추세 △ 유망 부동산 투자 분야 △ 금융 자산 포트폴리오 △ 해외 직접투자 선호 국가 △ 은퇴 후 자산 관리 방법 △ 자녀 세대에 대한 부의 이전 인식을 그래픽으로 보여준다.

한국 부자들 "그래도 우린 부동산"

국내 부자들의 절반은 아파트(49.0%)와 땅(48.7%)을 통해 부동산 투자를 하는 것으로 조사됐다. 또 앞으로 경기 침체가 지속돼도 부동산을 처분하겠다는 부자는 전체의 20.2%에 그쳤다. 최근 아파트 가격이 급등세를 타면서 정부가 '6·19대책' 이후 또다시 고강도 부동산 대책을 발표할 예정이지만 여전히 자산가들은 부동산을 재산 증식의 주요 수단으로 활용하고 있는 것이다.

KB금융지주 경영연구소는 1일 이런 내용을 담은 '2017 한국 부자보고서'를 발간했다. 올 4, 5월 예적금, 주식 등 금융자산이 10억 원 이상인 개인 400명을 설문조사한 결과다.

▶ 사례 1
동아일보
2017년 8월 2일
강유현 기자

富者들의 '부동산 사랑' 그중에 제일은 재건축

'재건축 아파트, 세금, 증여.'

한국 부자들의 머릿속에 든 3대 재테크 키워드다.

KB금융지주 경영연구소가 1일 펴낸 '2017 한국 부자(富者) 보고서'에 따르면, 금융자산만 최소 10억 원 이상을 보유한 한국의 부자는 2016년 현재 24만 2000명에 달한다. 1년 전보다 14.8% 늘었고, 5년 전보다는 70% 증가했다. 대부분 부동산 투자로 시작해 재산을 불린 이들은 앞으로도 부동산 투자, 특히 재건축 아파트 투자에 관심이 높은 것으로 조사됐다.

부자들의 가장 큰 고민은 세금과 자녀. 10명 중 8명 이상은 '자식 세대는 나처럼 자수성가하기 힘들 것'이라고 생각하고 있었고, 절세에도 적극적이며 자식에게 재산을 물려주고 싶은 경향도 강해지는 것으로 나타났다.

▶ 사례 2
조선일보
2017년 8월 2일
최규민 기자

부자들 재테크는 부동산, 평균 보유 규모 29억

한때 아파트 10채를 보유했던 재력가 이모(66·서울 반포동)씨. 지금은 투자용으로 보유한 아파트 2채에서 나오는 월세를 연금 삼아 생활한다. 자녀 명의로 아파트를 추가로 사기 위해 여전히 분양시장에 관심을 기울인다. 그가 처음 부동산 투자에 눈뜬 건 1982년 대치동 미도아파트 청약에 당첨되면서부터다. 6000만원에 분양받았던 미도아파트를 2010년 20억원에 팔았다. 오피스텔과 땅에도 투자한 적 있지만 역시 유동성이 좋은 아파트 투자를 선호한다. 이씨는 "분양권 전매 금지로 예전처럼 투자하긴 어려워졌다"며 "그래도 시중에 워낙 돈이 많이 풀려 주택시장은 상승 추세가 이어질 거라고 본다"고 말했다.

한국 부자의 부동산에 대한 애정과 신뢰는 각별하다. 부동산을 통해 성공적으로 자산을 불려 간 경험이 있기 때문이다. 한국 부자들은 부동산 자산을 어떻게 형성해 왔을까. KB금융지주 경영연구소가 1일 발표한 '2017 한국 부자(富者) 보고서'에서 이를 심층 분석했다. 여기에서 부자란 '금융자산 10억원 이상인 개인'으로 총 400명을 설문조사했다.

▶ 사례 3
중앙일보
2017년 8월 2일
한애란 기자

부자들, 현금 움켜쥐려는 경향

올해 들어 수출을 중심으로 경기가 회복되고 있고 지난 5월 들어선 새 정부는 재정을 공격적으로 풀고 가계 소득을 늘리는 경제정책 청사진을 제시하고 있다. 한편에선 1300조원이 넘는 가계 부채가 시중금리 상승에 따라 부실화될 가능성이 제기되고 있으며 부동산 시장도 정부의 고강도 규제 예고에 따라 불안한 모습이다. 부자들은 이런 혼돈의 시기를 어떻게 바라보고 어떻게 움직이려 할까?

12일 케이비(KB)경영연구소가 금융자산 10억원이 넘는 부자 400명을 상대로 설문조사한 결과를 담은 '2017년 부자보고서'를 보면, 일단 부자들은 국내 경제의 저성장 흐름이 더 심화될 것으로 봤다. 전체 조사 응답자의 41.2%가 저성장·저금리 심화 가능성이 매우 높다고 답했고 '약간 그렇다'라는 응답도 40%에 이르렀다. 장기 불황 가능성에 공감한 비중도 전체 응답자 중 43.7%에 이른 것으로 나타났다.

▶ 사례 4
한겨레신문
2017년 8월 2일
김경락 기자

부자들 부의 비결, 투자

한국의 부자들이 부동산을 통해 어떻게 부를 형성해왔으며, 부동산 투자에 어떤 인식을 가지고 있는지 보여주는 '부자보고서'가 나왔다. 이들은 부동산 상승기인 1990~2000년대 초반에 서울 강남 위주로 부동산을 처음 구입한 경우가 많았으며, 일반 가계에 비해 부동산 자산을 11배나 많이 보유했다.

KB금융연구소는 1일 '2017 한국 부자보고서'를 발표했다. KB금융은 2011년부터 매년 금융자산이 10억 원 이상인 개인을 '부자'로 정의하고 설문조사를 거쳐 부자보고서를 낸다. 이번 보고서는 부자 400여명을 중심으로 분석했다.

▶ 사례 5
경향신문
2017년 8월 2일
이혜인 기자

한국의 부자에 대한 기사를 보면 언론은 같은 자료를 받더라도 조금씩 다르게 보도한다는 점을 알 수 있다. 여기서 기억해야 할 중요한 사항은 제공받은 내용 그대로 보도자료를 기사화하는 관행을 재검토해야 한다는 점이다. 자료를 받으면 유형과 내용에 따라 다르지만 항상 보충 취재를 시도해야 한다. 자료가 제시한 사실을 확인하고, 갈등의 소지나 이론異論의 여지가 있다면 상대방의 설명이나 주장을 듣고 기사의 방향을 잡는 자세가 중요하다.

보도자료는 그 자체로도 가치가 있지만 경우에 따라 새로운 기삿거리를 찾는 길잡이로 훌륭한 가치가 있는 사례가 적지 않다. 기자는 보도자료를 접하면 추가 취재가 필요한지, 논쟁이나 갈등으로 이어지는 쟁점이 있는지, 1회에 그치지 않고 후속 보도를 해야 하는지를 항상 생각하는 습관을 가져야 한다.

연습문제

다음 보도자료를 바탕으로 기사를 작성해보자.

"잠자는 아이 확인 장치(Sleeping Child Check)"연말까지 도입

– 「어린이집 통학차량 안전사고 및 아동학대 근절 대책」국무회의(7.24) 보고 –

– 원스트라이크 아웃제, 중대안전사고까지 확대 추진 –

□ 보건복지부(장관 박능후)는 최근 어린이집에서 연이어 발생한 사망사고와 관련, 유사 사례가 재발되지 않도록 「어린이집 통학차량 안전사고 및 아동학대 근절 대책」을 마련하여 국무회의(7.24)에 보고하였다고 밝혔다.

    ○ 이는 지난 20일 문재인 대통령이 유사 사례가 더는 발생하지 않도록 완전히 해결할 대책을 세워 신속히 보고할 것을 지시한데 따른 후속 조치이다.

    – 이번 보고는 지금까지 추진해 온 대책의 미비점을 보완하고 어린이집에서 아동들을 안전하게 보육할 수 있는 근본적인 대책을 마련하는데 중점을 두었다.

□ 먼저, 아동의 안전을 관련 규정에 따라 기계적 방식으로 또는 디지털 기술을 활용한 방식으로 반드시 점검·확인하도록, 실시간 어린이집 안전 확인 시스템 도입을 즉각 검토하여 시행한다.

    ○ 이번 통학차량 내 사고는 관련 안전 규정이 존재함에도 불구하고 현장에서 지켜지지 않았다는 점이 가장 큰 원인으로 파악되고 있다.

    – 따라서 어린이집 통학차량 운행 시 안전규정의 실제 준수 여부를 즉시 확인하여, 사람의 과실로 인한 사고 발생을 근절할 수 있는 장치 도입이 절실한 상황이다.

    ○ 이에 따라, 우선 차량 내부에 "잠자는 아이 확인 장치(Sleeping Child Check)"를 올해 말까지 도입할 계획이다.

    – 나아가, 현재 진행 중인 어린이집 전체 이용아동에 대한 "안심 등·하원 서비스" 연구용역을 조속히 실시하여 빠른 시일 내에 서비스 제공을 추진할 계획이다.

□ 그리고, 영유아 안전 강화를 위해 미비한 법·제도를 정비한다.

    ○ 먼저, 어린이집 이용아동 전체에 대한 안전한 등·하원 확인이 아동 안전의 기본 바탕이 되는 바, 실시간 안전 확인 시스템 도입은 지침과 행정지도로 우선 실시한다.

    – 더불어, 조속한 시일 내에 시스템 도입을 의무화할 수 있도록 관계부처와 협의하여 법

률 개정을 추진한다.

□ 다음으로, 어린이집 운영의 관리책임자인 원장과 어린이집 운영에 대한 관리감독 권한을 가진 지방자치단체의 관리 책임을 강화한다.

    ○ 어린이집 내 영유아의 안전 및 학대 예방의 최종 책임자는 원장으로, 원장의 관리책임 강화를 위해 영유아 안전 및 학대사고 발생 시 원장에 대한 제재 기준도 상향 조정한다.

    – 그간 통학차량 안전사고 발생시 어린이집 및 원장 개인 대상 제재 수준이 낮고, 아동학대 발생 시 직접 행위자가 아닌 원장 대상 제재 규정은 미미하여 원장의 관리책임 확보에 한계가 있었다.

    – 이에 그간 아동학대에 국한되었던 "원스트라이크 아웃제(1회 사고발생 시 시설폐쇄)" 적용범위를 통학차량 사망사고 등 중대한 안전사고까지 확대한다.

    – 또한 해당 시설 원장은 향후 5년간 타 시설에 취업할 수 없도록 제재를 강화하여 관리책임성을 확보한다.

    ○ 아울러, 중대한 안전사고 및 아동학대 발생 시 지자체 평가에서 불이익을 주는 등 지자체의 책임을 확보할 수 있는 기제를 마련한다.

□ 보육교사에 대한 예방교육도 강화한다.

    ○ 현재 원장과 차량운전자에 한정되어 있는 안전교육 이수 의무를 동승 보육교사까지 확대하고, 안전 및 아동학대 예방교육을 구체적 사례 중심으로 개편한다.

    ○ 장기간 미종사한 보육교사의 경우, 자격 취득 후 공백으로 인해 현장에서 즉각 필요한 전문성과 관련 소양을 갖추기 어려웠다.

    – 이에 조기 적응을 위한 교육을 강화하여 미종사 기간별 의무교육 과정을 개설*하고, 보육교사의 교육 참여를 위한 대체교사 지원 확대도 추진한다.

    * 예시) 미종사 기간 1~2년: 12시간, 2~3년: 16시간, 3년 이상: 20시간의 의무교육 시간 부과

□ 보육교사의 열악한 근무 여건에 대한 근본적 개선방안도 마련한다.

    ○ 어린이집 아동학대 발생시, 보육교사의 자격취득이 어렵지 않은 점 등이 통상 원인의 하나로 지목되는 경향이 있었다.

    – 하지만, 어린이집 아동학대는 보육교사 개인의 전문성 부족 및 일탈 문제와 더불어 보육현장의 구조적 문제로 인해 야기된 측면이 있다.

    ○ 이에, 보육교사의 근무 환경 문제로 인하여 안전·학대사고가 발생하는 구조적 문제에 대해서는 보다 근본적인 개선방안을 검토한다.

    – 또한 어린이집에서 보육교사가 필요 이상 과도하게 작성하는 다양한 서류들을 간소화하여 보육교사의 행정업무 부담을 완화하고, 행정업무 자동화를 통해 보육에 전념할 수 있는 근무 환경을 조성한다.

    – 보다 근본적으로는 한 명의 보육교사가 장시간 아동을 돌보는 구조를 개선하고 보육교사의 8시간 근무를 보장할 수 있도록 보육지원체계 개편방안을 마련할 계획이다.

□ 박능후 장관은 "최근 어린이집에서 발생한 아동 사망사고에 대해 주무부처 장관으로서 정말 죄송스러운 마음이며 마음 깊이 애도를 표한다"고 전했다.

　ㅇ 더불어 "이번 대책을 통하여 어린이집 통학차량 안전사고 및 아동학대가 다시는 발생하지 않도록 하겠다"며 어린이집 안전 확보에 대한 굳은 의지를 밝혔다.

보건복지부
2018년 7월 24일

다음은 앞의 보도자료를 토대로 작성한 기사의 예다.

사례 1

통학車에 '잠든 아이 확인 장치' 설치

전국 어린이집의 모든 통학차량에 연말까지 '잠자는 아이 확인 장치(Sleeping Child Check)'가 설치된다.

보건복지부는 이런 내용의 '어린이집 통학차량 안전사고 및 아동학대 근절대책'을 24일 발표했다. 최근 경기 동두천시와 서울 강서구 어린이집에서 영·유아 사망사고가 잇따르자 "해결책을 찾으라"는 문재인 대통령의 지시에 따른 것이다.

우선 전국 어린이집 4만여 곳에서 운영하는 통학차량 총 2만8000여 대에 연말까지 '잠자는 아이 확인 장치'가 의무적으로 부착된다. 복지부는 △차량 맨 뒷좌석의 버튼을 눌러야 시동이 꺼지는 시스템 △차량 내 단말기에 스마트폰을 대야 경보음이 꺼지는 무선통신장치(NFC) △무선통신 기기를 책가방에 부착한 후 스캐너가 아동의 승하차를 점검하는 비컨(Beacon) 방식 중 한 가지를 채택할 방침이다. 복지부는 "소요 예산을 파악해 하반기 설치비의 일부를 지원하겠다"고 밝혔다.

이와 함께 사물인터넷(IoT)을 활용해 어린이집 출입구에 스캐너를 달아 아동의 등·하원 정보를 실시간으로 어린이집 교사와 학부모에게 전송하는 '안전 등·하원 알림 서비스'도 추진한다.

또 아동학대 시에만 적용한 '원 스트라이크 아웃제'(한 번 사고를 내면 어린이집 폐쇄)를 안전사고로 확대한다. 사고를 낸 어린이집 원장은 향후 5년간 다른 보육시설에 취업할 수 없다.

문 대통령은 이날 복지부의 보고를 받은 뒤 "법이나 지침을 지키지 않았을 때는 보육 현장에서 퇴출되도록 해야 한다"며 "어린이집 평가인증 체계를 아동 인권과 안전을 최우선으로 고려해 정비해야 한다"고 주문했다.

다만 일각에선 어린이집의 잇단 사고가 정책의 문제가 아니라 있는 규정조차 제대로 지킬 수 없는 열악한 보육 여건의 문제라는 지적이 나온다. 현재 어린이집은 오전 7

시 반에서 오후 7시 반까지 총 12시간 동안 운영된다. 보육교사 한 명당 평균 근무시간은 9시간 36분이다. 휴식시간은 평균 18분에 불과하다.

서울 시내 한 어린이집 보육교사는 "아이를 돌보는 일 이외에 매일 보육일지와 현장학습보고서, 안전교육일지 등 많은 서류를 작성해야 한다"며 "장시간 근무와 높은 업무강도에 비해 보수는 최저임금 수준이라 교사 수준이나 숙련도, 업무집중력이 떨어지기 쉽다"고 말했다.

실제 4세 여아가 통학차량에 갇혀 질식사한 '동두천의 비극'은 차량 운전사나 인솔교사, 담임교사 중 한 명이라도 어린이 승하차를 확인했다면 예방할 수 있었다. 경기 북부지방경찰청은 이날 "승하차 확인 의무를 이행하지 않은 책임이 크다"며 인솔교사 구모씨(28·여)와 운전사 송모씨(61)를 상대로 업무상 과실치사 혐의로 사전구속영장을 신청했다.

복지부 이동욱 인구정책실장은 "보육교사의 열악한 근무여건을 개선하기 위해 하루 8시간 근무를 보장하는 등 보육지원체계 개편안을 마련하겠다"고 밝혔다.

동아일보
2018년 7월 25일
김윤종·윤다빈 기자

사례 2

모든 어린이집 차량에 '잠든 아이 확인 장치'

어린이집 과실로 아이가 숨지는 사고가 잇따르자, 보건복지부가 24일 긴급 대책을 발표했다. 전국 어린이집 통학 차량 2만8300대에 '잠자는 아이 확인 장치(Sleeping Child Check)'를 설치하고, 한 번만 중대한 안전사고가 나도 해당 어린이집을 폐쇄하겠다는 게 핵심이다.

이 중 잠든 아이가 차 안에 남아있는지 확인하는 제도는 연말까지 전국에 도입하기로 했다. '벨(Bell) 방식' 'NFC(근거리 무선 통신) 방식' '비콘(근거리 무선통신기기) 방식' 세 가지 중 하나가 될 공산이 크다.

이 중 가장 가능성이 높은 건 미국과 캐나다에서 사용 중인 벨 방식이다. 운전자가 시동을 끈 뒤 차량 맨 뒷자리까지 가서 확인벨을 눌러야 차량 안팎의 경광등이 꺼지는 장치다. 'NFC 방식'은 운전자가 시동을 끈 뒤, 스마트폰으로 차량 뒷좌석에 부착된 단말기를 태그해 스마트폰 앱 경보음을 해제하는 장치다. 학부모에게도 실시간으로 정보가 전달되고, 설치비(7만원)가 벨 방식(25만~30만원)보다 싸다는 게 장점이다. 대신 매달 10만 원씩 유지비가 들어간다. '비콘 방식'은 아이의 가방에 근거리 무선통신기기를 단 뒤, 아이가 통학 차량 반경 10m에 들어오면 자동으로 학부모에게 승·하차 정보를 전달하는 방식이다. 설치비(46만원)가 비싸다는 단점이 있다. 이동욱 복지부 인구정책실장은 "차량에 아이가 남아있는지 어른이 눈으로 확인하는 벨 방식이 가장 기본"이라고 했다.

'원스트라이크 아웃제'도 확대 도입하기로 했다. 이제까지는 아동 학대 사건에만 해당되던 제도를 안전사고까지 확대하는 것이다. 기존엔 아동학대 사건이 발생하면 보육교사에게만 책임을 물어 2년간 자격을 정지했다. 앞으로는 한 번 안전사고를 낸 어린이집 원장도 5년간 다른 어린이집에 취업하지 못하게 금지하기로 했다. 원장의 책임을 함께 묻는 조치다. 통학 차량 안전교육도 지금까지는 차량 운전자만 의무적으로 받았지만, 앞으로는 전체 보육교사가 모두 받아야 한다. 안전교육을 받지 않은 보육교사는 차량에 함께 탈 수 없다.

'안심 등·하원 서비스'도 내년 도입을 목표로 연구 중이다. 아이가 안전하게 어린이집에 갔는지, 제대로 집에 돌아왔는지 부모에게 자동으로 알리는 시스템이다. 이번 동두천 사건은 보육교사가 아이가 등원했는지 여부만 제때 확인했어도 막을 수 있었던 인재였다. 등·하원 알림 서비스가 생기면, 보육교사가 깜박 실수해도 부모가 체크해서 실수가 비극이 되는 걸 막을 수 있다.

문제는 보육교사의 열악한 업무 환경이다. 현재 우리나라 보육교사의 하루 평균 근무시간은 9시간 36분이다. 이걸 8시간까지 끌어내리는 게 복지부의 목표다. 복지부는 이를 위해 어린이집 행정 업무를 자동화해, 보육교사의 행정 업무 부담을 줄여나갈 예정이다.

조선일보
2018년 7월 25일
손호영 기자

사례 3

'잠자는 어린이 확인 장치' 통학차량에 의무화한다

아동이 차량에 방치되는 사고를 막기 위해, 올해 연말까지 어린이집 통학차량 내부에 '잠자는 아이 확인 장치(슬리핑 차일드 체크)'가 설치된다. 또 통학차량 사망 사고 등 중대한 안전사고를 한 차례라도 낸 어린이집은 폐쇄하기로 했다.

박능후 보건복지부 장관은 24일 문재인 대통령이 주재한 국무회의에서 이러한 내용을 뼈대로 한 '어린이집 통학차량 안전사고 및 아동학대 근절 대책'을 보고했다. 먼저 복지부는 올해 말까지 어린이집 약 2만3천곳이 운행하는 통학차량 2만8천대에 '잠자는 아이 확인 장치'를 갖추도록 할 방침이다. 차량의 시동을 끈 뒤 맨 뒷좌석의 벨을 눌러야 경광등이 꺼지는 방식(설치비 30만 원 이하), 스마트폰을 차량의 근거리 무선통신

(NFC) 단말기에 갖다 대 아동의 하차를 확인하는 방식(설치비 7만 원), 아동의 가방 등에 통신 장치인 '비컨'(beacon)을 붙여 학부모나 교사한테 알림 서비스를 제공하는 방식(설치비 약 46만 원) 등이 검토된다. 이와 별도로 현재 진행 중인 '등·하원 자동 알림 서비스' 구축에 관한 연구용역이 끝나며, 이 사업도 함께 진행한다는 것이 복지부 설명이다.

그러나 민간 어린이집이 비용 부담을 이유로 이러한 장치 설치를 꺼릴 것이라는 우려도 나온다. 이동욱 복지부 인구정책실장은 "어린이집이 장치 설치 비용을 부담하는 것이 원칙이지만, 소요 예산을 파악해 정부가 일부라도 지원할 수 있도록 재원을 마련할 예정"이라고 말했다. 어린이집 뿐 아니라 유치원 통학차량에서도 아이가 방치되는 등 비슷한 안전사고가 있었다. 유치원 소관 부처인 교육부는 '잠자는 아이 확인 장치' 의무화 등 복지부가 내놓은 것과 유사한 대책을 검토하고 있다.

안전을 확보하기 위한 기술적 대책 외에, 어린이집 운영 관리 책임이 있는 원장에 대한 제재도 강화된다. 심각한 아동학대가 한 번이라도 발생하면 어린이집을 폐쇄할 수 있도록 한 '원스트라이크 아웃제'를 통학차량 사망사고 등 중대한 안전사고에 확대 적용하기로 했다. 이렇게 퇴출된 어린이집 원장은 향후 5년 동안 다른 시설에 취업할 수 없다.

이날 국무회의에서 문재인 대통령은 최근 빈번하게 일어난 어린이집 사고와 관련해 "각종 제도와 절차 등을 정비해 왔지만 현장에서 지켜지지 않으면 아무런 의미가 없다"며 "대책들이 현장에서 제대로 작동하지 않는 원인과 미흡한 점이 무엇인지 점검하고, 세세한 부분까지 다듬어 다시는 이런 사고가 반복되지 않도록 해야 한다"고 말했다.

한겨레신문
2018년 7월 25일
박현정·성연철 기자

사례 4

통학차량 사망사고 발생 어린이집 '즉시 폐쇄'

앞으로 아이가 갇혀 숨지는 등 통학차량 사망사고가 난 어린이집은 즉시 문을 닫는다.

정부가 통학차량 안전사고가 난 어린이집은 즉시 폐쇄하고, 원장도 5년간 다른 시설에 취업할 수 없도록 제재를 강화한다. 차 안에서 잠든 아이가 있나 확인하는 '잠자는 아이 확인 장치(슬리핑 차일드 체크)'도 올해 말까지 도입할 예정이다. 보건복지부는 이런 내용의 '어린이집 통학차량 안전사고 및 아동학대 근절 대책'을 마련해 국무회의에 보고했다고 24일 밝혔다. 그동안 아동학대 사건에만 적용했던 '원스트라이크아웃'을 통학차량 사망사고에도 확대하는 것이 핵심이다.

정부는 "그간 통학차량 안전사고나 아동학대 사건이 발생했을 때 원장 개인을 대상으로 한 제재 수준이 낮아 원장의 관리 책임을 묻는 데 한계가 있었다"고 설명했다. 정부는 이번 대책을 유치원에도 적용할 수 있도록 교육부와 협의하고 있다.

최근 경기도 동두천의 어린이집 통학차량에서 아이가 갇혀 있다 숨진 사고 뒤 관심을 모은 '잠자는 아이 확인 장치'는 올해 안에 도입한다. 통학버스 맨 뒷자리의 확인버튼을 누르지 않은 채 자동차 열쇠를 뽑으면 경보음이 울리게 만든 장치로, 운전자가 남은 아이를 반드시 살피도록 하기 위해 개발됐다. 미국과 캐나다에선 통학차량에 이 장치를 의무적으로 설치하게 돼 있다.

근거리무선통신 기술을 이용해 아이가 어린이집에 출석했는지 자동 확인하는 시스템도 도입한다. 아이의 가방이나 소지품에 단추 크기의 휴대용 단말기를 붙이고 어린이집 입구나 통학차량에 또 다른 단말기를 붙이면, 차에서 내렸는지 학원에 들어왔는지 실시간으로 확인할 수 있다. 정부는 이 장치를 어린이집 보육정보시스템과 연결해 아이들 안전을 효과적으로 관리하는 방법도 연구하고 있다. 또 현재 원장과 통학차량 운전자만 받는 안전교육을 차에 같이 타는 보육교사도 받도록 할 예정이다. 오래도록 현장에서 떠나있다 다시 취업한 보육교사는 일을 쉬었던 기간에 따라 의무교육 과정을 만들어 경력 공백을 메우게 하겠다고 밝혔다.

아동학대 대책에서는 보육교사들의 자격 강화보다는 근무 환경 개선에 힘을 실었다. 보육교사의 교육수준이나 자격 요건을 아동학대와 연결 짓는 주장도 있었지만 정부는 연구 결과 열악한 근무 환경에서 쌓인 교사들의 스트레스가 아동학대로 이어질 가능성이 높다고 판단했다. 보육교사들의 근무 환경 개선 방안은 추가로 발표할 예정이다.

경향신문
2018년 7월 25일
박용하 기자

10장
발생 기사

언론은 뉴스를 제작하기 위해 사실을 수집하고 전달한다. 그렇다면 어떤 사실을 수집하고 전달하는가? 간단히 말하면 세상에서 벌어지는 모든 일, 그중에서도 새로운 일이다. 뉴스news라는 단어 자체가 새로운 일new things을 뜻하는 프랑스 고어와 중세 라틴어에서 나왔다고 한다.

언론이 주목하는 새로운 일, 새로운 현상의 하나가 사건·사고다. 젊은 기자는 사건·사고를 접하면 가슴이 뛴다. 제보를 통해서건 경찰 무선을 통해서건 취재 가치가 있는 사안을 처음 듣는 순간 기자는 달려간다. 사건·사고 취재는 기자가 현장에 있음을 실감하게 만든다.

이번 장에서는 사건·사고와 집회시위를 포괄하는 개념으로 '발생 기사'라는 용어를 사용하면서 사실 확인에 필요한 사항과 취재원, 그리고 유형별 특성과 주의할 점을 설명한다.

발생 기사의 이해

의미와 중요성

사건·사고와 집회시위는 기자의 의도나 계획과 관계없이 발생한다. 그리고 어떠한 형태이건 사회문제가 불거지면서 알려진다. 피의자나 피해자는 구체적인 개인이지만 그들이 관련된 사안을 알림으로써 언론은 독자의 호기심을 채우는 동시에 구조적 문제를 드러내고 사회적 대응을 촉구한다.

과거에는 사건 현장을 취재하려고 기자가 되는 사람이 많았다. 신입기자를 사회부에 배치하고 교육하는 국내외 언론의 전통이 여기에 영향을 미친 것으로 보인다. 언론이 대중매체로 자리를 잡기 시작한 이후로 사건·사고는 중요한 취재 영역으로 간주됐다.

발생 기사는 대개 사회면에 실린다. 지금도 신문 독자의 상당수가 사회면을 가장 재미있고 중요한 지면의 하나로 꼽는다. 고관대작이나 돈 많은 사람이 아니라 자신처럼 평범한 서민이 어떻게 사는가를 그날그날 스냅사진처럼 요약해서 보여주기 때문이 아닌가 한다.

에드나 뷰캐넌Edna Buchanan 기자는 미국의 『마이애미 헤럴드Miami Herald』 신문에서 20년이 넘게 경찰 기자로 일하면서 사건 취재를 예술의 경지로 끌어올렸다는 평가를 받는다. 그녀는 1986년 퓰리처상을 받았다. 다음은 그녀가 쓴 한 기사의 리드 부분이다.

There was music and sunlight as the raddle wheeler Dixie Bell churned north on Indian Creek Thursday. The water shimmered and the wind was brisk. And then the passengers noticed that the people in the next boat were dead.

(유람선 딕시벨이 목요일 인디언 크릭 계곡의 북쪽으로 미끄러져 나갈 때 그곳에는 음악이 있었고 햇볕이 내리쪼였다. 강물은 반짝였고 바람은 산들거렸다. 그러다가 승객들은 갑자기 옆에 있는 보트를 타고 있는 사람들이 모두 사망한 사실을 발견했다.)

소설처럼 쓴 기사다. 짧은 문장이 사건 현장의 분위기를 탁월하게 잡아낸다. 그러면서 글 읽는 맛을 느끼게 한다. 『마이애미 헤럴드』의 사회부장은 경찰에 대한 글이 아닌 사람에 대한 글을 쓰기 때문에 뷰캐넌 기자가 훌륭하다고 평가한다.

뷰캐넌은 자신이 사회부의 사건 담당 업무를 좋아하는데, 다른 어느 부서보다 사람을 더 잘 이해할 수 있는 취재 영역이기 때문이라고 말한다. 그녀는 자신이 5,000여 건의 사망 사건을 취재하면서 지치거나 포기하지 않은 까닭은 기사를 쓰는 일로 세상을 조금이라도 좋게 바꾸는 데 기여한다고 믿기 때문이라고 한다.

발생 기사 접근법

다른 기사와 마찬가지로 발생 기사에서는 현장이 특히 중요하다. 기사와 관련된 핵심 정보를 일이 벌어진 현장이나 관련된 사람에게서 확인한다. 중요한 사실을 모두 정리한 보도자료를 바탕으로 기사를 쓰는 일과는 특성이 다르다.

발생 기사의 취재는 촌각을 다툰다. 10분 먼저 쓰면 특종이고, 한 시간 뒤에 쓰면 낙종이 된다. 시각을 다퉈야 하는 더 중요한 이유는 현장이 사라진다는 데 있다. 화재로 많은 사람이 다치고 재산 피해가 생겼는데 기자가 현장에 늦게 도착하면 이미 진압이 끝나고 소방대원이 철수한 후여서 현장 취재가 불가능하다. 사진이나 비디오가 필요한 경우는 더욱 그렇다.

사건·사고의 의미는 현장에만 제한되지 않는다. 리처드 닉슨Richard Nixon을 대통령직에서 물러나게 만든 워터게이트 사건은 정당의 사무실 침입 사건에서 시작됐다. 이런 점을 감안하면 현장을 신속하게 취재하는 동시에, 사안의 확대 가능성과 사회적 의미를 고려한 후속 취재가 필요하다. 따라서 발생 기사 취재는 2단계로 접근한다는 생각에서 시작하면 효과적이다.

◆ 1단계 취재: 현장 점검
현장 취재의 핵심은 육하원칙에 필요한 사실의 수집이다. 그리고 기자가 현장에서 갖는 느낌과 분위기를 뒷받침하는 세부 자료의 확보가 중요하다. 기자는 사건·사고 현장에 도착하면 다음과 같은 정보를 모으기 위해 최선을 다한다.

확인해야 하는 사실

- **인물**: 사건·사고에 따라 다르지만 이름, 나이, 주소, 직업을 챙겨야 한다. 교통사고는 운전자와 사상자, 화재는 희생자나 부상자, 범죄는 피해자와 용의자의 파악이 필수적이다.
- **장소**: 어디에서 발생했는가를 말한다. 정확한 지명을 알아보고 관련되는 지역까지 확인하자. 지진이나 태풍, 가스폭발 같은 경우는 피해 범위가 중요한 정보가 된다.
- **시간**: 언제 사고가 발생했는지를 정리해야 한다. 불길이 얼마나 계속됐는가? 지진으로 땅이 언제까지 흔들렸고 여진은 어느 정도 시차를 두고 몇 차례 있었는가? 또, 구조 활동은 언제부터 시작됐는지도 취재해야 한다.
- **내용**: 사건·사고의 세부 내용을 말한다. 살인이라면 범행 수법과 도구, 현장 상황을 말한다. 사고 개요는 경찰이나 소방서 등 담당 기관의 공식 발표나 보고서를 이용하면 편리하며, 추가적 사실은 피해자나 목격자의 증언을 통해 확인한다.
- **원인**: 왜, 무엇 때문에 교통사고나 범죄가 일어났는지는 기사를 구성하는 핵심 요소다. 기자는 인적사항과 장소, 시간 등 기본적인 사실을 확보한 뒤에 원인을 쫓게 된다. 과속이라면 신호를 위반했는지, 음주운전을 했는지 등이 대상이다.

확보해야 하는 취재원

- **수사관**: 사건 현장에서는 관할 구역의 경찰이 조사를 시작한다. 인력과 노하우가 많고 법적 권한이 있어서 기자보다는 자료를 많이, 또 빨리 정리할 가능성이 높다. 따라서 이들을 만나면 발생한 일의 전모를 쉽게 파악할 수 있다. 재난 재해를 담당하는 공무원도 마찬가지다. 물론 이들의 기록이 모두 맞지 않을 수 있음을 유념해야 한다.

- 목격자: 사고 원인을 파악하거나 경찰 혹은 공무원의 대처 방식에 대해 중요한 증언을 제공한다. 요즘은 누구나 스마트폰으로 고화질의 사진이나 영상을 촬영하고 녹음까지 할 수 있으므로 현장의 목격자가 이런 자료를 제공하는 경우가 있다.
- 피해자: 사건의 당사자는 자료의 보고다. 특히 사건·사고를 직접 경험한 사람의 인용이 가장 설득력 있고 생생하다. 그러나 이들을 취재할 때는 조심스럽게 접근해야 한다. 자칫 되돌릴 수 없는 상처를 줄 수 있기 때문이다.
- 지인: 사건·사고에서는 당사자가 아닌 주변 인물의 인터뷰가 중요하다. 용의자를 자주 봤던 주민, 피해자와 가까웠던 동료는 용의자나 피해자의 성격, 습관, 대인관계, 최근 심경을 구체적으로 이야기할 만한 위치에 있다.

◆ 2단계 취재: 후속 보도

현장 취재를 하면 자연스럽게 질문이 생긴다. 기사를 얼마나 키울까? 관련 기사를 별도로 써야 하나? 추가 취재는 어디에 초점을 둘까? 데스크가 일선 기자에게 묻고 확인하기도 한다. 이렇게 사안의 규모와 성격을 판단하고, 어느 방향에서 추가적인 사실을 찾을지 고려하는 과정이 2단계 취재에 해당한다.

문제를 추적해서 기사를 탄탄하게 만들려고 노력하면 첫 보도를 다른 언론에 뺏긴 사안이라도 오히려 사회적으로 의미 있는 특종을 만들 수 있다. 박종철 씨의 고문치사 사건은 6월 항쟁을 불렀고, 개헌으로 이어졌다. 대학생이 경찰에서 조사를 받다가 숨졌다는 사실을 중앙일보가 먼저 보도했지만, 동아일보는 후속 취재를 통해 고문치사 및 은폐 조작의 진상을 드러냈다.

후속 보도는 다른 언론의 취재 결과는 물론, 이전에 나온 관련 기사나 유사한 사안의 기록 및 인물을 검토하면서 본격화한다. 어느 지역에서 비슷한 방화 사건이 수년 동안 계속됐다면 최근에 발생한 작은 화재 사건이라도 의미가 달라진다. 교차로에서 같은 유형의 교통사고가 자주 발생한다면 새로 발생한 사고는 단신으로 처리하지 말고, 심층 분석을 통해 대안을 제시하는 식으로 구성해야 한다.

유형별 기사

사건·사고와 집회시위는 1차적으로 경찰이 담당한다. 따라서 발생 기사의 가장 중요한 취재원은 경찰이다. 시민이 신고한 범죄는 경찰 기록에 남으므로 기자는 이런 기록을 확인하면서 범죄가 일어난 사실을 파악한다. 경찰이 입수한 정보는 기사 작성에 필요한 육하원칙 등 관련 사항을 망라한다.

그러나 경찰이 모든 내용을 완벽하게 기록하기 어려우므로 유능한 기자는 다른 취재원이나 자료를 입수해서 검증을 시도한다. 특히 경찰이나 검찰이 범죄에 관련되거나, 여러 이유로 축소 은폐를 시도할지 모르므로 기자의 독립적이고 적극적인 취재가 요구된다.

피해자는 발생 기사에서 경찰 못지않게 중요하다. 범인의 인상착의나 범행 수법, 현장 상황을 잘 알기 때문이다. 하지만 조심스러운 접근이 필요하다. 범죄로 다친 상처를 도지게 하고, 잘못하면 수사 진행에 방해가 될 수 있다. 공개를 꺼리거나 극단적인 경우에는 사실이 아닌 내용을 말할지 모르므로 피해자와의 접촉에는 신중함이 필요하다.

목격자의 증언은 현장감을 크게 높여준다. 따라서 경찰이나 피해자를 대신해서 자세한 내용을 듣기에 적절한 대상이다. 사안이 복잡하면 이름과 연락처를 구해야 나중에 추가 질문을 할 수 있다.

사건

◆ 살인

생명을 소중히 여기는 사회에서 살인 사건은 언제나 기삿거리가 된다. 뉴욕이나 로스앤젤레스에서 웬만한 살인은 경찰에 한 줄 기록으로 남을 뿐이지만 국내 언론은 살인 사건을 상당한 비중으로 다루는 편이다.

30대男 "여자들이 나를 무시해서…"
강남 유흥가 화장실서 '묻지마 살인'

서울지하철 2호선 강남역 인근 유흥가에서 20대 여성이 낯선 남성에게 흉기에 찔려 숨진 사건이 발생했다. 사건 발생 9시간 만에 경찰에 잡힌 용의자는 '묻지마 살인'을 저지른 데 대해 "여자들이 나를 무시해서 그랬다"고 주장했다.

서울 서초경찰서에 따르면 17일 오전 1시 20분경 서초구에 있는 상가의 남녀 공용 화장실에서 직장인 A씨(23·여)가 숨진 채 발견됐다는 신고가 접수됐다. 발견 당시 A씨는 흉기로 왼쪽 가슴 부위를 2~4차례 찔려 피를 흘리며 변기 옆에 쓰러져 있었다.

사건이 발생한 상가는 강남역과 서울지하철 9호선 신논현역 사이에 있는 지상 4층짜리 건물이다. 인근에 주점과 노래연습장 등이 몰려 있어 저녁시간은 물론이고 심야에도 시민들로 붐비는 지역이다.

A씨는 1층 주점에서 지인들과 술을 마시다 2층 노래방으로 올라가는 계단 중간에 있는 화장실에 볼일을 보러 갔다가 변을 당했다.

A씨 지인은 경찰에 "화장실에 간 뒤 한참이 지나도 돌아오지 않아 찾으러 갔다가 숨진 것을 발견해 경찰에 신고했다"고 진술했다.

경찰은 사건 현장 부근 폐쇄회로(CC)TV 영상을 분석해 범행 추정 시간대에 김모씨(34)가 화장실로 들어가는 모습을 확인하고 그를 용의자로 특정했다. 경찰은 김씨가 사건이 발생한 상가 주점 종업원이며 인근 다른 식당에서도 아르바이트를 한다는 사실을 확인한 뒤 이날 오전 10시경 출근하는 김씨를 잠복 끝에 검거했다.

검거 당시 김씨는 CCTV에 찍힌 모습과 똑같은 옷차림으로 바지 오른쪽 주머니에 길이 32.5cm의 흉기를 소지하고 있었다. 이 흉기는 김씨가 일하는 식당 주방에서 사용하는 것이다.

동아일보
2016년 5월 18일
박창규·이지훈 기자

기사는 범행 시간과 장소, 피해자의 상처 부위, 최초 신고자를 자세하게 전한다. 용의자가 빨리 체포돼서 범행 동기와 당시 상황까지 확인됐다. 독자를 자극하지 않기 위해 범행 도구를 '칼'이 아니라 '흉기'라고 표현하고, 건물주와 피해자를 보호하기 위해 익명을 사용한 점에 유념해야 한다.

사건 직후, 일부 언론은 범행의 성격을 '묻지마 살인'으로 규정했다. 하지만 젊은 여성 피해자를 추모하는 발길이 늘고, 여성혐오에 반대하는 목소리가 강해지자 다음과 같은 제목으로 후속 보도를 했다.

5월 19일자

- 엿보고 찍고 덮치고 … 잠금장치 없는 공포의 공용 화장실(동아일보, 12면)
- 여성혐오 사회가 부끄럽습니다(한국일보, 12면)
- 여성 살해, 사회가 답해야 … 강남역 포스트잇 추모 물결(한겨레신문, 10면)
- 여성이란 이유로 … 묻지마 아닌 '여혐' 살인(경향신문, 9면)
- 강남역 '묻지마 살인' 여성 추모 물결(서울신문, 11면)
- 강남역 묻지마 살인 사건 희생자 추모 물결(국민일보, 10면)

5월 20일자

- 나도 당할 수 있다, 공포의 외침(동아일보, 12면)
- 강남역 뒤덮은 추모 포스트잇 5000장(조선일보, 14면)
- 추모 포스트잇 물결 … 여성단체 "성차별, 여성혐오가 문제"(중앙일보, 12면)
- 극단 치닫는 女혐오 … 무섭지만 굴하지 않겠다(한국일보, 1면)
- 나도 … 우연히 살아남았다(한겨레신문, 1면)
- 여자라서 두렵다 … 분노 넘어 절규(경향신문, 8면)
- 나는 우연히 살아남은 여성이다(국민일보, 1면)

◆ 자살

살인은 타인의 생명을 빼앗는 행위지만 자살은 자신의 생명을 포기하는 행위다. 누구의 자살이든 언론이 주목하게 마련이지만, 만약 유명인의 선택이라면 더욱 크게 보도할 가능성이 높다.

불법자금 의혹, 노회찬 의원 투신 사망

'민주당원 댓글조작 사건'의 주범 '드루킹' 김동원(49·구속 기소) 씨 측으로부터 정치자금을 수수했다는 의혹을 받은 노회찬(62) 정의당 원내대표가 23일 숨진 채 발견됐다.

경찰에 따르면 이날 오전 9시 38분 서울 중구의 한 아파트 1층 현관 앞에 노 원내대표가 쓰러져 숨져 있는 것을 경비원이 발견해 경찰에 신고했다. 경찰은 해당 아파트 17층과 18층 사이 계단에서 노 원내대표의 외투와 함께 신분증, 명함, 유서로 보이는 글을 찾았다. 유서에는 "드루킹과 관련해 금전을 받은 사실은 있으나 청탁과는 관련이 없었다. 가족에게 미안하다"는 취지의 내용이 적혀 있는 것으로 전해졌다. 경찰은 노 원내대표가 드루킹 사건과 관련, 신변을 비관해 투신했을 개연성을 염두에 두고 정확한 사망 경위를 조사하고 있다.

허익범 특별검사팀은 2016년 3월 드루킹 측이 노 원내대표에게 불법 정치자금 5000만 원을 전달한 혐의에 대해 수사하고 있다. 〈하략〉

문화일보
2018년 7월 23일
손우성·김유진 기자

석간신문의 1면 톱기사다. 노회찬 원내대표가 자살한 날 오후에 게재됐다. 제작 시간이 촉박해서인지 경찰에게 확인한 사실을 앞세웠다. 날짜와 시간과 장소, 투신한 아파트에서 발견된 고인의 소지품과 유서 등 내용이 구체적이다. 기사 뒷부분에는 특검의 수사 상황과 분위기, 정의당 반응을 넣어서 사건의 파장을 짐작하게 만들었다.

◆ 사망

자연사 또는 질병으로 인한 유명인의 사망 역시 언론이 비중 있는 뉴스로 다룬다. 장영희 서강대 교수가 세상을 떠난 날은 토요일이다. 국내 조간신문은 일요일자를 발행하지 않으므로 이 소식을 월요일자에 보도했다.

57세 문학소녀, 떠나다

"엄마 미안해, 이렇게 엄마를 먼저 떠나게 돼서. 내가 먼저 가서 아버지 찾아서 기다리고 있을게. 엄마 딸로 태어나서 지지리 속도 썩였는데 그래도 난 엄마 딸이라서 참 좋았어. 엄마, 엄마는 이 아름다운 세상 더 보고 오래오래 더 기다리면서 나중에 다시 만나."

고(故) 장영희(57) 서강대 교수가 '엄마'에게 남긴 편지다. 장 교수가 죽기 직전 병상에서 쓴 마지막 글이다. 장 교수의 어머니 이길자(82) 씨는 두 다리와 오른팔이 마비된 둘째 딸을 초등학교 3학년 때까지 업어서 등·하교시켰다. 진눈깨비 내리는 날이면 딸을 학교에 못 데려다 주게 될까 봐 새벽에 일어나 연탄재를 부숴서 집 앞 골목길에 뿌려놓았다.

장 교수의 편지는 단 네 문장, 100자다. 지난달 28일 병원에서 퇴원해 집에 가기 직전, 병상에서 노트북 컴퓨터로 사흘 걸려서 썼다. 〈중략〉

암환자와 장애우의 희망이던 장 교수는 9일 낮 12시 50분 눈을 감았다. 생애 마지막 8년 동안 장 교수는 세 번 암 진단을 받았다. 2001년 유방암 진단을 받고 완치됐으나 암이 척추로 전이됐고 다시 간까지 번졌다.

어머니에게 쓴 편지를 끝으로 병원에서 퇴원한 장 교수는 어머니, 여동생 순복씨 가족과 함께 살아온 서울 마포구 연남동 집에서 열흘을 보냈다. 지난 3일 이후에는 반(半) 의식불명 상태였다. 어린이날인 5일, 허리가 아파 누워 있던 어머니가 몸을 추스르고 장 교수 다리를 주물렀다. 순복 씨는 "의식이 없던 언니가 엄마 손길을 느끼고 가느다란 목소리로 '엄마'라고 불렀다"고 했다.

장 교수는 지난 7일 재입원했다. 8일 조카들과 마지막 인사를 나눈 뒤 9일 오빠 병우(62)씨 등 가족들이 지켜보는 가운데 조용히 숨을 거뒀다. 타계하기 직전 장 교수의 입에서 흘러나온 마지막 말은 "엄마"였다고 오빠 병우씨는 전했다.

조선일보
2009년 5월 11일
이인묵 기자

이 기사는 장 교수가 눈을 감기 직전의 모습을 담담하게 표현했다. 별세했다는 사실 자체는 방송과 인터넷을 통해 이미 알려진 뒤라서 조선일보는 엄마와 딸의 관계를 중심으로 에세이처럼 구성했다. 기자가 듣지 못한 고인의 마지막 한 마디는 가족을 통해 확인했다고 추정된다. 사실을 바꾸지는 못하지만 구성과 문장은 얼마든지 다양할 수 있음을 알려주는 기사다.

사고

◆ 교통사고

차량으로 인해 발생하므로 교통사고에는 인명 피해가 따른다. 규모가 크거나 추석 및 구정 등 명절 연휴라면 관심이 더 높아진다. 피해자의 인적사항 및 사망 여부 또는 부상 정도와 함께 차량의 번호, 종류, 색깔이 꼭 필요하다.

가해자나 피해자가 유명인이 아니고 피해 규모가 크지 않다면 단신으로 처리되거나 보도되지 않을 가능성이 높다. 하지만 주말과 연휴에 비슷한 사고가 전국에서 동시다발적으로 일어났다면 언론은 전체를 종합해서 하나의 기사로 만든다.

개 구조하려다 … 여성 소방관·실습생 3명 참변

도로에 있는 개를 구조해달라는 신고를 받고 포획활동을 벌이던 여성 소방관 1명과 실습생 2명이 교통사고로 숨졌다. 30일 오전 9시 46분쯤 충남 아산시 둔포면 신남리 43번 국도에서 허모(62)씨가 몰던 25t 트럭이 도로변에 세워져 있던 소방 펌프차를 들이받았다. 이 사고로 소방관 김모(29)씨와 실습생 문모(23)·김모(30)씨 등 3명이 숨지고, 허씨와 소방관 이모(26)씨가 다쳐 병원으로 옮겨졌다.

소방관과 실습생들은 "개가 줄에 묶여 도로에 있다"는 신고를 받고 출동해 도로변에 차를 세우고 구조 작업에 나선 상황이었다. 사고는 소방관 등이 펌프차에서 내린 직후 발생했다. 〈중략〉

소방관 김씨는 2013년 임용된 뒤 지난해 말 동료 소방관과 결혼했다. 실습생 2명은 높은 경쟁률을 뚫고 소방공무원 임용시험에 합격한 예비 소방관들로 지난 19일부터 아산소방서에 배치돼 선배들을 따라다니며 교육을 받는 중이었다. 다음달 16일 임용을 앞두고 있었다. 실습생들은 임용 전이지만 순직 처리를 검토 중인 것으로 알려졌다. 〈중략〉

이들 3명의 빈소가 마련된 충남 아산 온양장례식장은 눈물바다를 이뤘다.

경향신문
2018년 3월 31일
이종섭 기자

경남 창원에서 한달음에 온 실습생 어머니는 빈소 앞에서 "그렇게 열심히 공부해서 소방관 될 일만 남았는데 이렇게 억울하게 죽을 수가 있냐"면서 오열했다. 〈하략〉

피해자의 사연이 기사의 상당 부분을 차지한다. 끝에는 청와대 대변인이 애도를 표하는 내용이 나온다. 일반 교통사고와 달리 소방관이, 그리고 소방관 임용을 앞둔 실습생이 숨졌기 때문이다.

교통사고 기사로 자주 등장하는 또 하나의 소재가 지하철 사고다. 많은 시민이 이용해서 사회적 관심도가 높기 때문에 정전으로 전동차가 멈추면 기사화된다. 환승객이 많아 붐비는 역은 특히 그렇다. 이런 기사에는 사고 위치와 시각, 원인은 물론, 불편을 겪은 승객의 수와 지연된 시간까지 넣는다.

◆ 화재

난로의 과열이나 누전 같은 원인으로 화재가 생긴다. 이 경우 의도가 없는 단순 사고이므로 크게 보도되지 않는 편이다. 하지만 방화는 악의를 갖고 누군가가 저지르는 범행이므로 이야기가 달라진다. 특히 숭례문처럼 소중한 문화재나 많은 시민이 이용하는 공공시설에서 일어난 방화에는 관심이 높아진다.

방화가 아니라도 언론이 대대적으로 보도하는 화재가 있다. 소방시설을 규정대로 설치하지 않거나 출동 및 진압 과정이 지연되어 인명 피해가 늘어난 경우다. 이런 사고에는 인재人災나 예고된 참사라는 비판이 제기된다.

건물 화재경보기, 대피유도등, 스프링클러 꺼져 있었다

4명이 숨지고 47명이 다친 경기도 화성 동탄 메타폴리스 주상복합빌딩(최고 66층, 모두 4개 동) 3층 상가 화재 당시 이 건물의 화재경보기와 대피유도등, 스프링클러가 작동 정지 상태였던 것으로 경찰 수사에서 드러났다. 이번 화재가 단순 사고가 아니라 전형적 인재(人災)였다는 것이다.

　5일 화재 현장에서 소방 당국과 함께 합동 감식을 진행한 화성동부경찰서는 메타폴리스 부속 상가 화재 당시 경보기가 작동하지 않았다고 밝혔다. 경찰은 이 상가 건물 내 소방시설 유지 관리 업무를 담당해 온 직원 A씨(53)를 상대로 경보기 미작동 원인을 조사해 이같이 밝혔다. A씨는 경찰에서 사고가 나기 사흘 전인 지난 1일 오전 10시 14분쯤 수신기 제어를 통해 화재경보기와 대피유도등, 스프링클러를 수동으로 작동 정지해 놓았다고 진술했다. 그는 지난 4일 오전 11시1분 이 빌딩에 화재가 난 직후인 11시5분 이들 장치를 정상 작동시켰다고 덧붙였다.

　경보기 등의 작동을 정지해 놓은 이유에 대해 A씨는 "화재가 난 상가건물 B블록에 대형마트를 포함해 다수가 왕래하는 시설이 있어 (이번에 화재가 난 상가 3층의 키즈카페인 뽀로로파크) 매장 공사로 경보기가 오작동할 경우 대피 과정에서 안전사고 우려가 있어 취한 조치"라고 주장했다고 경찰이 전했다. 경찰은 이런 진술을 뒷받침할 관련 기록을 받아 분석 중이다.

　특히 이 빌딩은 화재 이틀 전인 지난 2일 화성소방서가 관내 대형시설 8곳을 대상으로 올해 처음 진행한 화재 대비 안전환경 조성 경진대회에서 1등을 한 것으로 드러났다. A씨의 주장대로 지난 1일 화재경보기를 껐다면 2일 화재 대비 경진대회도 형식적으로 치렀을 가능성이 제기되고 있다. 〈하략〉

중앙일보
2017년 2월 6일
김민욱·신진호 기자

　화재가 발생한 건물과 피해 규모를 간략히 소개한 뒤에 사고 원인을 집중적으로 다뤘다. 이런 기사에서는 경찰과 소방서의 공식 기록 또는 의견을 참고하는 편이 좋다. 기자의 판단 근거에 문제가 있고, 나중에 법률적으로 문제가 될 소지를 없애야 하기 때문이다. 사고 순간의 모습을 정리하는 데는 소방관이나 현장 목격자의 말이 도움을 준다.

◆ 특별한 사연이 있는 화재

　큰불이 아니고 인명 피해가 없어도 관련 인물의 언행이 눈길을 끈다면 '누가'를 중심으로 리드를 구성하는 방법이 있다. 다음 기사를 읽어보자. 기자 칼럼인 '窓창'에 게재됐지만 일반적인 칼럼과 다른 느낌을 준다. 의견이나 평가가 아니라 사실을 바탕으로 기사를 작성한 결과다.

[窓] 불길 속 이웃 깨우고 … 영원히 잠들다

아들의 꿈은 성우였다. 방송사 시험에 꼭 합격하겠다며 학원 근처로 이사해 독립한 것이 불과 두 달 전이었다. 엄마가 '네 몸부터 챙기라'고 말하면 '엄마 인생 그렇게 살면 안 돼' 하며 도리어 성을 내던 아들이었다.

20일 서울성모병원 장례식장 9호실. 흐느끼는 유족 뒤로 안치범 씨(28)의 영정 사진이 보였다. 서글서글한 눈매로 해맑게 웃고 있는 모습이었다. 방화범이 지른 불길에 뛰어들어 잠든 이웃들을 깨우고 쓰러진 그는 유독가스에 질식돼 뇌사 상태로 열흘간 사경을 헤매다 이날 새벽 세상을 떴다. 안씨의 아버지는 "아들이 엄마에게 했던 말을 지키고 떠난 것만 같다"며 눈시울을 붉혔다.

9일 오전 4시경, 안씨가 살고 있던 서울 마포구 서교동 5층짜리 빌라에서 갑자기 불이 났다. 동거녀의 이별 통보에 격분한 한 20대 남성이 저지른 방화였다. 3층에서 발생한 불길은 안씨가 있던 4층까지 번졌다. 화재를 감지한 안씨는 119에 최초 신고를 하고 건물 밖으로 나왔다. 하지만 그는 곧 연기가 자욱한 건물로 다시 뛰어 들어갔다. 잠들어 있는 이웃들을 깨우기 위해서였다. 주민들이 모두 밖으로 대피했을 때 안씨는 5층 옥상으로 향하는 계단에서 쓰러진 채 발견됐다.

서울 마포경찰서 측은 "폐쇄회로(CC)TV 확인 결과 안씨가 1층까지 내려왔다 다시 건물로 들어가 엘리베이터를 타고 올라가는 장면만 확인되는 상황"이라고 밝혔다. 하지만 사고 당일 다수의 주민으로부터 '한 남성이 문을 두드리며 돌아다녔다'는 증언이 들려왔다. 실제 이날 발견된 안씨는 귀와 코만 약간 그을려 있었고, 두 손만 화상을 입은 채였다. 안씨의 아버지는 "불길 속에서 층층마다 문을 두드리다 손이 불에 덴 상처일 수 있다는 소견을 들었다"고 전했다. 〈하략〉

동아일보
2016년 9월 21일
최지연 기자

20대 남성이 불을 질러서 원룸 21개의 5층 건물에 오전 4시가 넘어 화재가 발생했지만 사망자가 나오지 않았다. 일반 화재처럼 피해 규모나 방화 원인에만 주목하면 기사의 비중이 커지지 않는다. 방화범이 유명하지 않고, 건물이 평범하니 눈에 띄는 내용이 없다고 판단하기 쉽다.

기자는 인명 피해가 나지 않은 원인에 주목했다. 한 청년이 이웃을 구하기 위해 건물을 돌아다니며 불이 났다고 알려준 덕분임을 후속 취재에서 확인했기에 단순 화재 기사가 아니라 사연을 담은 기사로 방향을 바꿀 수 있었다. 성우를 꿈꾸던 이 청년이 '초인종 의인義人'으로 기억되는 데는 겉으로 드러난 사실보다 이면의 사실을 놓치지 않은 기자의 노력이 있었다.

집회·시위

◆ 항의성 집회

일반적인 집회라면 참가자의 규모, 일시와 장소, 목적과 구호, 행사 순서를 파악하는 걸로 충분하다. 하지만 집회, 시위, 농성이 조용히 시작해서 조용히 끝나지 않으면 원인이나 배경을 담아야 기사가 충실해진다.

대한민국 헌법은 집회결사의 자유를 보장한다. 개인이든 집단이든 조직이든 국민은 누구나 자신의 의사를 표출할 권리를 갖는다. 그런데 대학생들이 교내에서 농성을 하다가 경찰에 끌려나왔다. 무슨 사정이 있어서일까.

> ### "대학은 돈벌이 공간이 아니다" 농성 이대생들 총장 사퇴 요구
>
> "대학은 학문의 전당이지 돈벌이 공간이 아니라는 사실을 총장이 잊고 있어요. 프라임사업, 코어사업 등 학생들 의견은 듣지도 않고 학교가 장삿속만 채우는 정책을 밀어붙이고 있습니다."
>
> 31일 오후 이화여대 교정에서 만난 재학생 김모(22)씨는 직장인을 상대로 한 평생교육 단과대학(미래라이프대)을 설립하려는 학교 방침에 크게 분노했다. 미래라이프대 신설에 관한 학칙 개정안을 심의하는 대학평의원회 회의가 열린 지난 28일 학생 400여명은 학교 측의 일방 추진에 반발해 본관 점거 농성을 시작했다. 이 과정에서 교수, 교직원 등 5명이 46시간 동안 건물에 갇혀 있었고, 급기야 학교 측 요청으로 30일 경찰력 1,600명이 투입돼 10여명이 다치는 불상사가 발생했다. 최근 시국 사건이 아닌 학내 문제로 이 정도 규모의 경찰력이 대학에 진입한 것은 드문 일이다. 본관을 지키던 학생 100

한국일보
2016년 8월 1일
양진하·신혜정 기자

여명은 이날부터 책을 읽는 '공부시위'를 이어가며 최경희 총장 탄핵 서명운동을 벌이고 있다.

극심한 학내 분쟁을 촉발한 이화여대 미래라이프대는 정부가 주도하는 '평생교육 단과대(평단)' 재정지원 사업 일환이다. 하지만 학생들은 학교가 이름을 팔아 '학위 장사'에 골몰하고 있다며 비판하고 있다. '프라임(산업연계 교육활성화 선도대학) 사업' '코어(대학 인문역량 강화) 사업' 등 최근 정부가 추진 중인 대학 구조조정·재정지원 정책을 놓고 상업화 논란이 가열되는 분위기다. 〈하략〉

학교가 재정 지원을 받으려고 단과대학을 신설하는 과정에서 구성원의 의견을 충분히 수렴하지 않았다. 학생들은 여기에 반대하려고 본관을 점거하며 농성을 시작했는데 학교의 요청으로 경찰이 출동했다.

전두환 정부 시절에도 대규모 경찰 병력이 대학에 진입하는 일은 거의 없었다. 시위 첩보가 입수되면 사복경찰 수십 명이 일부 학생을 연행하고 바로 빠져나갔다. 그런데 경찰 1,600여 명이 학생 200여 명을 끌어냈다.

기자는 학생의 주장을 인용형 리드로 처리하고 대치 상황을 정리했다. 이어서 교육부 정책으로 인한 갈등을 '상업화 논란'으로 표현하면서 공론화하는 방식으로 기사를 썼다. 현장의 움직임을 전하되, 구조적 문제를 부각시킨 셈이다.

◆ 대립성 집회

민주주의 사회는 다양성을 존중하고 보호한다. 하나의 사안에 대해서 여러 주장이 나오고, 같은 공간에서 성격이 다른 집회가 동시에 열리기도 한다. 이런 상황에서 언론은 균형을 지킬 필요가 있다.

서울 중구의 덕수궁 앞에서는 집회시위가 끊이지 않는다. 좌파 단체가 2012년 4월부터 천막을 세웠는데 1년이 지나서야 중구청과 경찰이 농성장을 철거했다. 그로부터 5년이 지나 농성천막이 다시 등장했다. 이번에는 여러 단체가 동시에 나타났다.

두 쪽 난 덕수궁 앞 … '갈등의 천막'이 또 들어섰다

5일 오후 서울 중구 덕수궁 대한문 앞. 돌담길을 따라 약 20m에 걸쳐 푸른색 천막 4채가 늘어섰다. 민주노총 금속노조 쌍용차 지부가 설치한 천막과 '태극기행동국민운동본부(국본)'가 차린 천막 3채. 민노총 천막에는 '쌍용자동차 고(故) 김주중 조합원 시민 분향소'라는 현수막이, 국본 천막에는 '연평해전, 천안함 46용사, 3·10 순국열사 분향소'라는 현수막이 걸렸다. 〈중략〉

첫 천막은 지난 3일 오전 1시 들어섰다. '3일 낮 대한문 앞에서 민노총이 기자회견을 연다'는 이야기를 들은 국본 회원 10여명이 대한문 앞에 모였다. 이들은 천안함 폭침, 연평해전 전사 장병들을 추모하는 천막 분향소를 세웠다. 국본은 작년부터 매주 토요일마다 대한문 앞에서 박근혜 전 대통령 석방을 요구하는 집회를 열어온 단체다.

그날 정오 이번엔 민노총 쌍용차 지부 조합원들이 천막을 치기 시작했다. 국본 천막 앞쪽이었다. 이들은 지난달 27일 경기도 평택 야산에서 숨진 채 발견된 2009년 쌍용차 해고자 김주중(49) 씨를 추모한다며 '시민 분향소'를 세웠다.

두 단체는 천막 설치 문제로 3일 오후부터 4일 아침까지 대치했다. 국본 회원들이 "대한문은 태극기 집회의 성지인데 왜 분향소를 차리느냐"고 항의했다. 몸싸움이 벌어지기도 했다. 한 민노총 조합원은 "4일 새벽까지 국본 회원들이 분향소를 둘러싸고 '감금'했다"고 했다. 경찰 중재로 민노총이 분향소를 서울시의회 쪽으로 10여m 옮겼다. 양측 천막 사이에는 폴리스라인이 쳐졌다. 〈하략〉

조선일보
2018년 7월 6일
정우영·조유미 기자

기사의 첫 단락은 천막의 수, 단체 이름과 현수막을 중심으로 현장을 묘사한다. 원문의 두 번째 단락은 덕수궁 앞이 다시 농성촌으로 변했다고 설명하고, 세 번째 단락 이후는 천막이 들어서면서 생긴 두 단체의 고성과 몸싸움, 행인의 불편을 전한다. 이 과정에서 벌어진 갈등을 중립적으로 전하기 위해 두 단체의 주장은 직접인용문으로 처리했다.

기계적 균형이 반드시 언론의 중립성을 보여주는 장치는 아니지만, 갈등과 충돌이 계속되는 집회 현장에서 언론은 주관적이거나 편향적으로 보이지 않도록 신경을 써야 한다.

◆ 정치성 집회

　박근혜 정부 4년 차의 촛불집회는 민심의 이반 현상을 반영했다. 집회 현장은 비선 실세, 국정 농단, 권력 남용에 대해 국민이 준엄한 심판을 내린 공간이었다. 대부분의 매체는 3차 촛불집회 기사와 사진으로 1면 전체를 채웠다. 어떠한 차이가 있을까? 다음은 신문별 2016년 11월 14일자 1면 톱기사의 제목과 사진 설명이다.

정권위기를 국가위기로 키우는 당-청

　'비선 실세'의 국정 농단을 비판하고 박근혜 대통령의 퇴진을 촉구하는 대규모 촛불집회가 12일 서울 광화문 광장 일대에서 열린 가운데 광장 양쪽의 세종대로를 비롯해 세종문화회관(오른쪽 건물) 주변까지 촛불을 든 참가자들로 가득 차 있다. 주최 측은 이번 집회에 100만 명(경찰 추산 26만 명)이 참가했다고 밝혔다.

나라 운명, 1주일에 달렸다

　'촛불의 물결'은 거대했다. 지난 12일 오후 시민 수십만 명이 촛불을 들고 경복궁 인근 도로에서 행진하는 모습을 장노출(長露出) 촬영한 모습이다. 이곳에서 직선거리로 900m 가량 떨어진 청와대는 경찰 차벽(車壁)에 길게 둘러싸여 '외딴섬'처럼 보인다. 이날 촛불 집회엔 '최순실 게이트' 진상 규명과 박근혜 대통령의 퇴진을 요구하는 국민 100만 명(주최 측 추산·경찰 추산은 26만 명)이 참가했다.

100만 함성, 새로운 역사를 만든다

전국 각 지역에서 모인 시민 100만 명이 밝힌 촛불이 12일 서울 광화문광장과 서울광장, 세종대로를 가득 메웠다. 이들은 "박근혜 대통령 퇴진" "이게 나라냐" 등의 구호를 외쳤다. 단일 시위로는 1987년 6월 민주항쟁 때보다 많은 사상 최대 규모다.

중앙일보
2016년 11월 14일

100만 촛불의 외침

87년 6월 항쟁 이후 최대 인파인 100만 명이 서울 도심에 모여 촛불을 들었다. 박근혜 대통령 퇴진을 촉구하는 3차 범국민대회가 열린 12일 저녁 서울 시청에서 광화문 광장까지 태평로와 세종대로가 촛불을 든 시민들로 가득 차 있다.

한겨레신문
2016년 11월 14일

남은 길은 하나 ⋯ 북악은 답하라

밤의 어둠보다 더한, 이 땅의 정의와 진실을 가린 국정농단과 정경유착의 흑암이 짙게 깔린 12일 100만 개의 시민 촛불이 광화문 일대에 타올랐다. 작은 불꽃 하나가 한데 어우러져 솟구친 거대한 외침은 칠흑에 갇힌, 침묵으로 일관하는 청와대를 향해 준엄하게 꾸짖었다. 국민은 박근혜 대통령의 퇴진을 원한다고.

한국일보
2016년 11월 14일

백만 촛불이 외쳤다. 퇴진하라

100만 명이 촛불을 들었습니다. 민주주의 후퇴에 분노해서, 불공정한 세

경향신문
2016년 11월 13일

우선 많은 제목이 평가, 의견, 감정을 반영했다. 주관적 요소를 완전히 배제한 표현은 찾기 힘들다. 100만이라는 숫자의 사용 여부는 같지 않다. 또 일부 신문은 집회 현장에서 나온 구호를 인용 표시 없이 제목으로 만들었다. 2001년의 9·11 테러 당시에 미국 『뉴욕 타임스』는 '미국이 공격당했다U.S. ATTACKED'는 두 단어로 톱기사 제목을 뽑았다.

메인 사진의 설명 역시 다르다. 대부분은 참가자를 100만 명이라고 했는데 '주최 측 추산'과 '경찰 추산'의 병기 여부가 제각각이다. 1987년의 6월항쟁 이후 최대 규모라는 표현은 두 곳이 사용했다. 요구 사항은 '박근혜 대통령 퇴진'으로 나오지만 일부 신문은 '비선 실세'나 '최순실'을 먼저 언급했다.

기자는 사실 보도를 업무의 기본으로 여긴다. 따라서 정확성과 객관성과 공정성이 요구되는 직업이다. 원칙은 그렇지만 현실은 어떤가? 정파성과 상업성과 선정성이 강해지는 현장에서 기자가 항상 고민해야 하는 문제다.

취재에서 조심할 점

앞에서 설명했듯이 발생 기사 취재에서는 시각을 다투게 된다. 조금이라도 늦게 파악하면 현장의 생생함을 전하기 힘들고 다른 언론사에 좋은 기사를 뺏기기 쉽다. 문제는 저널리즘의 원칙, 기자의 윤리가 아니라 이처럼 마감 또는 경쟁을 더 의식하면서 생긴다. 2014년의 세월호 보도는 언론의 이런 속성을 극명하게 보여준 사례였다.

사안이 중대하면 언론은 대대적 보도에 나선다. 발생 기사를 예로 들면, 사건·사고의 피해 규모가 클수록 많은 기자를 보내고, 신문 지면과 방송 시간을 더 많이 할애한다. 이러한 상황에서 마감 준수의 압박 및 다른 언론사와의 경쟁이 주는 긴장감은 크게 두 가지 측면에서 문제를 일으킨다.

첫째, 취재원과의 관계다. 되도록 빨리, 되도록 많은 정보를 얻기 위해 기자는 무례한 행동을 하기가 쉽다. 과거에는 단순 화재 사건을 보도하면서 사진을 구하려고 피해자 가족의 앨범을 뒤지는 일이 많았다. 심지어 필요한 사진을 찾은 뒤에는 다른 언론사의 취재를 방해하려고 앨범을 숨기거나 버리기도 했다고 한다. 검찰 수사관이라고 신분을 사칭해서 가족과 주변 인물을 압박하는 일도 빈번했다.

이러한 행동은 모두 불법, 탈법, 편법에 해당한다. 기자 개인뿐 아니라 특정 언론사, 아니 언론 전체의 공신력을 무너뜨리는 행동이다. 기자는 시간에 쫓겨서 경황이 없더라도 희생자와 그 가족에게 최대한의 예의를 갖춰야 한다.

다음은 보도 내용의 문제다. 취재 보도를 서두르다 보면 확인되지 않은 내용, 과장된 내용을 접하게 된다. 그럴수록 해당 사안을 잘 아는 위치의 담당자나 전문가에게 거듭 확인할 필요가 있다. 범죄 보도에서 수법을 너무 자세하게 보도하면 혐오감을 주거나 모방 범죄에 영향을 미칠 수 있으니 이 역시 주의해야 한다.

또 피해자의 신상 정보가 노출되지 않도록 세심한 주의가 요구된다. 익명 사용만으로는 신상 정보를 보호하지 못할지 모른다. 저자가 기자 초년병 시절, 여성 대상의 범행을 보도했을 때의 일이다. 피해자의 성명姓名에서 이름을 뺐지만 정정 보도를 하게 됐다. 당시에 그런 일을 하는 회사가 국내에서 흔치 않았으므로 성姓만 표기했어도 기사에 나온 피해자의 직업과 나이를 결합하면 누구인지 쉽게 추정된다는 이유에서였다.

언론이 공적 기능을 하는 사회적 제도로 인정받고 기자가 전문직으로 인식되려면 그에 걸맞은 윤리 의식이 필요하다. 직종과 업무가 중요하다는 이유만으로 기자가 존중을 받지는 못한다. 다른 사람을 존중해야 자신도 존중받고, 다른 사람을 배려해야 자신도 배려받는다는 점을 항상 되새기는 자세가 필요한 시점이다.

11장
인물 기사

인물 기사는 언론에서 자주 사용하는 기사 양식이다. 사람의 얼굴과 이야기가 독자 또는 시청자의 시선을 쉽게 사로잡아서다.

인물 기사는 분량에 따라 간단하거나 길다. 평일 조간신문의 '동정' 또는 '사람들'란에 실리는 기사는 3~4단락으로 짧지만 신문의 주말 특집이나 잡지에는 원고지 200장 이상이 실리기도 한다. 따라서 어떠한 기사를 어느 정도 분량으로 쓸지를 미리 정하면 취재 준비에 도움이 된다.

이번 장에서는 인물 기사에 필요한 준비 사항, 접근법, 취재 내용의 구성법을 다룬다. 인물 기사는 취재원과의 대화를 바탕으로 작성하므로 인터뷰 기사로 불리기도 한다. 따라서 인물 기사의 유형과 작성법을 살펴보기에 앞서서 취재 기법으로서의 인터뷰를 체계적으로 이해할 필요가 있다.

인터뷰의 이해

기자는 취재원을 만나 기삿거리를 얻는다. 자신의 정보나 생각을 확인하고 쟁점 사안에 대해서 토론을 벌이기도 한다. 인터뷰는 이처럼 기자와 취재원이 접촉하는 여러 방식의 대화를 말한다. 기자가 먼저 원해서 하는 경우가 대부분이지만 취재원이 요청해서 하기도 한다.

인터뷰는 뉴스를 제작하는 중요한 방법의 하나다. 사설이나 칼럼 등 의견 중심의 코너를 제외하고는 취재원이 없는 기사를 찾기 힘들다. 보도자료나 문건을 취재원으로 활용해도 기사화 과정에서는 담당자의 확인을 위해 인터뷰 과정을 거쳐야 한다.

인터뷰의 역사

미국의 저명한 언론사史 전문가인 컬럼비아 대학의 마이클 셔드슨Michael Schudson 교수는 인터뷰가 핵심적인 취재 활동의 하나가 된 시점을 1860년쯤이라고 말한다. 셔드슨 교수는 『뉴욕 트리뷴New York Tribune』의 호레이스 그릴리Horace Greeley 기자가 1859년 당시 모르몬교의 지도자인 브리검 영Brigham Young에 대한 기사를 일문일답식으로 처리한 내용이 공식적으로 확인되는 최초의 인터뷰 기사라고 주장한다. 1820년대에 취재기자가 등장하고 취재reporting가 중요한 언론 활동이 된지 40여 년 만의 일이다.

20세기 초가 되면 인터뷰는 기자의 일 가운데 가장 중요한 활동으로 간주된다. 어느 평론가는 "사실상 신문의 모든 글은 인터뷰를 토대로 한다"고 1905년에 말했다. 이때부터 정치 보도에서 인터뷰가 위력을 발휘하기 시작하고, 독자가 원하는 정보를 공직자로부터 얼마나 뽑아내는지가 기자의 능력을 판가름했다.

국내에서는 인터뷰가 언제부터 본격적으로 사용됐는지 파악하기 어렵다. 『독립신문』에서 탐보원 또는 기재원 같은 명칭을 쓴 점으로 미뤄 1890년대에 제한적이나마 취재 활동이 이뤄졌음을 확인할 수 있다. 그러나 당시에는 인터뷰 기법을 기사 작성에 활용한 흔적이 드러나지 않는다.

인터뷰 활용의 빈도에서 보면 오늘날 국내외 언론의 차이는 거의 없다. 모든 신문과 방송, 잡지의 기자가 매일매일 인터뷰를 하고 보도한다. 경우에 따라서는 특정인과의 인터뷰를 성사시켰다는 일만으로 관심을 끌거나 특종으로 인정을 받기도 한다.

인터뷰의 정치사회적 의미

그러면 인터뷰는 어떠한 의미를 갖는가? 기자와 취재원의 대화에 정치·사회적 의미를 두는 이유는 양자의 만남이 개인적 차원에서 그치지 않기 때문이다. 모든 인터뷰는 독자와 시청자를 염두에 두고 진행한다. 또 인터뷰에서 다루는 내용은 대부분 공적 성격을 띤다. 셔드슨 교수는 이러한 특성을 지적하면서 인터뷰에 참여하는 당사자에는 기자와 취재원만이 아니라 독자나 시청자를 포함하는 제3자가 포함된다고 주장한다. 현장에는 없지만 자신들의 대화에 관심을 갖고 주의를 기울일 독자를 염두에 두고 기자와 취재원이 인터뷰에 임한다는 의미다.

3자 관계 속에서 인터뷰의 의미를 생각하면 가장 중요한 점은 인터뷰가 정치, 경제, 문화 등 여러 분야에서 권력을 갖고 영향력을 행사하는 인물을 공론장의 영역으로 불러서 개방시킨다는 점이다. 기자는 사회 분위기나 여론을 참고하여 정책의 수립 배경이나 대기업의 경영 방침에 대해 시민 대신 질문을 던지고 대답을 요구한다. 기자 개인의 호기심을 충족시키고자 함이 아니다.

인터뷰의 또 다른 의미는 이와 같은 과정을 통해 결국은 부당한 힘의 사용을 견제하거나 권력이 정당성을 확보하기 위한 노력을 하도록 유도한다는 점이다. 자유언론이 존재하는 사회에서 정책 입안자는 국민을 대신해 기자가 제기하는 질문을 염두에 두므로, 정책 결정 과정이 공개됐을 경우 여론의 지지를 얻는 방향으로 고려를 할 수밖에 없다.

1980년대 중반 필리핀의 마르코스 대통령은 미국의 ABC TV와 위성으로 대담을 했다. 초점은 대통령 선거였다. 장기 집권 체제를 구축하려는 마르코스에 반대해 민주 세력이 조기 선거를 요구하며 대규모 시위를 계속하던 때였다. 선거를 실시할 의향이 있는지를 기자가 묻자, 마르코스는 깊은 생각을 하지 않고 선거 실시를 약속했다. 생방송 인터뷰가 필리핀 민주화의 기폭제가 된 셈이다.

기자의 질문이 권력자에게 어떠한 영향력을 발휘하는지, 또 인터뷰의 사회적
의미가 무엇인지를 보여주는 사례다.

인터뷰의 방법

기자와 취재원이 만나는 과정을 중심으로 살펴보면 인터뷰는 대면·전화·서
면 인터뷰로 나뉜다. 기술 발전에 따라 이메일, 화상, SNS를 이용한 대화가 가
능해졌으므로 이를 인터뷰에 활용하기도 한다.

대면 인터뷰

기자와 취재원이 직접 만나서 하는 인터뷰다. 장소와 시간 등의 환경이 인터
뷰에 영향을 미친다. 이때 취재원의 분위기, 말하는 자세, 표정, 몸짓 자체가
특정한 의미를 전하는 도구이므로 세심한 관찰과 기록이 필요하다. 서로 얼굴
을 보고 진행하므로 다른 인터뷰에 비해 취재 내용이 풍부하고 생생하지만 기
자의 긴장이 요구된다.

전화 인터뷰

만나기 힘들면 전화로 취재하는 대안을 사용한다. 대면 인터뷰와 마찬가지
로 취재원의 목소리를 직접 확인하고, 장소와 시간에 제약을 받지 않는 점이
편리하다. 그러나 표정이나 느낌, 몸짓, 안색을 살필 수 없다.

요즘은 정보통신 기술의 발전 덕분에 화상 대화가 가능해졌다. 오지, 극지,
선박의 근무자나 우주인과의 통화가 좋은 예다. 또 SNS를 이용해서 무료로 음
성이나 영상 대화를 할 수 있다. 일부 제약이 남긴 하지만 대면 인터뷰와 비슷
한 정도의 현장성을 기대할 수 있다.

서면 인터뷰

직접 만나거나 전화 통화가 불가능한 상황에서 활용하는 방법이다. 국가원수, 유명 연예인이나 스포츠 선수, 수형 생활 중인 장기수처럼 물리적 면담이 불가능한 취재원에게 질문을 공문이나 편지에 담아서 보낸다. 대면 인터뷰의 현장감이나 전화 인터뷰의 현실감이 없고, 고위직의 경우에 대변인이나 홍보 담당자가 대신 작성할 가능성이 있다. 중요한 정책을 확인하거나 과거에 일어난, 또는 현재 진행되는 사안을 확인하는 용도로 쓰인다.

이메일의 등장은 시간과 공간의 제한을 뛰어넘는다는 점에서 인터뷰 방법에 새로운 가능성을 열었다. 이메일을 통한 인터뷰는 서면이나 전화 인터뷰에 비해서 더 빠르고 편리한 대화를 가능하게 한다는 이점이 있다. 간단한 답변을 듣는 데 효율적이지만, 메시지를 취재원이 직접 작성했는지를 확인해야 한다. SNS도 마찬가지지만, 온라인 건너편의 당사자가 해당 계정의 소유자와 일치하지 않을 가능성을 배제해선 안 된다.

성공적인 인터뷰의 조건

인터뷰 이전before the interview

◆ 기자의 품성

인터뷰를 잘 하려면 기자는 몇 가지 조건을 갖춰야 한다. 우선 호기심이다. 사람에 대한, 사회 현안에 대한, 또는 독자의 관심사에 대한 관심을 말한다. 기자 스스로 궁금하지 않으면 질문을 자연스럽게 하기 힘들다. 형식적인 질문은 상대를 피곤하게 만들 뿐이다.

그다음 중요한 점은 관찰력과 기억력, 또는 세부 사항을 기록하는 습성이다. 인터뷰는 인간에 대한 탐구다. 순간적인 표정과 심경의 흐름을 포착해서 기사에 녹여야 하므로 관찰력이 필요하다. 심신의 미세한 변화를 잡아내는 기자는 취재원을 긴장하게 만들면서도 취재원의 사랑과 존경을 받는다. 상대에게 최선을 다한다는 신뢰감을 주기도 한다.

앞서 이야기한 품성 못지않은 조건이 용기다. 다른 말로 바꾸면 취재원을 두려워하지 않는 자세가 없으면 질문을 하지 못하는 일이 생긴다. 특히 용기가 부족하면 권력자나 재벌 총수 앞에서 자칫 상대방이 원하는 질문만을 내놓게 된다. 인터뷰하는 기자에게 이 같은 상황은 최악이다. 인터뷰를 하다 보면 기자는 취재원이 원하지 않는 질문의 영역이 무엇인가를 알 수 있다. 자신의 판단이 옳고 독자가 요구한다면 기자는 두려움 없이 질문을 해야 한다.

◆ 사전 준비

인터뷰의 성공은 준비를 얼마나 잘하는가에 좌우된다. 준비 없이 임하면 취재원이 일방적으로 대화를 주도하는 상황이 생긴다. 취재원의 작품을 읽지 않고 노벨상 수상자를 인터뷰한다고 생각해보라. 기자가 무엇을 물을 수 있겠는가? 교육계 현안을 파악하지 못하고 교육감 선거 후보자를 인터뷰한다고 가정해보라. 기자가 어떠한 기사를 쓸 수 있겠는가?

인터뷰에는 기자와 취재원의 불가피한 대결적 요소가 존재한다. 아무리 친밀하고 우호적인 관계라도 대화 당사자 이외의 독자가 기사에 궁극적인 의미를 부여하므로 기자나 취재원 모두 인터뷰에 부담을 느끼는데, 상대방의 기에 눌리는 분위기가 전달될까 봐 부담을 느낀다. 그래서 철저한 사전 준비가 필수적이다. 인터뷰는 뭔가를 알아내려고 하는 행위인데, 준비가 부족하면 아는 만큼밖에 알아내지 못한다.

미국 CBS TV의 저명한 언론인 마이크 월러스Mike Wallas는 인터뷰가 결정되면 상대방을 조사해서 적어도 60개의 질문을 준비한다고 한다. 충분한 준비는 좋은 질문, 날카로운 질문, 상대를 이해하는 질문, 취재원이 미처 생각하지 못한 사안에 대한 질문을 가능하게 한다. 유능한 변호사는 법정에서 자신이 답을 아는 질문이 아니면 묻지 않는다는 말이 있다. 그만큼 철저하게 조사해야 좋은 변호사인데, 이 말은 기자에게도 그대로 적용돼야 한다.

그러면 무엇을 준비해야 하는가? 자료 검색이다. 연감 형태의 인명록이나 온라인의 인물 정보는 기본이며, 해당 인물을 언급한 보도나 책, 당사자의 자서전은 필수다. 또 취재원을 긍정적 또는 비판적으로 평가한 글을 모두 읽어야 균형적인 시각을 갖출 수 있다.

◆ 분위기 조성

취재원을 샅샅이 조사해서 수많은 질문을 준비해도 대화가 원활하지 않으면 인터뷰는 실패한다. 그만큼 인터뷰의 분위기가 중요하다. 장소 선정을 생각해 보자. 가능하면 취재원의 직장이나 집을 권한다. 취재원이 편안함을 느끼고, 그의 환경을 짐작케 하는 공간이다. 일부 취재원은 공개하기 싫어할지 모르니 의사를 존중해서 결정하면 된다.

약속 장소에서 만나면 처음 몇 분간의 대화가 인터뷰의 전체 흐름을 좌우할지 모른다. 초기에 형성된 분위기가 서로에 대한 자세를 결정한다는 뜻이다. 예의를 갖추는 등 기자가 인간적으로 성숙하다는 인상을 줘야 한다.

인터뷰를 본격적으로 시작하기에 앞서 가볍거나 취재원이 좋아할 만한 질문을 던지는 요령이 필요하다. 날씨, 취미, 자녀 이야기는 긴장감을 푸는 데 도움이 된다. 그러고 나서 취재 목적이나 기사 방향을 간략하게 설명해주면 취재원은 호의적으로 나오게 된다.

취재원이 긴장하지 않도록 기자가 약간 더듬거리거나 모른다는 인상을 의도적으로 연출하라는 조언도 새겨들을 만하다. 그럴 경우 대부분의 취재원은 기자의 말이나 논리를 보완해주려고 나서며, 이러한 내용이 때로는 중요한 정보를 공개 또는 암시한다고 한다. 스스로에 대해 말하기를 좋아하는 심리, 가르쳐주기를 좋아하는 본능을 자극하는 셈이다.

인터뷰 도중during the interview

◆ 질문하기

질문은 기자의 권리다. 아니, 보통 권리가 아니라 특권이다. 어느 국민이 대통령, 국회의원, 재벌 총수와 임원을 만날 수 있겠는가. 어느 팬이 유명 배우,

인기 가수, 국가대표와 이야기를 나눌 수 있겠는가. 권력자, 유명인, 톱스타를 대등하게 만나 이야기를 나눈다는 점에서 기자는 매력적인 직업이다.

질문은 기자의 의무다. 취재원과의 만남은 자기 호기심을 풀거나 취미 활동을 위해서가 아니다. 국민을 대신해서 만나는 행위이므로 국민에게 알려야 한다고 생각하는, 국민이 알기를 원한다고 판단되는 사항을 중심으로 취재원에게 질문해야 한다. 그리고 궁금증을 해소하기에 취재원의 답변이 충분하지 않았다면 다시 물어야 한다.

상대방의 답변을 이끌어내는 방법으로는 폐쇄형 질문closed-ended question과 개방형 질문open-ended question이 있다. 폐쇄형 질문은 짧은 답변을 듣거나 부분적 사실을 얻는 데, 개방형 질문은 긴 설명을 듣거나 전체적 상황을 끌어내는 데 편리하다. 폐쇄형 질문은 시간이 촉박할 때, 개방형 질문은 시간이 충분할 때 편리하다. 두 가지 모두 기자가 필요한 정보를 구하는 방식이니 취재원의 특성과 취재 상황을 고려하여 적절하게 활용하면 된다.

[**질문의 방법**]

폐쇄형 질문	개방형 질문
합격하고 기뻤나요?	합격 심경이 어떤가요?
대학을 언제 졸업했죠?	대학 졸업 후의 상황은요?
대책 보고를 받았습니까?	대책 보고가 충실합니까?
현장에 몇 번 갔습니까?	현장에 어떤 이유로 갔습니까?
발표 내용에 찬성하십니까?	발표 내용을 어떻게 보십니까?

◆ 경청하기

기자는 인터뷰를 하러 가면서 여러 가지를 고민한다. 준비한 질문을 어떤 순서로 할까? 취재원의 답변이 길어지면 중요한 질문을 하지 못하지 않을까? 질문과 질문을 어떻게 연결해야 할까? 수많은 생각이 머릿속을 오간다. 이 같은 자세로는 좋은 인터뷰가 힘들다.

일단 인터뷰를 시작하면 취재원의 말에 귀를 기울여야 한다. 녹음기만 믿고 준비한 질문지에 의존해서 기계적으로 물으면 예상치 않게 나오는, 더욱 중요한 내용을 놓칠 수 있다. 그런 기자를 보면 취재원은 답변을 형식적으로 한다.

취재원의 말에 관심을 나타내는 방법은 여러 가지다. 고개를 끄덕이는 정도로 공감을 표시하거나 경우에 따라서는 "아, 그렇네요", "저도 같은 생각입니다"라는 식으로 호흡을 맞추면 된다.

기억해야 할 점은 인터뷰가 능동적인 취재 활동이어야 한다는 사실이다. 취재원에 대한 관심을 표시하는 효과적인 방법 중 하나가 후속 질문follow-up question이다. 취재원의 말을 듣고 근거 또는 인명, 지명, 숫자 등 세부 사항을 확인하는 식이다. 추가 정보를 알려줄 만한 다른 취재원에 대한 질문도 여기에 포함된다.

취재원의 말에 집중하지 않으면 후속 질문은 가능하지 않다. 기자가 제대로 듣는지, 아니면 건성으로 듣는지를 취재원은 인터뷰 시작 직후에 파악한다. 중요한 취재원일수록 언론을 오래 상대했으니 자신이 만나는 기자의 수준을 한눈에 알아본다. 특히 요즘 기자는 대부분 스마트폰이나 노트북을 들고 다니는데, 중요한 대목에서 이러한 통신 수단이 대화를 방해하여 이후의 분위기를 흐트러뜨리지 않도록 각별히 주의해야 한다.

◆ 기록하기

인터뷰 내용은 기록하지 않으면 기자와 취재원의 추억으로 남을 뿐이다. 기사를 쓰려면 우선 정확하게 기억해야 하는데, 기억력에 의존하는 방식이 가장 이상적이다. 기자가 녹음기나 취재 수첩을 꺼내면 취재원이 말을 멈추거나 어조를 바꾼다. 하지만 문제는 5분 정도만 대화해도 그 내용을 100% 그대로 옮기기가 쉽지 않은데 30분에서 1~3시간의 대화를 기억만으로 처리하기는 불가능하다는 데 있다.

따라서 녹음기와 메모를 다 사용하면 편리하다. 녹음기에만 전적으로 의존해서는 안 되는 이유는, 녹음기가 고장 나는 상황에 대비해야 하고, 장시간의 대화를 메모 없이 옮겨 정리하는 데는 많은 시간이 걸리기 때문이다. 녹음이나 촬영을 하려면 사전에 설명하고 정중하게 동의를 구해야 한다. 이때는 정확성의 면에서 녹음기나 카메라가 취재원에게 도움이 된다고 설득하면 된다. 취재원의 동의 없는 녹음 또는 촬영은 비윤리적 취재 행위라는 비판을 받기 쉽다.

메모는 속기사처럼 다 옮기지 말고 중요한 쟁점, 개념, 표현을 중심으로 하면 편리하다. 단, 기사에 인용할 가치가 있겠다 싶은 부분은 전체를 온전하게 기록해야 잘못된 인용이나 왜곡을 막는다. 빠뜨려선 안 되는 내용에는 일화, 심경, 숫자, 취재원의 옷차림, 표정, 말투, 동작, 공간의 특징이 있다. 이러한 디테일은 인물 기사나 기획 기사의 흐름을 자연스럽게 이어주는 윤활유이자 기사의 감칠맛을 돋우는 양념 역할을 한다.

인터뷰 이후after the interview

◆ 정확성 확인

기사는 사실의 기록이어야 한다. 정확하게 쓰는 일이 중요하다는 뜻이다. 따라서 인터뷰를 마무리할 즈음에는 중요한 내용을 다시 확인하는 과정을 거쳐야 한다. 예를 들어, 몇몇 사례나 상황을 되짚어주며 취재원이 정확하게 말했는지, 기자가 정확하게 이해했는지를 검토하는 식이다.

또, 오프 더 레코드나 엠바고에 해당하는 부분을 명확히 정리해야 한다. 앞에서 설명했듯이 오프 더 레코드는 보도 내용의 자제, 엠바고는 일시적 보도 유예를 말한다. 취재원은 입을 열기 전에 요청하고, 기자는 동의한다면 지켜야 하는 관행이다. 여기서 중요한 점은 취재원이 먼저 언급한 오프 더 레코드나 엠바고를 기자가 결정하면 된다는 점이다. 기자가 먼저 나서서 보도 범위나 시점을 제한할 필요는 없다.

대화가 마무리됐다고 판단되면 기자는 취재 수첩을 덮고 녹음기나 카메라를 끈다. 그러나 여기서 인터뷰가 완전히 끝났다고 생각하면 곤란하다. 기자가 수첩을 덮으면 취재원은 인터뷰가 끝났다고 생각해서 긴장을 풀고 이런저런 이야기를 건넨다. 항상 그렇지는 않지만, 이때 흥미로운 내용이 나올지 모른다. 따라서 기자는 취재원에게 이렇게 여유로운 시간을 줘야 한다. 인터뷰가 끝났다고 서둘러 자리를 뜨지 말라는 조언이다.

◆ 직업윤리 준수

바쁘다는 이유로, 관행이라는 이유로 본의 아니게 취재원을 속이거나 불쾌하게 만드는 일을 기자는 최대한 피해야 한다. 기사의 수준은 취재원에게 달려있다. 그만큼 취재원이 중요하지만 일부 기자는 자신이 원할 때만, 때로는 일회성으로만 취재원을 대한다. 이는 기자 개인만이 아니라 언론 전체의 신뢰와 연결되는 문제다. 이런 점에서 기자의 정직성이 중요하다. 취재원을 정직하고 성실하게 대해야 한다. 어떠한 경우라도 함정에 빠뜨리거나 의도적으로 속여서는 안 된다. 상대방이 싫어할 주제라고 생각해서 취재 목적과 방향을 솔직하게 설명하지 않으면, 기사가 정확해도 도덕적 비난을 피할 수 없고 기자와 취재원의 관계가 단절된다.

또 문맥이나 상황을 무시하고 취재원의 말을 부분적으로 전달하면 축소·과장·왜곡된다는 점을 명심해야 한다. 취재원의 의도를 기사에 맞춰 편리하게 인용하려는 유혹에 넘어가면 곤란하다. 취재원이 언제나 정확하게 표현하지는 않으므로 맞춤법 또는 어법을 어겼거나, 지나치게 거친 부분은 수정해야 하는 경우도 있다. 그렇다고 기자가 문맥을 무시하고 입맛에 맞춰 취재원의 발언을 바꾸거나 인용을 만드는 일은 용납되지 않는다.

◆ 신뢰 관계 유지

기자와 취재원은 공적 목적에서 서로를 상대한다. 취재원은 정보를 제공하기 위해, 기자는 정보를 기사화하기 위해 서로를 필요로 한다. 양측의 관계가 개인적인 친교 행위가 아니라는 뜻이다.

기자는 좋은 정보를 가진 취재원을 많이 확보해야 좋은 뉴스를 많이 제작할수 있다. 어느 분야에서든 만난 기간이 길수록 신뢰가 쌓이듯이, 기자는 취재원을 오랜 기간 접촉해야 탄탄한 취재망이 형성된다. 수단이 정당해야 결과가당당해지고, 기자가 취재원을 존중해야 취재원이 기자를 존중한다.

이런 점에서 기자는 인터뷰 이전이나 인터뷰 도중은 물론이고, 인터뷰 이후의 관계에도 신경을 써야 한다. 기자가 필요하다는 이유로 취재원에게 대화를 급하게 요청했다가 취재 보도가 끝난 다음에 외면하면 곤란하다. 도움을 받아서 만든 기사의 PDF, 영상, URL을 보내주며 감사의 말을 전하면 대부분의 취재원은 기자에게서 진정성을 느끼지 않을까.

뉴스 인터뷰 작성

뉴스 인터뷰는 간단히 설명하면 취재원의 입을 통해서 새로운 기삿거리를 뽑아내는 작업이다. 정상회담, 장관의 취임, 재벌 총수의 사업 계획 발표가 대표적이다. 대형 재난이나 연쇄살인처럼 특별한 일이 발생했을 때 관련 전문가를 만나서 이야기를 듣는 행위도 이러한 인터뷰에 속한다.

개각이나 청와대 비서관 교체 등 중요한 인사를 발표하면서 정부는 보도자료를 배포한다. 이때 언론은, 가령 비서관을 교체한다고 할 때 해당 인물의 이력사항을 3~4개의 문장에 담아서 소개한다. 신임 공직자가 중요하다고 판단되면 취임사와 인적사항을 함께 소개한다. 이런 기사는 1면에서부터 정치, 경제, 문화 또는 인물 면에 자주 등장한다.

"당장 오늘밤이라도 싸울 수 있게 대비"
브룩스 한미연합사령관 취임

빈센트 브룩스(58) 신임 한미연합사령관은 30일 이·취임식에서 "우리보다 앞서 가신 분들의 공헌과 희생에 부합하는 정신으로 미래를 분명하게 직시하고 평화와 번영에 대한 도전에 맞서야 한다"고 말했다.

첫 흑인 한미연합사령관인 브룩스는 취임사에서 "오늘날 여러 도전이 지속적으로 늘어나고 있지만 유엔의 결의와 동맹의 힘 또한 높아지고 있다"며 "당장 오늘밤 싸울 수 있는(Fight Tonight) 대비 태세를 언제나 유지할 것"이라고 했다. 그는 1980년 미 육사를 수석 졸업한 직후 한국에서 복무했었다. 브룩스 사령관은 "다시 애국가를 듣고 한·미 장병들과 어깨를 나란히 하고 서게 돼 기쁘다"면서 한국어로 "대한민국 국민 사랑합니다", "같이 갑시다"라고 말하기도 했다.

조선일보
2016년 5월 2일
전현석 기자

> 브룩스 사령관은 공수부대와 보병부대 지휘관을 지낸 야전·작전통이다. 2003년 이라크전(戰) 당시 미 육군 작전 담당 부국장으로 언론 브리핑에 자주 나오면서 얼굴을 알렸다. 2013년부터 태평양 육군사령관(대장)을 지내며 미국 오바마 행정부의 '아시아 중시' 전략을 군사적으로 뒷받침했다는 평가를 받는다. 아버지는 예비역 육군 소장, 형은 예비역 육군 준장이다.

브룩스 대장은 한미연합사령관과 주한미군사령관을 겸한다. 주한미국대사와 함께 한·미 관계에서 중요한 인물이므로 그의 취임은 언론이 주목하기에 충분하다.

직책 이외에도 뉴스 가치가 있는 내용이 나온다. 흑인으로는 처음으로 한미연합사령관이 됐고, 한국에서 복무했고, 한국어를 구사하는 등 부임한 국가와의 인연이 깊다. 또 미국 육사를 수석으로 졸업했고, 아버지와 형이 예비역 장성인 군인 가족 출신이다.

취재원이 제공한 정보의 비중을 고려하여 언론은 뉴스를 제작한다. 이러한 뉴스 가치의 판단 결과는 지면 위치와 분량으로 구체화된다. 물론 취재원이 유명인이면, 특히 평소에 접촉하기 힘든 인물이라면 내용이 중요하지 않아도 비중 있게 처리한다. 구성 방식을 기준으로 하면 뉴스 인터뷰에는 문답형, 설명형, 그리고 두 가지를 모두 넣은 혼합형이 있다.

문답형

중요한 취재원이 입을 열면 언론은 자세히 보도할 가능성이 높다. 인터뷰가 많은 내용을 다뤘으면 독자가 이해하기 쉽도록 질문과 답변을 나눠서 정리한다. 정부 부처나 기업, 대학의 홈페이지에 나오는 '자주 묻는 질문들' 게시판과 성격이 비슷하다.

WHO 이종욱 사무총장
"北 의료 수준 심각 藥생산시설 지원"

"북한은 192개 세계보건기구(WHO) 회원국 중 하나입니다. 북한의 의료 수준이 열악해 인도적 차원에서 많은 도움을 주려고 생각하고 있습니다."

지난달 28일 한국인으로는 처음으로 유엔의 최대 전문기구인 WHO 사무총장에 당선된 이종욱(李鍾郁·58·사진) 씨가 당선 인사차 모국을 찾아 4일 정부과천청사에서 기자회견을 가졌다.

그는 기회가 닿으면 북한도 방문해 의료 지원 문제를 논의하겠다고 밝혔다.

－ 당선 소감은….

"한국인으로는 처음 당선돼 개인적으로 영예이지만 큰 책임감을 느낀다. 한국 정부가 좋은 사람을 밀어서 당선시켰다는 말이 나오도록 열심히 하겠다. 비대해진 WHO 제네바 본부의 인력과 예산을 줄여 지역에 보내고 에이즈 등 질병문제에 적극 대처할 계획이다."

－ 대북 지원 계획은 어떤가.

"현재 WHO와 북한이 의료협력 프로그램을 갖고 기초의약품 생산시설, 혈액 관리, 수액 제조 시설 건설에 역점을 두고 있다. 기초의약품 생산시설을 만들기 위해 1000만 달러 모금목표를 세웠지만 모금액이 부족한 상태다."

－ 한국의 의료정책을 어떻게 보나.

"전염병 퇴치 부문은 상당한 수준에 올랐다. 의약분업은 수용과정에서 국민의 동의를 얻기 어려웠지만 다시 돌아갈 수 없는 만큼 보다 발전시켜야 한다. 선진국으로 가는 길에 짚어야 할 것을 정리한 셈인데 전체적으로 사회보장과 복지 등이 '향상의 길'로 간다는 느낌이다."

－ 국제기구 진출을 꿈꾸는 젊은이들이 많다.

"어학도 중요하지만 전문 분야에 대한 지식을 갖춰야 한다. WHO 분담금 기준으로 한국인이 16명 근무할 수 있지만 현재 6명뿐이다."

－ 국내 금연 정책에 대한 의견은….

"담배는 백해무익하다. 한국처럼 몇몇 국가가 담배전매사업을 하는데 단기적으로는 국가 수입이 늘어나지만 흡연으로 인한 건강 문제와 그 비용을 생각하면 손해이므로 국가가 활발한 금연 운동을 벌여야 한다."

이씨는 7일 김대중(金大中) 대통령과 노무현(盧武鉉) 대통령 당선자를 만나고 보건복지부가 마련하는 당선 축하 모임에 참석한 뒤 9일 스위스 제네바로 돌아간다.

동아일보
2003년 2월 5일
송상근 기자

이종욱 WHO 사무총장 인터뷰는 한겨레신문에도 실렸다. 인용문으로 시작하고 문답식으로 정리한 방식은 같지만, 제목과 본문의 질문 순서는 다르다. 같은 날에 인터뷰를 하고 같은 날짜에 보도했지만 두 신문의 뉴스 가치 판단에 차이가 있음을 보여준다.

"한국의 젊은이들 WHO에 지원하세요."

"사회적 갈등을 빚은 의약분업은 보완책을 마련해 정착시켜야 한다."

세계보건기구(WHO) 차기 사무총장에 당선된 이종욱(58) 박사는 4일 보건복지부에서 기자회견을 열고 의약분업에 대해 어려운 결정을 한 것이라며 이렇게 말했다.

국제기구의 수장이 된 최초의 한국인인 그는 북한을 도울 수 있는 여러 방안을 마련하겠다고 말하고 "세계보건기구에 한국의 젊은이들이 지원하면 관심을 기울여 근무할 수 있는 기회를 만들어 주겠다"고 밝혔다.

〈이하 답변은 모두 생략〉

-세계보건기구를 어떻게 운영해 나갈 계획인가?

-사무총장으로서 우리나라를 위한 특별한 계획은 있나?

-세계보건기구에 근무하고자 하는 젊은이들은 무엇이 가장 필요하나?

-세계보건기구에 근무하면서 보람 있었던 일은?

-각국에서 벌어지고 있는 금연 운동은 어떻게 생각하나?

한겨레신문
2003년 2월 5일
허종식 기자

설명형

기자가 인터뷰 내용과 분위기를 말하듯이 정리하는 방식이다. 취재원의 말은 인용의 형태로 문장의 일부로 들어가거나 완전히 독립된 문장으로 처리된다. 질문과 답변을 분리하지 않으므로 문장과 문장, 단락과 단락의 연결에 신경을 써야 한다.

"박주영, 아픈 티를 가장 안 내는 선수"

축구 국가대표팀 주치의인 송준섭 박사(45)와 인터뷰 약속을 잡고 그가 대표 원장으로 있는 서울제이에스병원으로 찾아간 7일. 환자들이 밀려 있었다. 인터뷰는 약속 시간에서 20분가량 지나 시작됐다. '환자가 이렇게 많은데 한 달 넘게 병원을 비워도 괜찮느냐'고 묻자 그는 씩 웃기만 했다. 〈중략〉 그는 "병원을 비우는 건 원정 대회 때마다 있던 일이라 괜찮은데 곧 태어날 늦둥이 때문에 이번에는 신경이 좀 쓰인다"고 말했다. 아내는 20일 셋째 아이 출산을 앞두고 있다. 〈중략〉

그가 처음 대표팀 주치의를 맡았을 때와 지금은 달라진 것이 많다고 한다. 송 박사는 의료 장비가 제대로 갖춰진 것을 가장 큰 변화로 꼽았다. "지금은 세계 어느 나라의 축구협회와 비교해도 뒤지지 않을 정도의 첨단 의료기기를 보유하고 있다. 처음 주치의를 맡았을 때는 시골의 병원만도 못한 수준이었다." 대한축구협회는 2009년 4억 원의 예산을 들여 레이저 치료기와 체외 충격파 치료기 등 고가의 의료 장비를 구입했다. 이 장비들은 이번 브라질 월드컵 때도 비행기에 실어 현지로 가져간다.

선수들의 인식이 변한 것도 또 다른 변화다. 그는 "2006, 2007년만 해도 선수들은 웬만하면 유럽이나 미국에서 치료나 수술을 받으려고 했다. 하지만 지금은 국내에서 치료를 받는 걸 더 선호한다. 유럽에 진출한 선수들이 그쪽의 의료 수준을 경험해 보니 한국과 별 차이가 없다는 걸 알았을 것이다. 의료진과의 의사소통이나 치료 환경을 생각하면 국내가 더 나을 수 있다." 송 박사는 "30일 미국 마이애미로 출국하는 23명의 월드컵 대표팀이 브라질 월드컵 일정을 마친 뒤 모두 같은 비행기로 귀국하는 게 가장 큰 바람"이라고 했다.

동아일보
2014년 5월 12일
이종석 기자

다음은 베스트셀러의 저자를 만나서 작성한 기사다. 『나의 문화유산 답사기: 서울편』(2017)의 출간을 계기로 단행본 시리즈의 내용과 인기, 책에 얽힌 일화를 소개했다. 여기까지는 비슷한 시점에 나온 다른 언론의 인터뷰 기사와 차이가 없지만 책이 사회에 미친 영향과 저자의 인생을 교직하여 사회문화 현상으로 다룬 점이 인상적이다.

아는 만큼 써내려간 '글장정 25년' …
"지금은 느긋이 세상 내려다본다"

『나의 문화유산답사기』 새 시리즈가 나왔다. 이번에는 서울이다. 9권 '만천명월 주인옹은 말한다'는 종묘·창덕궁·창경궁 등 서울의 궁궐을, 10권 '유주학선 무주학불'은 한양도성·성균관·동관왕묘 등 조선의 문화유산을 다룬다. 이로써 『나의 문화유산답사기』는 일본 편 4편을 포함해 모두 14편이 됐다. 〈중략〉

◆ 나의 발견=나의 문화유산답사기. 이 아홉 글자 제목에서 중요한 글자는 '나의'라는 두 글자다. 그러니까 80년대 거대 담론의 시대가 지나고 90년대 개인의 시대가 열렸을 때였다. 군사정권이 물러나고 문민정부가 들어선 시절, 마침 경기도 호황이었다. 집마다 자가용을 끄는 마이카 시대가 이맘때 시작됐다. 정치와 경제보다 문화와 여가가 더 자주 입에 오르던 어느 봄날 나를 앞세운 여행 책이 나왔다. '우리'가 아니라 '나의' 답사기여서 책은 90년대라는 시대 상황과 그대로 포개졌다. 〈중략〉

◆ 사반세기의 여정=『나의 문화유산답사기』 14권은 모두 380만 부가 팔렸다. 인문교양서 시장에서 단연 돋보이는 기록이다. 물론 1권이 제일 많이 팔렸다. 140만 부 이상 나갔다. 6권까지 출간됐던 2012년 인문서 최초로 시리즈 300만 부 판매를 돌파했다. 〈중략〉

『나의 문화유산답사기』는 전국 방방곡곡의 풍경을 바꿔 놨다. 책이 예찬한 문화유산 대부분이 관광명소로 거듭났다. 강진 해태식당, 해남 유선여관, 예산 수덕여관, 정선 옥산장 같은 장소가 명소로 떠올랐고 담양 소쇄원, 안동 도산서원, 경주 석굴암 같은 문화재는 새로이 조명됐다. 〈중략〉

◆ 유홍준 답사기=유홍준은 서울 편 머리말에서 사명감을 말했다. "답사기를 기다리는 고참 독자가 있어 정년을 아랑곳하지 않고 손에서 놓지 못한다"고 털어놨다. 25년을 충성한 독자가 있다는 것은 대단한 자랑거리다. 다만 25년 전의 저자와 독자가 오늘의 출판시장에서도 유력한지는 따져볼 문제다. 〈중략〉

사실 서울 부암동의 석파정을 말하면서 흥선대원군(1820~1898)의 글귀를 능숙하게 인용하는 저자는 많지 않다. 10권 제목 '유주학선 무주학불(有酒學仙 無酒學佛), 술이 있으면 신선을 배우고 술이 없으면 부처를 배운다'가 대원군의 문장이다. 유홍준의 답사기에서 돋보이는 것은 친절한 정보가 아니라 문화유산과 스스럼없이 어울리는 흥이다. 〈하략〉

중앙일보
2017년 8월 19일
손민호 기자

이방카 트럼프는 도널드 트럼프 미국 대통령의 장녀이자 백악관 보좌관이어서 공적으로나 사적으로 뉴스의 저명성prominence을 갖춘 인물이다. 평창 겨울 올림픽의 폐회식 참석을 앞두고 국내외의 많은 언론이 인터뷰를 원했는데 그는 한국의 동아일보를 택했다.

이방카 "北 억압정권, 주민고통 마음 아파"

도널드 트럼프 미국 대통령의 장녀이자 최측근 참모로 평창 겨울 올림픽 폐회식 참석차 한국을 찾은 이방카 트럼프 백악관 보좌관은 23일 동아일보-채널A와의 서면 인터뷰에서 "북한 사람들이 겪는 고통에 마음이 아프다"며 "북한은 가장 억압적이진 않더라도 의심의 여지없이 세계적으로 억압적인 정권 중 하나다"라고 말했다.

이방카 보좌관의 한국 언론 인터뷰는 이번이 처음이다. 그는 지난해 11월 일본을 2박 3일 일정으로 방문했을 때도 일본 언론과 별도의 인터뷰를 하지 않았다.

이방카 보좌관은 방한 기간 동안 '북한의 이방카'로 불린 김여정 북한 노동당 중앙위원회 제1부부장과 비교되는 것에 대해 "오히려 한국에 있는 나의 자매들(my sisters in South Korea)과 공통 관심사에 대해 더 기쁘게 이야기하고 싶다"고 말해 우회적으로 불쾌감을 나타냈다. 한국에 있는 여성들을 '친구'나 '여성'이 아닌 '나의 자매들'이라 칭한 것은 한국과의 친근감을 극대화하려는 의도로 해석된다. 〈하략〉

동아일보
2018년 2월 24일
김정안·한기재 기자

채널A 기자가 서면 인터뷰를 성사시켜 같은 뉴스가 신문과 방송에 모두 나왔으며, '동아닷컴'에 인터뷰 영어 원문을 게재했다. 이방카 보좌관은 2018년 2월 26일 미국 NBC 방송 인터뷰에서도 "(김여정보다) 한국에 있는 나의 자매들과 공통 관심사에 대해 더 기쁘게 이야기하고 싶다"고 말했다. 동아일보·채널A가 먼저 보도한 내용이다.

동아일보 1면의 탑기사는 설명형이다. 3면 전체를 차지한 상보는 8개의 질문과 8개의 답변을 중심으로 구성하고, 앞뒤와 중간에 설명형 문장을 넣었다. 국내 신문은 이렇게 분량이 많은 뉴스 인터뷰를 혼합형으로 정리할 때가 많다. 설명형으로만 만들면 구성하기가 힘들고, 문답형으로만 만들면 내용이 딱딱한 점을 고려하여 두 유형을 배합한 셈이다.

인물 탐구형 작성

인물 탐구형이란 인터뷰 대상자의 인물 됨됨이에 초점을 맞추는 형식이다. 언론은 뉴스 가치가 높은 인물이면 그가 전하는 내용 사실에 그치지 않고 인물 자체를 자세하게 소개하려고 한다. 정치인이나 재벌 총수, 경기에서 좋은 성적을 거둔 운동선수가 대표적이다. 재난 현장에서의 의인이나 어려움을 극복한 장애인 등 평범한 사람도 언론이 주목한다.

마이애미 대학의 브루스 개리슨Bruce Garrison 교수(1992)에 따르면 인물 기사에는 네 가지 요소가 필요하다. 첫 번째는 해당 인물의 인적사항이다. 두 번째는 현재의 생활 또는 작업 환경에 대한 구체적인 묘사다. 세 번째 요소는 해당 인물과 얽힌 일화, 즉 에피소드다. 네 번째는 개인 및 가족 사항이다.

앵커리지 대학의 캐롤 리치Carole Rich 교수는 GOAL 방법을 제시한다. 목표goals, 장애물obstacles, 성취achievements, 지원logistics을 말한다. 특히 장애물 요소를 활용하면 기사의 초점을 드러내면서 독자의 관심도를 높일 수 있다.

대부분의 인물 기사는 이 정도의 자료만 있으면 쓸 수 있다. 그러면 이 같은 정보를 어떻게 배열하는 게 좋은가? 인물 자체가 눈길을 끌지 못하고, 전개가 평범하며, 표현이 정밀하지 않으면 독자가 흥미를 잃기 쉽다. 바꿔 말하면 인터뷰 대상을 잘 고르고, 그들이 재미나 긴장을 느끼게 만드는 기법이 필요하다.

취재원의 전략적 선택

평창 겨울 올림픽에는 수많은 외국 인사와 선수가 참가했다. 조선일보는 피겨 요정인 예브게니야 메드베데바를 인터뷰해서 1면과 23면에 보도했다.

엑소 앨범 받은 얼음판의 요정
"우라〈만세〉 金 딴 기분"

"여긴 김연아의 나라잖아요. 김연아는 세계 피겨 팬들을 행복하게 만들어 줬지요. 나도 평창에서 그런 멋진 이미지를 남기고 싶어요."

이어폰을 꽂고 입국장을 빠져나오는 예브게니야 메드베데바(19·러시아)의 모습은 평범한 여느 여학생 같았다. 김연아를 롤 모델로 생각하고, 김치와 K팝을 좋아하는 그는 이번에도 아이돌 엑소의 최근 노래를 들으며 인천공항 입국장에 들어섰다. 일본 니가타에서 전지훈련을 마친 메드베데바를 공항에서 단독으로 만나 인터뷰했다. 김연아 이후 세계 최고의 선수로 꼽히는 그는 한국에 오자마자 핫도그와 핫 초코를 사 먹으며 "신나요"를 외치고 있었다. 그는 "부상에서 100% 회복했다"며 "한국이야말로 내 꿈을 현실로 만들기 딱 맞는 곳"이라고 했다.

엑소의 팬인 그에게 엑소 멤버들의 응원 메시지와 자필 사인이 담긴 CD를 전달해주자 세상에서 가장 행복한 얼굴이 됐다. 그는 "우라(만세)! 이게 꿈인가요. 금메달을 목에 건 기분이에요"라고 했다. 그는 도핑 사건으로 OAR(러시아 출신 올림픽 선수) 자격으로 출전한 것과 관련 "(조국) 러시아가 어려운 상황이지만 우리에겐 목표가 있다. 그건 러시아를 빛나게 하는 것"이라고 했다. 〈하략〉

조선일보
2018년 2월 12일
정병선 기자

체조의 세계신 보유자, 한류스타 엑소의 팬, 공항 입국장 단독 인터뷰라는 요소가 기사의 포인트다. 1면 기사의 첫 문장은 김연아 선수를 언급해 한국 독자가 친밀감을 느끼게 하며, 카메라는 엑소의 자필 사인 앨범을 받고 좋아하는 표정을 잡아서 미소를 짓게 한다.

메드베데바 기사는 시점(평창 겨울 올림픽)과 인물(세계신 보유자)의 결합이 호기심을 유도한다. 다음 기사를 읽어보자.

> ## "보수 언론들은 대국민 사기극 집단 공범 …
> 대선 때 사실 은폐한 기자들, 하류다"
>
> 구국의 논객, 안보상업주의자, 최고의 특종 기자, 보수꼴통…. 조갑제(64)란 이름 앞에는 엇갈리는 다양한 수식어가 붙는다. 그와 이념을 공유하는 사람들은 갈채를 보내지만 반대자들은 '코미디언 수준의 그릇된 신념의 소유자'라거나 '우익편향으로 보수주의를 왜곡하는 망령든 노인'으로 폄훼한다. 그러나 이런 세평에도 그의 영향력은 줄지 않는다. 구글 검색에 그의 이름을 치면 40여 만 건(4월 7일 기준)이 웹페이지에 올라있다. 2007년 12월 20일엔 62만 1000건에 달했다.
>
> 그가 운영하는 조갑제닷컴 홈페이지에 실린 그의 글은 빈번하게 언론에서 인용한다. 1970~80년대 일선 기자 때 그는 정부와 공권력을 향해 서슴없이 비판의 펜을 들이댔다. 특유의 성실성과 문제의식을 바탕으로 심층 기사를 쓰는 기자로 유명했다. 석유 탐사, 사형 제도, 정치인 비화 등 관심 분야도 다양하고 대중적이었다. 그러나 이제 그는 김정일과 북한 인권을 유일한 가치 기준으로 삼는 것처럼 보인다. 논쟁적인 삶을 살아가는 조갑제 대표를 그의 광화문 사무실에서 만났다. 인터뷰 도중 아이처럼 천진한 미소도 짓고, 재미있는 표현을 들으면 메모도 열심히 했다. 천상 기자의 면모였다. 하지만 박정희와 김정일에 대한 이야기를 할 때 그의 표정과 말투는 천사와 악마를 만날 때처럼 표변했다. 〈하략〉

경향신문
2018년 4월 11일
유인경 기자

기자는 취재원의 특성을 첫 문장에 표현했다. "구국의 논객, 안보상업주의자, 최고의 특종 기자, 보수꼴통…. 조갑제(64)란 이름 앞에는 엇갈리는 다양한 수식어가 붙는다." 조갑제 기자의 소신과 경향신문의 성향은 정반대로 보는 편이 타당하다. 취재원에 대한 시각은 질문에 드러난다.

- 나이가 들면 성격이나 글이 유순해지는데 조갑제 대표는 점점 표현이 자극적이고 과격해집니다. 좌파에 대해 '철부지', '막가파'라고 한 것은 물론

이명박 대통령이나 한나라당 소장파에게도 '장똘뱅이', '홍위병'이라고 했고, 김대중 대통령은 '민족 반역자에게 영혼을 판 사람', 노무현 전 대통령은 '대역 죄인'이라고 비판했는데 왜 그렇습니까.

- 보수 정권이 들어서면서 조 대표에 대한 관심과 영향력도 커졌지만 '보수 꼴통', '극우 수구'라고 비난하기도 하는데.

- 하지만 'B급 좌파' 김규항 씨 등 진보 지식인들은 '개혁은 폭압적인 군사 파시즘이 더 이상 인민들에게 먹혀들지 않게 되었을 때 지배 체제가 내부의 구조를 변화시켜 위기를 넘어서는 방법'이라고 개혁의 위험성을 주장합니다. 또 어떤 이들은 조 대표가 예전엔 박정희 정권에 반대주의자였다가 지금은 예찬론자로 변했고 (그와 박정희 대통령에 대한 애정을 '동성애 수준'이라고 비판할 정도로) 다른 인물에 대한 평가가 너무 자주 바뀐다며 일관성 부족을 비난합니다.

기사는 주말 섹션의 1~2면 전체를 차지했다. 취재원을 우호적으로 봐서 지면을 많이 배정했을까? 해당 지면을 담당한 데스크의 칼럼을 보자. 조갑제 기자 인터뷰가 실린 2면 왼쪽의 하단에 나온다.

> 반대자들의 의견을 어떻게 받아들여야 할지 고민스러울 때가 있습니다. 물론 경청할 것은 듣고 그럴 필요가 없는 말은 흘리면 되겠습니다. 그러나 그 구분이 쉽지 않습니다. 〈중략〉
>
> 하지만 그의 주장과 입장을 알고 있는 처지에서 그와 마주앉는 게 편한 일만은 아닙니다. 북한 김일성·김정일 체제에 대한 철두철미한 증오, 한때나마 반대편에서 날카롭게 비판했던 박정희 전 대통령에 대한 무한한 존경 등 동의하기 어려운 부분이 많습니다. 〈중략〉
>
> 더불어 총선으로 한바탕 시끄러웠던 이 봄날, 우리 자신의 비판자의 말에 잠시 귀 기울여 보는 것도 나쁘진 않을 것 같습니다.
>
> 반대자의 눈에 비친 것도 한 순간일지언정 분명 우리 자신의 모습인 것만은 분명할 테니까요.

경향신문
2008년 4월 11일
이중근 기자

반대자에 비친 나를 보는 것. 제목은 경향신문이 조갑제 기자의 반대편임을 명시한다. 기자의 질문과 데스크 칼럼이 말하듯 경향신문은 불편한 상대인 조갑제 기자에게 2개 면을 할애했다. 인물(조갑제 기자)과 매체(경향신문)의 조합이 긴장감을 부른다.

취재 과정 보여주기

인물 탐구의 핵심은 취재원의 언행과 생각, 그리고 분위기다. 기자가 대화를 통해서 이런 점을 어떻게 끌어내며, 어떻게 정리하느냐가 중요하다. 이런 점에서 인물 기사의 구조나 문체는 다른 기사와 다르다.

기사의 시작·중간·끝 부분을 구성하면서 사실을 무미건조하게 나열하지 말고 독자를 사로잡을 드라마적 요소 같은 장치를 동원해야 한다. 그런 점에서 대화의 결과만이 아니라 대화의 과정이 읽는 재미를 더하게 만드는 요소가 된다.

"혼자 정리한 음담패설 3만 개. 이게 요즘 내 밥퍼토리죠"

"요즘 알람(자명종) 시계가 불티나게 많이 팔린다고 합니다. 할아버지 할머니들이 일요일 새벽(6시 10분)이면 내가 나오는 TV 프로 '늘 푸른 인생'을 보려고 말이죠. 이 뽀빠이가 떴다 하면 '배용준'인 양 할아버지 할머니들이 까무러쳐요."

솔직히 '뽀빠이' 이상용(63)을 만날 일은 없었다. 신문을 넘기다 건강식품 광고에서 팔뚝 알통을 과시하는 사진과 마주치지 않았다면. 뭘 하고 지냈던 걸까. 전화를 걸자, 이상용은 이 기회에 '잊혀진' 자신의 모든 것을 홍보하려고 했고, 혹 내가 빨리 전화를 끊을까 봐 조바심을 냈다.

그래서 묻지도 않은 "태어나면서부터 지금까지 술·커피를 한 방울도 입술에 묻히지 않은 사람은 대한민국에서 이 뽀빠이밖에 없다"는 자랑까지 했다.

경남 진주방송에서 녹화를 마치고 열차 타고 올라왔다는 그는 작고 새카맸다. 알통만 굵은 것이다. 커피숍에서 기다리면서 사인펜으로 달력에 스케줄을 표시하고 있었다.

> "오늘만 6군데서 섭외가 왔어요. 지방으로 바쁘게 쫓아다니니 얼굴이 다 탔지. 처음 만나는 사람들은 내가 골프 치고 탄 줄 알아. 어떤 날은 지방 행사로 4군데쯤 뛰어. 아무리 힘들어도 사우나 한 번 하면 스프링처럼 발딱 일어서요. 〈하략〉

조선일보
2007년 4월 21일
최보식 기자

인터뷰 당시에 이상용 씨는 생계를 위해 지방의 행사를 다녔다. '우정의 무대'를 10년간 진행하다가 심장병 어린이 후원금을 유용했다는 의혹으로 1996년 말 방송에서 하차한 뒤였다. 검찰은 3개월 뒤에 사기와 업무상 횡령 혐의가 없다는 결론을 내렸다.

기자는 대중의 기억에서 사라진 이 씨를 10여 년 뒤에 만났다. 뉴스 가치가 높아서가 아니라 신문의 건강식품 광고를 통해 우연히 보면서였다. 유력 언론의 기자가 전화를 걸자 이 씨는 "자신의 모든 것을 홍보하려고 했고, 혹 내가 빨리 전화를 끊을까 봐 조바심을 냈다"고 기자는 전한다. 약속 장소에도 기자보다 이 씨가 먼저 도착해서 기다렸다.

이 씨와의 대화가 아니라 인터뷰를 하게 된 계기와 인터뷰를 시작하기 전의 모습이 첫 지면의 5분의 1을 차지한다. 이 씨의 처지와 심경을 보여주는 내용이 맨 앞에 나와서 독자의 관심을 끈다. 취재 결과 못지않게 취재 과정이 인물 탐구의 재미를 느끼게 한다. 같은 기자가 쓴 3주 뒤의 기사 분위기는 조금 다르다.

"나는 페미니스트. 그러나 정치판에서는 여성도 경쟁상대"

> "나는 말이지, 손주들과 함께 한 자리에서 가정적으로 부드러운 쪽으로 인터뷰하는 줄 알았지. 그렇게 들었는데."

약속 시간에서 30분쯤 늦게 나타난 이명박 전 서울시장은 자리에 앉자마자 '부드러운' 인터뷰를 요구했다. 〈중략〉

그의 참모들은 미리 "정치 현안을 질문해서는 안 된다"는 조건을 내걸었다. 나는 "정치인에게 정치를 묻지 않으면 누구에게 물어야 하나"라고 대구했다. 그래서 이들이 또 대책회의를 한 뒤에야 인터뷰가 시작됐던 것이다.

11장 인물 기사

<중략>

"나는 뭐, 우리 집엔 여자가 많습니다. 딸 셋에 우리 와이프, 또 우리 집안의 운전사도 여자니. 나는 페미니스트에 속하죠. 구분하자면 그쪽에 속하죠."

▶ '페미니스트'라는 게 무슨 뜻입니까?

"여성을 이해하고, 여성의 우위를 상당히 인정하는 쪽이지요."

▶ 양보도 하시고?

"그럼요. 철저하지요."

▶ 현재 라이벌이 박근혜 전 대표인데, 여성과의 대결을 통해 당초 여성관이 조금 바뀌지 않았습니까?

"그건 정치이고. 정치라는 것이 여성·남성 구분할 것이 없죠. 정치는 정치니까. 상대방이 여성이라고 생각하면 안 됩니다. 능력 있는 지도자로 나는 평가를 하지요. 지금은 여자와 남자의 구분이 없는 경쟁시대가 왔죠."

이후의 대목에서 약간의 언쟁이 있었다. 내가 "지금 경선룰로 계속 다투고 있다"고 말문을 꺼내는데, 그가 "그런 질문은 아예 꺼내지도 말라"고 중간에서 막았다. 내가 다시 "질문을 더 들어보고 판단하시라"고 했고, 그는 "인터뷰를 하지 않겠다"고 나왔다. 경선룰을 둘러싸고 그는 예민한 상태였다. 내가 "정말 그럴 작정이냐"고 물었고, 그는 "그러니 다른 것을 질문하라"고 했다. 〈하략〉

조선일보
2007년 5월 12일
최보식 기자

인터뷰를 하기 전에 질문 내용을 놓고 옥신각신하는 내용이 나온다. 대선 후보를 선출하기 위한 당내 경선을 앞두고 이명박 전 서울시장이 박근혜 전 대표와 줄다리기를 하던 상황이었다. 취재원의 요청대로 처음에는 부드럽게 대화를 하는 듯 했지만 여성관을 언급하면서 살얼음이 깨진 셈이다.

취재 과정에서 기자와 취재원 사이에 신경전 또는 마찰이 생겼음을 기사에 담으면 인터뷰가 취재원의 홍보 도구가 아님을 보여주는 셈이므로 언론과 기자의 신뢰도를 높인다. 유력 대통령 후보를 불편하게 하는 질문, 여기서 비롯된 기자와 취재원의 모습이 후보 자신 및 선거와 관련된 내용만큼이나 흥미롭게 읽힌다.

다양한 앵글

인물 기사는 사례가 풍부할수록 잘 읽힌다. 재료가 많으면 식단이 풍부해지 듯이 말이다. 인물 기사에 필요한 내용을 브루스 개리슨 교수의 조언을 토대로 나열하면 다음과 같다(Garrison, 1992).

〈인적사항〉 생년월일, 고향 교육 내용 직업, 경력 가족 사항(부모, 형제) 어린 시절	〈태도〉 개인 철학과 자세 미래 계획과 꿈, 목표 취미와 관심 사항 좋아하는 음식 여가 및 종교	〈생활환경〉 집과 사무실 묘사 신체 특징 생활습관 옷 입는 스타일 머리 모양
〈가족 관계〉 배우자 결혼 생활 자녀의 나이와 이름 애완동물	〈시사적 정보〉 진급, 임명, 당선 수상, 명예로운 일 성공한 프로젝트 자원봉사 등 사회활동	〈일화〉 즐거웠던 순간 슬펐던 순간 성공과 실패 기억나는 사연

써야 할 기사의 분량이 길면 더 많은 사실을 취재해야 한다. 실제 작성할 기 사가 신문 1개면 정도라면 기자는 인터뷰를 하면서 2~3개면 이상의 정보를 확 보할 필요가 있다. 충분히 취재해야 내용이 탄탄해진다.

사실을 최대한 많이 확보하려면 당사자 위주의 취재에서 벗어나야 한다. 특 정인 한 명을 만나서 이야기를 듣는 데 그치지 말고 주변인을 폭넓게 취재하라 는 조언이다. 가족, 친구, 직장 상사와 동료, 경쟁 업체 직원, 해당 분야의 전문 가를 예로 들 수 있다.

"누굴 파악하는 데 딱 3초"…
얼음같이 꿰뚫어 보고 봄볕같이 어루만지다

1968년 MBC PD가 점심 먹고 자리에 털썩 앉았다. 오전에 라디오 드라마 공모 예심을 했는데 본심에 넘길 작품이 없었다. 맥 빠져서 낙선작 더미를 헤집다 한 작품에 꽂혔다.

"중간부터 확 끌렸어요. 극본을 처음 쓰는지 작법은 영 엉성한데 대사가 신선했어요. 흔한 피륙이 지천으로 널렸는데 흰 옥양목이 한 필 펄럭이는 것 같았어요."

PD는 그 자리에서 "한번 만나자"는 봉함엽서를 썼다. 그걸 받은 25세 응모자가 김수현(70)이다. 본명 김순옥. 고려대 졸업 후 잡지사 다니다 관둔 상태였다. 김순옥은 "내가 정말 쓰고 싶은 건 소설"이라고 했다. PD가 "무슨 소리냐, 당신은 꼭 드라마 써야 한다"고 했다.

이후 45년간 김수현은 제일 비싸고 제일 바쁜 '특A급 현역' 자리를 한 번도 내준 적 없다. 올 3월 종편 드라마를 마치고 10월에 방영될 SBS 주말극을 쓰는 중이다. 김수현에게 "극본 쓰라"고 권한 PD가 김포천(79) 국악진흥회 이사장이다. 김수현이 왜 롱런하는지 물었다. "얼음 속에 봄볕이 든 사람입니다." 〈하략〉

조선일보
2013년 7월 12일
김수혜 기자

김수현 작가의 데뷔 초기 모습을 보여주는 일화다. '롱런의 비결'이라는 고정 기획물의 앞부분에 나온다. 기사에는 작가를 잘 아는 주변 인물이 6명 나온다. 김포천(국악진흥회 이사장), 박정란(전 방송작가협회 이사장), 전양자(배우), 양인자(작사가·드라마 작가), 김희애(배우), 임우기(문학평론가). 김수현 작가만 만나서 김수현 작가에 대해 이야기를 듣는다고 가정해보자. 앞의 사례와 비교해서 어느 쪽의 취재가 더 충실할까.

한국 언론은 인물 기사를 쓰면서 당사자의 입에 의존하는 관행에서 벗어나야 한다. 카메라를 1대 사용하기보다는 2~3대, 아니 6~7대를 사용하면 촬영 화면의 생동감과 입체감이 더욱 살아난다. 취재 결과를 충실하게 만들기 위해, 또 객관적 보도를 위해 인물 기사에서 주변 취재원을 적극 활용하고, 이런 주변 취재원의 수를 최대한 늘려야 인물 기사가 단순한 인물 소개를 넘어 진정한 인물 탐구로 발전한다.

12장
기획 기사

언론은 세상에서 벌어진 일을 전달하는 수준을 넘어 현안을 고발하거나 분석한다. 이러한 역할을 미국 언론에서는 탐사 보도investigative reporting와 해설 보도explanatory reporting가 수행한다.

한국 언론이 기획 기사라고 부르는 뉴스는 탐사 및 해설 보도와는 성격이 조금 다르다. 독자가 즐겁게 읽을 만한 미담 기사, 사회의 여러 흐름을 반영하는 트렌드 기사, 그리고 탐사 및 해설 보도와 비슷한 조사·추적 기사를 포괄한다.

정보통신 기술의 발전으로 독자, 시청자, 네티즌은 인터넷, 디지털 매체, 모바일 기기를 통해 다양한 정보를 실시간으로 접한다. 이러한 상황에서는 언론이 흥미성과 유용성, 그리고 심층성을 갖춘 기획 기사의 개발에 더 많은 노력을 기울여야 한다.

기획 기사의 이해

개념과 중요성

국립국어원 표준국어대사전은 기획企劃이라는 단어를 '일을 꾀하여 계획함'이라고 풀이한다. 여기에 기사라는 단어를 붙인 기획 기사는 언론이 준비하고 계획해서 보도하는 뉴스로 정의된다. 사실을 있는 그대로 정리하여 전달하는 데 그치지 않고 목적이나 기준을 갖고 사안을 분석·비판하는 보도라는 뜻이다.

한국 언론의 기획 보도가 미국 언론의 탐사 보도와 비슷하다는 지적이 있다. 하지만 한국의 기획 기사와 미국의 탐사 보도 사례를 비교하면 공통점과 차이점이 동시에 나타난다. 미국의 탐사 보도는 권력자, 유력 정치인, 대기업, 군부, 상류층의 불법·탈법·편법 행위를 파헤치고 개선책을 마련하는 데 초점을 맞춘다. 이는 언론의 존재 이유를 보여주는 활동으로, 미국 기자들이 탐사보도기자협회IRE를 만들어 취재 성과와 방법을 공유하는 배경이기도 하다. 국내에서도 이에 대한 관심이 높아졌다. 일부 언론사는 전담 부서를, 한국언론진흥재단은 '탐사 보도 디플로마'라는 교육과정을 운용한다.

검찰, 경찰, 국세청이 범인과 탈세자를 잡아내려고 수사를 하듯이investigative 언론이 사회의 거악巨惡을 철저히 취재해야 한다는reporting 개념을 한자 문화권에서는 탐사探査로 번역했다. 수사하듯이 취재한다는 말과 탐사를 한다는 말은 뉘앙스가 다르다. '조갑제 닷컴'의 조갑제 대표가 'investigative reporting'을 '수사식 보도'로 불러야 한다고 주장하는 이유다. 실제로 한국 언론이 '탐사'로 이름 붙인 보도는 소재와 주제 측면에서 미국의 investigative reporting과 차이가 나는 경우가 적지 않다.

한국 기획 기사의 특징은 계획성에 있다. 사안을 즉흥적이고 피상적으로 보도하지 않고, 철저하게 준비해서 흥미성과 유용성, 심층성을 모두 담으려 한다는 점이다. 사건·사고 기사가 예고 없는 발생 기사이고 인물 탐구형 기사가 인간의 모습을 발견하는 기사라면, 기획 기사는 사안을 발굴하는 기사라고 할 수 있다.

기획 기사의 유형

◆ 미담 기사

말 그대로 아름다운 이야기, 착한 행동을 소재로 만든 기사다. 객관적이고 건조한 기사와 달리 감정에 호소하는 내용이다. 새롭고 충격적인 소식을 전하기보다는 독자가 여유 있게 읽을 만한 소재를 활용하므로 미담 기사는 오래전부터 기획 기사의 중요한 유형으로 자리 잡았다. 미담 기사의 범위는 점점 확장돼 단순히 개인의 선행을 취급하는 데서 벗어나 다양한 계층의 사람이 어떠한 삶을 살아가는가를 전하려 한다.

이런 기사를 미국에서는 '휴먼 인터레스트human interest' 기사라고 한다. 어느 학자는 '작은 사람들의 큰 사건big things about little people'을 다루는 기사라고 정의하기도 하였다. 브루스 개리슨 교수는 독자가 쉽게 동일시하는, 주변의 평범한 사람이 겪는 어려움 또는 즐거움을 다루는 유형의 기사라고 말한다(Garrison, 1992). 미담 기사의 특징은 다음과 같이 정리할 수 있다.

첫째, 미담 기사는 사람 그 자체보다는 일, 행동 또는 경험을 중시한다. 인물 기사가 아니므로 당연히 사람을 다루되 특정인에 대한 묘사에 치중하지 않고, 그가 무엇을 어떻게 했는가, 어떠한 점에서 그런 일이 독자에게 의미가 있는가를 중점적으로 기술한다.

둘째, 미담 기사의 취재 대상은 독자가 쉽게 동일시하는 사람이 좋다. 즉, 가능하면 평범한, 주변에서 언제나 만날 수 있는 사람을 골라야 독자가 자신의 이야기, 누구에게나 일어날 만한 경험으로 인식한다. 평범한 사람의 이야기는 읽는 사람에게 더 감동을 주는 한편, '나도 좋은 일을 할 수 있다' 또는 '나 또한 어려움을 극복할 수 있다'는 용기를 북돋운다.

셋째, 미담 기사는 시간 제약을 덜 받는다. 어느 기획 기사든지 대체로 그러하지만, 특히 미담 기사는 언제 기사를 쓰는지가 그리 중요하지 않다. 속보 경쟁의 대상이 아니기 때문이다. 다른 시각에서 보면 미담 기사는 생명이 훨씬 길다. 시간이 지나서 다시 읽어도 처음 볼 때와 같은 감동을 준다.

넷째, 한 사람뿐 아니라 집단적 경험도 좋은 취재 대상이다. 어려움에 처한 회사를 살리기 위해 함께 노력하는 직원, 해체 위기의 팀을 재건하려고 애쓰는 운동선수의 이야기는 미담 기사의 좋은 소재다. 인물 기사는 주로 개인에게 초점을 맞추지만 미담 기사는 시야를 조금 더 넓힐 수 있다. 경우에 따라서는 개인보다 집단에서 더 드라마적 요소를 찾기 쉽다.

◆ 트렌드 기사

요즘은 정치, 경제, 과학기술, 국제 등 여러 요인의 영향으로 세태 변화가 더욱 빨라지는 중이다. 트렌드 기사는 이러한 시대 흐름을 반영하므로 시의성이 매우 높은 편이다. 예를 들어 인터넷과 스마트폰은 권력과 국민, 기업과 소비자의 관계에 변화를 가져왔다. 근무 형태, 대인관계, 언어 습관 역시 크게 바꿨다. 언론은 이와 같은 사회 흐름을 포착해서 트렌드 기사에 담는다.

트렌드 기사를 잘 쓰려면 기자는 사회현상을 늘 주의 깊게 살펴야 한다. 우선 자신이 취재하는 분야에서 어떠한 일이 벌어지는지를 점검할 필요가 있다. 교육 문제를 담당하는 기자라면 교육부, 시·도교육청, 교육 단체, 일선 학교의 움직임을 확인해야 한다.

다음으로는 자신이 맡은 분야와 직간접적인 관계를 맺는 분야에 관심을 가져야 한다. 통학 차량에서의 어린이 사고는 행정안전부, 국토교통부, 보건복지부가 관련된 사안이다. 그런 부처를 취재하는 기자가 같은 신문사에 있겠지만, 부지런하고 유능한 기자는 출입처에 얽매이지 않고 사안을 확인한다.

◆ 조사·추적 기사

이 책에서는 수사식 보도나 탐사 보도 대신에 조사·추적 기사라는 용어를 사용하고, 다루는 기사의 범위를 넓혀서 권력 감시, 현실 진단, 참여 유도 등 세 가지로 나눈다. 이러한 유형의 기사를 만들려면 준비와 계획이 필요하다. 즉 조사·추적 기사의 보도 과정에서는 취재 못지않게 조사가 중요할 때가 많다. 호흡이 긴 기사는 주제를 둘러싼 다양한 흐름을 이해하고 과거 기록을 확인해야 하기 때문이다. 기자의 조사는 학자의 연구와 비슷한 작업이다. 한쪽은 기사를 쓰고 다른 쪽은 논문이나 책을 쓴다는 차이가 있을 뿐이다.

보도 기법이 발전하고 독자 요구가 고급화되면서 조사의 중요성은 더욱 강조되는 추세다. 따라서 언론사가 직접 조사를 하거나 전문가를 배치해서 기자의 취재를 지원한다. 과거에는 기사를 보강하기 위한 2차적 목적으로 조사를 했다면, 이제는 조사를 통해 거시적이고 체계적인 기사를 시도하는 상황이다.

예를 들어 팀 셔록Tim Shorrock이라는 미국 『저널 오브 커머스Journal of Commerce』 기자는 미국 국무부에 광주민주화운동 자료를 끈질기게 요구해서 한국 언론이 모두 인용하는 특종을 만들었다. 외교 문서에 대한 장기간의 조사를 통해 얻어낸 열매다. 정보공개법Freedom of Information Act이라는 제도적 장치를 활용했기에 가능한 기사이기도 했다.

미담 기사

브루스 개리슨 교수는 기획 기사 교재에서 1986년 『맥콜McCall's』이라는 잡지의 편집장이 정리한 미담 기사의 세 가지 유형을 다음과 같이 소개한다.

- 특이한 경험: 자연재해홍수·지진·태풍를 겪은 사람들의 이야기
- 평범한 문제: 어디서나 볼 수 있는 일상적인 경험에 대한 드라마적인 기술
- 사회적 쟁점: 예를 들면 에이즈에 걸린 사람과 그 가족 이야기, 경제 위기를 겪은 가정 이야기

다른 기사와 마찬가지로 미담 기사의 분류 또한 누가 어떠한 기준으로 하느냐에 따라 조금씩 다르게 마련이다. 여기서는 『맥콜』의 편집장이 만든 유형을 참고해서 국내 미담 기사를 개인의 선행과 집단·조직의 경험으로 나눠 소개하고자 한다.

개인의 선행

신문이나 잡지에서 자주 접하는 미담 기사 유형이다. 많은 사람의 눈길을 끌 만한 훌륭한 일을 했거나, 특정한 사람의 봉사 및 업적을 기리고자 할 때 사용된다. 때로는 장애인의 날, 노인의 날 등 기념일에 관련된 인사를 발굴해 기사화한다.

이 같은 기사는 대체로 해당 인물과 관련된 사항의 취재가 중요하고, 특히 어떤 일을 했기 때문에, 또 그 일을 어떻게 하기 때문에 주목해야 하는가를 잘 살펴야 한다. 다음은 경찰이 주인공으로 나오는 기사다.

"많이 힘들었지 … 집에 가자"

부슬비가 내리던 지난 19일 오후 7시쯤, 서울 마포경찰서 용강지구대 배보영(26) 순경은 마포대교 전망대 부근 벤치에 앉아 한강을 바라보고 있는 A 양을 발견했다. "자살하려고 마음먹은 A 양이 마포대교에 갔다"는 친구 B 양의 신고를 받은 지 5분 만이었다. 이 벤치 뒤엔 150m 길이의 전망대가 있어 A 양은 마포대교 어느 쪽에서도 눈에 잘 띄지 않았다. 우산을 쓴 채 30분 가까이 한자리에 앉아있었기 때문인지 A 양이 앉은 곳만 물에 젖지 않은 상태였다.

"무슨 일 있니? 언니랑 같이 걸을까?" 배 순경이 A 양에게 다가가 말을 걸자, 눈을 감은 채 울고 있던 A 양이 "언니, 저 너무 힘들어요. 그런데 죽기 싫어요"라고 입을 뗐다.

배 순경은 "얼마나 울었던지 눈이 붉은 복숭아처럼 부어있는 상태였다"고 당시 A 양 모습을 기억했다. 한눈에도 슬퍼보였다고 했다.

배 순경은 A 양 앞에 쪼그려 앉아 허벅지에 양손을 올리고 시선을 맞췄다. 그리고 10분간 대화를 나눴다. "예전에 친구들에게 따돌림을 당했어요. 성적도 생각처럼 나오지 않아 괴로워요." 서울의 한 고등학교에 다니는 A 양은 교우 관계에서 문제를 겪어오다, 얼마 전 치른 중간고사에서 성적까지 떨어지자 이날 마포대교를 찾았다고 했다.

이야기를 다 들은 배 순경은 "친구(B 양)와 가족이 얼마나 너를 걱정했는지 모른다"며 "너를 위해 울어줄 사람 한 명이면 된다. 지금 이 힘든 문제도다 지나갈 거다"라고 말했다. 배 순경과 함께 용강지구대까지 간 A 양은 황급히 달려온 부모 품에 안겨 무사히 집으로 돌아갔다.

경찰 제복을 입은 지 이제 4개월째인 배 순경은 지난 두 달간 마포대교 위에서만 6명의 자살 기도자를 설득해 귀가시켰다.

배 순경은 "뛰어내리기 직전 말을 거는 것만으로도 자살 기도자 대부분의 마음을 돌릴 수 있다"며 "관심이 사람을 살린다"고 했다.

조선일보
2015년 4월 24일
김지연 기자

여고생은 따돌림에 힘들어하다가 자살하려고 결심했다. 한강 마포대교 전망대 근처의 벤치에서였다. 여경은 같이 걷자며 위로한다. 따돌림, 자살 결심, 설득이라는 주요 키워드는 기사와 함께 게재된 사진에 압축된다. 비 오는 날, 고개를 떨군 채 벤치에 앉아 있는 여고생, 그 앞에 쪼그려 앉아 아이의 무릎을 보듬으며 시선을 맞추는 여경의 모습.

자살 기도자를 설득해서 집으로 돌려보내는 일은 경찰이 당연히 해야 하는 업무다. 신고를 받고 늦게 출동하거나 제대로 설득하지 못해 누군가가 실제로 자살을 했다면 담당 경찰은 지탄은 물론 징계까지 받을 것이다. 하지만 당연한 일을 했음에도 언론이 크게 보도한 이유는 기사가 독자의 따뜻함에 호소하는 내용을 담았기 때문이다.

집단·조직의 경험

개인의 선행만큼 자주는 아니지만 언론이 많이 다루는 유형이다. 특히 홍수, 태풍, 지진, 재난이 일어난 현장에서 소방관과 군인이 고생하는 모습은 보도에서 빠지지 않는다. 2014년 세월호가 침몰했을 때 언론은 민관 잠수사의 사투를 집중 보도했다.

어려움에 굴복하지 않는 인간의 모습은 언제나 감동을 주지만, 집단이나 조직 차원의 대처는 국민에게 믿음과 용기를 주고 자신도 남을 도와야겠다는 마음이 들도록 만든다. 그렇다면 대규모의 재난 재해 현장이 아닌 일상 업무 현장에서는 어떨까?

내 생명을 걸고 … 다른 생명을 구하는,
나는 소방관 입니다

묵직한 뱃고동 소리가 울려 퍼졌다. 뻐꾸기 소리가 구급출동을, 뱃고동 소리가 구조출동을 의미하는 신호라는 설명을 막 듣던 찰나였다. 엉겁결에 구급 대원 2명과 엠뷸런스에 올라탔다. 창문 밖으로 뒤따르는 구조 공작차가 보였다. 〈중략〉

소방서에 돌아와 "수고했다"는 이야기를 주고받으며 의자에 엉덩이를 붙이려는데, 화재 출동 사이렌이 울렸다. 시계를 보니 오후 1시 40분. 15분 만에 다시 찾아온 출동에도 용수철처럼 튀어나간 대원들이 소방차에 몸을 싣고 소방서를 빠져나가는 데는 1분이 걸리지 않았다. 〈중략〉

"제법 큰 불인 것 같은데요." 운전대를 잡은 신창섭 화재조사관이 속도를 높였다. 능선을 타고 오르는 검은 연기가 보였다. 대원들은 도착과 동시에 펌프 차에 호스를 연결했다. '펑!' 공장 건물 옆 전신주에서 불꽃이 일었다. "무리한 진입금지. 안전을…" 화염 속으로 뛰어드는 대원들의 모습과 교차되는 무전기 속 외침이 공허하게 들렸다. 불덩이들이 여기저기 떨어졌다. 30분쯤 지나자 곳곳에서 고음의 경고음이 울렸다. 대원들이 메고 있는 산소통의 수치가 50bar 이하로 떨어졌을 때 나는 소리라고 했다. 산소통 교체를 위해 밖으로 나온 대원들은 헬멧부터 벗었다. 얼굴이 불그스름해져 있었다. "방염 처리가 돼 있다고 해도 열기는 그대로 전해져요." 큰 불길이 잡힌 것은 출동 후 2시간이 흐른 뒤였다. 전방에서 화재 진압을 도맡았던 대원들이 지원 나온 대원들과 바통터치를 하고 짧은 휴식시간을 가졌다. 의용소방대 조끼를 입은 자원봉사자들은 재빨리 컵라면과 커피에 뜨거운 물을 부었다. 맨바닥에 털썩 주저앉은 대원들은 지쳐보였다. "매번 이번이 마지막 출동일 수도 있다는 생각을 해요. 당연히 겁이 나죠. 그렇지만 안에 사람이 있다든가 하는 위험한 순간엔 본능적으로 뛰어들게 되더라고요." 박기성 대원의 대답에 몇몇 대원들이 고개를 끄덕였다.

잠시 후 소방서 관계자가 조용히 다가와 "라면 먹는 모습은 신문에 내지 않으면 좋겠다"고 요청했다. 때때로 열악함만이 강조된 모습에 대원들의 사기가 떨어진다는 것이 이유였다. 혹여 현장의 느슨함으로 비쳐 오해를 살까 걱정된다는 말도 덧붙였다. 〈하략〉

경향신문
2017년 4월 8일
김지윤 기자

기자는 경기 남양주소방서를 이틀간 취재해서 주말 특집으로 2개면 분량을 썼다. 첫 페이지의 제목은 "내 생명을 걸고 … 다른 생명을 구하는, 나는 소방관입니다"이고, 옆 페이지의 제목은 "노후된 안전 장비 … 사비로 바꿔야 하는, 나는 지방직입니다"로 뽑았다.

산소통을 메고 1,000℃의 화염 속으로 들어가는 행동, 이번이 마지막 출동일지 모른다는 생각, 컵라면으로 끼니를 때우는 모습은 소방관의 위험하고 열악한 근무 환경을 상징한다. 생명을 지키려는 노력은 지금, 이 순간 다른 곳에서도 계속된다는 사실을 기사는 독자에게 알려준다.

500g의 작은 천사 구하는 백의의 천사

다음 달 돌잔치를 맞을 A 양은 지난해 9월 임신 23주 만에 몸무게 480그램(g)으로 태어났다. 초극소 미숙아였다. 생명을 담보할 수 없는 상태에서 서울 영등포구 강남성심병원 신생아 중환자실에 들어왔다. A의 아빠와 엄마는 40대 중반이고, 유산과 사산이 있었던 탓에 A가 유일한 핏줄이었다.

이곳 의료진은 그런 A를 몸무게 2.84kg 건강한 아기로 키워 입원 133일 만에 부모 품에 안겼다. 아기가 신생아실을 나서는 날, 간호사가 직접 쓴 두툼한 육아 일기도 엄마 손에 쥐어졌다. 간호사들의 엄마 되어 주기 프로젝트 일환이다. 2010년부터 간호사 23명이 미숙아를 한 명씩 맡아서 '엄마'로 나선 결과, 면역력이 극도로 취약한 초극소 미숙아를 감염병 없이 퇴원시킨 조그만 기적을 낳았다. A의 아빠는 주치의인 소아과 성태정 교수와 간호사들에게 장문의 감사 편지를 남겼다. 엄마 간호사들은 이제 7.5kg으로 큰 A에게 돌잔치 옷을 선물로 안겼다. 〈중략〉

신생아는 면역력이 취약하여 감염병에 자주 걸리고, 그 후유증으로 패혈증이 와서 생명이 위태로울 수 있다. 엄마 간호사들은 '면역력 취약 아기'를 지정해, 아기를 만질 때는 반드시 소독용 장갑을 쓴다. 전지수(26) 간호사는 "감염 예방을 위해 하루에 수백 번 손을 씻다 보니, 그때마다 로션 바를 시간이 없어 다들 보드랍던 손이 거칠어지고 겨울에는 튼다"고 말했다.

이 병원의 미숙아 사망률은 절반으로 떨어졌다. 2010년 이전에는 한 해 사망자가 15명 정도 나왔는데, 최근 5년에는 7~8명으로 그쳤다. 엄마 되어 주기 프로젝트를 이끄는 조은숙(52) 수간호사는 "모성(母性) 간호가 의학적으

조선일보
2016년 8월 30일
김철중 기자

로 아기 건강에 큰 효과를 내고 있다"며 "미숙아들이 건강하게 자라서 인사 올 때 느끼는 희열에 중독되어 다들 즐겁게 '엄마'가 되고 있다"고 말했다.

이 기사에서는 미숙아라는 단어를 세 글자, '초극소超極小'가 수식한다. 갓 태어난 생명의 무게가 480g. 작아도 너무 작은 신생아를 살리기 위해 간호사들이 '엄마'의 마음으로 근무하는 모습이 눈에 선하게 그려진다.

주의할 점

미담은 취재 대상을 칭찬하는 내용이 많다. 그렇기 때문에 취재하는 사람은 아무래도 덜 긴장할 수 있다. 취재원을 비판하려면 그쪽의 반격과 반발을 항상 염두에 둬야 하지만 칭찬하는 기사는 그럴 필요가 없기 때문이다. 그래서 과대 포장이나 지나친 칭찬 또는 사실이 아닌 내용을 기사에 포함하는 문제가 생길 수 있다.

언론은 일정한 지면과 시간을 채워야 하므로 좋은 소재를 알게 되면 곧 기사로 만들고 싶어 한다. 그러다가 마감에 쫓기는 상황에서 누군가가 기사를 제공하면 사실 확인에 소홀하기 쉬운 구조이고, 이는 예상하지 못한 부작용이나 후유증으로 이어질지 모른다.

한국인 여학생, 하버드·스탠퍼드 '동시 입학'

한국인 여학생이 하버드대와 스탠퍼드대에 '동시 입학'하는 전례 없는 대접을 받게 됐다. 지난해 말 하버드대에 조기 입학했던 김정윤(18·버지니아 토머스제퍼슨 과학고·사진) 양이 스탠퍼드대에서도 입학을 요청받아 두 학교를 나눠 다니게 됐다. 당초 하버드대로 결정했던 김 양을 놓고 스탠퍼드대도 합격 통지서를 보냈고, 이에 따라 두 학교 측은 김 양이 나눠서 두 대학에 다니는 파격적인 방안을 제안했다. 〈중략〉

김 양은 지난해 5월 매사추세츠공대(MIT)가 주최한 연구 프로그램에 참여해 '컴퓨터 연결성에 대한 수학적 접근'이라는 결과를 내놓으며 MIT·하버드대 등의 수학 교수들로부터 크게 주목받았다. 페이스북 최고경영자(CEO)인 마크 저커버그는 김 양에게 직접 전화를 걸어 만나자는 뜻을 알리기도 했다. 저커버그는 "와이파이로 지구촌 오지까지 세계를 하나로 묶는 프로젝트를 진행하고 있는데 너의 수학적 이론이 도움이 될 것 같다. (페이스북 본사가 있는) 캘리포니아로 올 수 있냐"고 물었다고 한다. 김 양이 "가고는 싶은데 엄마가 허락할 것 같지 않다"고 하자 저커버그는 파안대소하며 "그럼 조만간 중간 지점에서 만나기로 하자"고 대화를 마쳤다는 후문이다.

중앙일보
2015년 6월 4일

미국의 명문 대학이 서로 데려가려고 하다가 양쪽 모두를 다녀보라고 제안했다? 글로벌 기업의 CEO가 소문을 듣고 만나기를 원한다? 꿈같은 내용이다. 사실이라면. 이 소식은 워싱턴 중앙일보가 처음 보도했고, 하루 뒤에 국내 언론이 소개했다. 하지만 의혹이 제기되자 많은 언론이 후속 취재에 나서 하버드 대학으로부터 합격증이 위조됐다는 답변을, 그리고 스탠퍼드 대학으로부터 합격 통지서를 보낸 적이 없다는 답변을 받았다. 기사를 처음 보도한 신문사가 사과문에서 밝혔듯이 '사실 확인을 끝까지 하지 않고 보도'했기에 오보를 한 것이다.

많은 사람이 미담의 대상이 되고 싶어 한다. 따라서 취재원이 제공하는 자료에만 의존하면 기사에 잘못된 내용을 포함시킬 가능성이 높다. 취재의 기본 명제인 현장 확인과 삼각취재는 미담 기사에서도 소홀히 하면 안 된다.

취재원의 착하고 완벽한 면을 지나치게 부각시키면 오히려 기사의 신뢰도가 떨어진다. 현실 생활의 관찰, 그리고 당사자뿐 아니라 제3자, 함께 일하는 사람, 반대쪽에 있는 사람과의 대화는 취재 대상의 인간적인 측면을 포착하고 묘사함으로써 당사자를 입체적으로 이해하는 데 도움을 준다.

트렌드 기사

사회현상은 흐름이다. 하나의 사안이 그 자체로 끝나지 않고 이어질 때가 많으며, 하나의 사안이 다른 사안과 맞물려서 또 하나의 사안을 만드는 경우가 생긴다. 칼로 무 베듯이 경계가 뚜렷하지 않은 특성도 있다.

따라서 기자는 사회현상의 변화를 여러 측면에서, 또 꾸준히 파악하고 해석하면서 의미를 찾아야 한다. 하나의 사안이 해당 분야에서 어떠한 변화를 가져왔는지를 알리고, 이러한 변화에 시민이 어떻게 적응하고 전문가는 어떻게 평가하는지를 기사에 담아야 한다.

최저임금이 인상되면 정부가 왜 그런 결정을 했는지를 분석하는 기사와 별도로, 이러한 결정이 대기업과 중소기업에 실질적으로 미치는 영향을 알려야 한다. 또 여기에 대해서 사용자와 근로자, 정규직과 비정규직, 그리고 아르바이트의 생각을 객관적으로 전해야 한다.

이러한 자세를 갖춘 다음에는 트렌드 기사를 어디서, 어떻게, 언제 찾을 수 있을까? 언론이 자주 보도하는 트렌드 기사를 보면 공간where, 방법how, 시점when에 주목한다는 사실을 알 수 있다.

공간에 주목하기

사회 흐름의 포착은 뜬구름 잡기처럼 막연하게 보이지만 사회현상이 일어나는 곳을 찾아가면 단서가 보인다. 사회의 모든 일은 특정 공간에서 벌어진다. 축구가 축구 경기장에서 진행되듯, 사회현상은 관련 건물이나 사무실, 도로나 공원 같은 곳에서 발생하며 계속된다.

음란물은 아주 오래 전부터 인류 역사에 등장했다. 음란물을 만들고 배포하는 측과 음란물을 막고 잡아가려는 측의 신경전은 언제나 있었던 일이다. 그리스-로마 시대라고 다르지 않고, 조선 시대라고 다르지 않다. 기술의 발전으로 음란물 제작과 유포, 단속과 처벌의 형태가 변했을 뿐이다.

방송통신심의위원회의 디지털성범죄대응팀 신설은 이러한 변화의 단면을 보

음란물 보고 또 보고 … "더위보다 끔찍해"
방심위 디지털성범죄대응팀의 전쟁

"중국어가 들리는데?", "3초 뒤로 돌려봐요."

17일 서울 양천구 방송통신심의위원회 사무실. 모니터 앞에 모인 직원들이 분주하다. 시선은 일제히 중국 인터넷 음란사이트에 올라온 성관계 동영상을 향해 있다. 얼마 전 '영상을 삭제해달라'는 신고가 들어온 건이다. 신고자와 영상에 나온 여성이 동일인인지 확인하기 위해 동영상을 수차례 돌려본다. 남녀가 뒤섞여 민망할 법하지만 이들은 "처음엔 익숙지 않아 힘겨웠지만 이제는 아무렇지도 않다"고 했다.

방심위가 올 4월 신설한 '디지털성범죄대응팀' 팀원들은 매일 음란물과의 사투를 벌이고 있다. 대응팀은 6인으로 구성돼 있다. 하루에 처리하는 성범죄물은 1인당 70여 건. 피해자 신고가 접수되면 원본 영상을 찾아 증거를 확보한다. 채증 자료를 위해 피해자 얼굴, 성관계 장면 등 사진 50여 장을 확보하는 것도 곤욕이다. 한 팀원은 "화질이 좋지 않은 경우에는 수십 번씩 돌려보며 초 단위로 영상을 해부하다시피 한다"고 했다. 〈중략〉

신속한 처리를 위해 주 1회 열리던 심의 회의도 3회로 늘렸다. 이러다 보니 팀원들이 점심을 거르는 일도 허다하다. 하루 종일 눈이 벌게지도록 성범죄물을 봐야 하기 때문에 대응팀은 방심위의 기피 부서 중 하나다. 방심위 관계자는 "처음 부서에 배치받은 일부 여성 직원은 정신적 충격을 받기도 한다"고 했다. 〈중략〉

대응팀원들은 "성범죄물 트렌드도 변화하고 있다"고 입을 모은다. 과거엔 여관, 비디오방에서 찍힌 '몰카'가 대부분이었다. 최근엔 변심한 옛 애인에게 복수하기 위해 무단으로 성관계 영상을 올리는 '리벤지 포르노'와 같이 비동의 유포물이 늘었다. 음란 채팅을 하다가 신체 부위가 노출돼 신고하는 남성들도 생겨났다. 〈하략〉

동아일보
2018년 7월 20일
신규진 기자

여준다. 기자는 새로운 조직이 무슨 일을, 어떻게 하는지 알아보려고 해당 팀의 사무실을 관찰했다. 직원들의 업무를 자세히 소개하면서 음란물이 사회에 미친 영향을 보여주고자 했다. 다음에 소개하는 기사는 즉결심판 법정이라는 공간을 통해서 서민의 애환을 전하고 있다.

호객행위 알바생 … 액젓 훔친 할아버지 …
고단한 삶, 그늘진 사연들

"낮에도 일을 하긴 하는데…. 생계가 어려워서 그랬습니다."

앳된 얼굴의 이모(24)씨는 지난 5일 서울남부지법 106호 법정에 섰다. 증언대에 올라 고개를 푹 숙였다. 혐의는 경범죄처벌법 3조8항 위반(호객행위). 즉결심판 대상이다.

이씨는 지난달 29일 영등포역 인근 유흥가에서 노래방 전화번호가 들어간 명함을 돌리다가 경찰에 붙잡혔다. 호객행위를 하다 걸리면 벌금은 주인이 아닌 이씨 같은 '알바'의 몫이다.

담당 판사는 생계가 어려워서 그랬다는 걸 인정했지만 벌금 5만원을 선고했다. 벌금을 내지 않으면 2만 5000원을 1일로 환산해 유치장에 구금될 수 있다고 덧붙였다. 엄정하게 법을 집행할 수밖에 없는 판사는 좀체 고개를 들지 못하는 이씨에게 "벌금형을 받은 기록이 남으면 좋지 않다. 나중에 억울한 일을 당해도 이해받지 못할 수 있다"고 말하며 안타까워했다.

남루한 오늘

즉결심판은 증거가 명백하고 죄질이 경미한 범죄 사건을 심리한다. 경찰은 2014년 한 해에만 4만 5263건의 즉결심판을 청구했다. 매년 5만 건 정도의 사건들이 즉결심판을 받는다. 즉결심판 법정은 우리 사회의 '고단하고 남루한 오늘'을 고스란히 보여준다. 서민들의 '사연'과 '변명'이 뒤섞여 있다.

같은 날 즉결심판이 진행된 서울북부지법 201호 법정에선 보험설계사 이모(35)씨의 하소연이 눈길을 끌었다. 이씨는 지난달 한 낚시 매장에서 5200원짜리 낚시 용품을 훔친 혐의(절도)로 법정에 섰다. 그는 "고객과 함께 낚시 용품 매장을 둘러보고 있는데, 고객이 현금이 없다며 하나만 사 달라고 했다"면서 "현금도 없고 카드도 없었지만 뭐라도 해야겠다는 생각에 저도 모르게 낚시용품을 집어들었다"고 말했다.

"혐의를 인정하느냐"는 판사의 물음에 "인정한다"면서도 구구절절 사연을 늘어놓았다. 방청석에 앉아 자신의 즉결 심판 순서를 기다리던 이들마저 귀를 기울였다. "수중에 5200원조차 없는 형편이 불쌍하다"는 수군거림이 나왔다. 벌금 10만원을 선고받은 이씨는 터벅터벅 증언대를 내려왔다. 〈하략〉

국민일보
2016년 4월 13일
신훈 기자

방법에 주목하기

정부는 각계각층에서 생기는 문제를 해결하기 위해 대책을 마련한다. 법과 제도를 정비하고, 기관이나 조직을 만들며, 예산을 늘리거나 줄이는 식이다. 기업이나 사회단체 역시 해당 분야의 변화를 감안하여 다양하게 대응한다.

정부와 기업은 대책이 효과를 발휘하기를 원하고, 또 효과가 있음을 국민과 소비자에게 알리고 싶어 한다. 이러한 속성을 감안하여 기자가 해당 기관에 동행 취재를 요청하면 성사될 가능성이 높다.

경광등 숨긴 암행순찰차, 출동 30분 만에 전용차로 위반 3대 적발

"아이가 기숙사에서 기다리고 있어서요…"

1일 오전 10시 45분쯤 서울 서초구 인근 경부고속도로 하행선을 달리다가 고속도로 순찰대 암행순찰차 단속에 걸린 이모(45)씨는 어쩔 줄 몰라 하며 이렇게 변명했다. 11인승 승합차 코란도 투리스모를 혼자 탄 채 버스전용차로를 달린 이씨는 '11인승 승합차의 경우 6인 이상 탑승해야 버스전용차로를 이용할 수 있다'는 도로교통법 61조2항을 위반했다. 이씨에게는 범칙금 7만 원과 벌점 30점이 부과됐다. 이씨는 "한남대교 부근부터 15km 가까이 버스전용차로로 달렸다. 암행순찰차가 나와 있을 줄은 생각도 못했다"면서 머리를 긁적였다. 비슷한 시간 인근 버스전용차로를 달리던 안모(51)씨 역시 암행순찰차에 적발됐다. 그는 "승합차로는 무조건 버스전용차로를 달릴 수 있는 줄 알았다"며 발뺌했다.

암행순찰차는 일반 승용차에 경광등 사이렌 전광판 등을 숨겨 놓고 법규 위반 차량에 접근해 단속하는 차량이다. 이날부터 경부고속도로(양재IC~신탄진IC)에서 1차 시범운영을 시작했다. 오전 경부고속도로 만남의 광장에서 출발한 암행순찰단이 업무에 나선 지 30분 만에 전용차로 법규 위반 승합차만 3대가 나왔다. 〈하략〉

한국일보
2016년 3월 2일
이현주 기자

교통 법규를 어기는 차량으로 사고와 인명 피해가 끊이지 않자 경찰은 암행 순찰차를 투입하기로 했다. 기자가 현장에 찾아간 날은 1차 시범운영 기간이었다. 경찰의 협조로 순찰차에 동승해서 법규 위반 차량의 단속 및 운전자의 반응을 기사에 담았다.

동행 또는 동승 취재는 해당 기관의 협조로 기자가 현장을 잠시 체험하는 방식이다. 하지만 사안에 따라서 기자가 현장을 독립적으로 찾아갈 수도 있다. 이런 경우에는 취재원의 협조를 받지 않는다는 점에서 활동에 제약이 따르지 않고, 그만큼 있는 그대로의 현장을 확인할 수 있다.

"공무원 첫 도전하나?" … 한 반 150명 중 130명 '손 번쩍'

지난 4일 오전 7시쯤 서울 노량진 학원가. 주변에 늘어선 고시원에선 비슷한 추리닝 바지에 티셔츠를 교복처럼 걸친 사람들이 흘러나와 골목길을 메웠다. '2018년도 9급 공무원 채용 시험에 대비'하는 9월 종합반이 동시에 개강하는 날이다.

공시족(公試族·공무원 시험 준비생) 사이에서 '1타(1등) 강사'로 통하는 이○○ 강사 종합반 강의실 앞에는 30m 정도 긴 줄이 서 있다. 앞자리를 차지하기 위해 수업 시작 한 시간 전부터 온 이들이다. '앞자리 전쟁'은 노량진 학원가에선 늘 있는 일이다. 〈중략〉

노량진 공시족은 약 50만 명. 이곳은 여름이 '성수기'다. 매년 6월에 있는 지방직 공무원 시험을 기점으로, 노량진을 떠나는 사람과 다시 시험에 도전하려 찾는 사람들이 물갈이된다. 지난 4일 '9급 공무원 종합반' 개강 첫 날 2교시 국어 수업 시간. 문자메시지를 확인하기 위해 휴대전화를 꺼냈다. 강사가 기자에게 버럭 소리를 질렀다. "핸드폰 보는 놈 뭐야? 너 따위가 무슨 공직자가 되겠다고. 당장 나가 이 xx야!" 노려보던 강사는 이내 눈을 돌려 "많이 뽑는다고 하면 붙을 것 같으냐. 지금 이 반에서 한 명이라도 붙으면 다행이다"고 말했다. 어엿한 성인들인데 다들 이런 굴욕적인 말을 묵묵히 듣고 있다. 옆자리에 앉은 수험생이 "원래 처음에 학생들 긴장하라고 기선 제압하는데, 이번에 공무원 시험에 도전하는 사람들이 많이 몰려서 더 엄하게 하는 것 같다"고 했다. 〈중략〉

> 노량진 고시촌에선 대화가 드물다. 말을 주고받는 것 자체가 금기시된다. "내일 수업 과제가 뭐냐", "수업 어떤 것 같으냐"는 질문에 모두 "잘 모르겠다"며 말끝을 흐렸다. 같이 스터디를 하는 사람들도 이름이나 연락처를 묻지 않았다. 겨우 연락처를 교환한 한 스터디원에게 카톡으로 '함께 저녁 식사를 하면서 이야기하는 게 어떻겠냐'고 물었지만 답장을 받지 못했다. 상대방이 메신저를 차단한 상태였다. 〈하략〉

조선일보
2017년 9월 20일
최원국 기자

정부가 5년간 공무원 17만 4,000명을 추가로 선발하겠다고 2017년 10월 밝히면서 공무원 시험 열풍이 다시 불기 시작했다. 이에 따라 기자는 서울 노량진 고시촌에서 12일을 보내면서 공무원 시험 준비생처럼 강의를 듣고, 식사를 하고, 잠을 잤다. 기사는 강사에게 욕을 듣고, 컵밥을 먹고, 1평짜리 방에서 잠을 자는 모습을 영상처럼 보여준다.

기자의 취재 활동은 상당 부분 취재원의 도움을 필요로 한다. 하지만 취재원이 제공하는 정보와 생각에 의존하는 일상에서 벗어나, 기자가 사회현상을 체험하고 쓰는 이와 같은 기사를 통해 독자는 현장감과 신선함을 동시에 느낀다.

시간에 주목하기

우리는 일상생활에서 시간에 의미를 부여하는 경우가 많다. 개인 차원에서는 생일, 결혼기념일, 입사일이 있고 국가 차원에서는 광복절, 제헌절, 개천절이 대표적이다. 이렇게 1년마다 돌아오는 날을 맞아 우리는 뭔가를 기념하고, 각오를 다지고, 서로를 격려한다.

인간의 이러한 본능은 뉴스 제작에 그대로 반영된다. 좋은 의미에서나 나쁜 의미에서나 어떠한 일이 발생하면 그로부터 한 달, 3개월, 6개월, 1년, 5년, 10년을 맞아 그동안의 변화를 확인하는 기사를 작성한다.

젖고 이끼 낀 '라돈 침대' 더미…
"꺼림칙한데 관광객이 오겠슈"

전국에서 회수한 라돈 침대 1만 6900개를 충남 당진에 주민 몰래 쌓아놓은 지 15일로 한 달이 됐다. 이날은 또 주민과 정부, 원자력안전위원회 등이 대진침대 천안 본사로의 반출을 협약한 당초 시한일이다. 주민들은 장맛비를 이유로 5일을 양보해 오는 20일까지로 최종 시한을 통보했지만 천안 주민의 반입 거부로 야적장에서 꼼짝 못하는 매트리스 더미를 바라보며 속이 타 들어가고 있다.

이날 오후 3시쯤 당진시 송악읍 고대1리 동부제철 고철 야적장에 들어서자 침대 매트리스가 너른 들판처럼 쌓여있다. 2m 높이로 매트리스 더미가 길이 200m 가까이 펼쳐졌다. 폭은 80m쯤에 달했다. 매트리스마다 비닐로 싸고, 더미 위에 또 비닐을 씌었다.

높이 8m의 철그물 펜스로 둘러싸인 야적장에서 비와 햇볕에 방치된 지 한 달. 매트리스는 적잖이 색이 바랬고, 일부는 비닐이 찢어졌다. 비닐 속에 물기가 가득해 금세 곰팡이라도 필 듯했다. 더 깊숙이 들어가자 빗물에 잠긴 매트리스 더미가 나타났다. 찢어진 틈으로 더러운 물이 들어가 누렇게 변해 있었다. 고인 물에는 진흙과 섞인 이끼가 두껍게 떠 있었다. 날벌레들이 기어 다녔다. 야적장에는 고철을 실어 나르는 화물차만 더러 보일 뿐 인적이 뜸했다. 〈중략〉

대진침대 본사가 있는 천안시 직산읍 판정리 주민들도 마찬가지다. 판정리 이장 이철하(60)씨는 "우리의 반발은 당진과 무관하다"면서 "대진침대가 본사를 방문한 시의원들에게 '더 이상 본사로 매트리스를 반입하지 않겠다'고 했다지만 믿을 수 없다"고 잘라 말했다. 천안시의회도 지난 13일 "정부가 해결에 나서라"는 건의문을 채택했다. 대진침대 본사에도 전국에서 가져온 매트리스 1만 8000여장이 쌓여 있다. 주민 반발로 2000여장만 처리했다. 주민들은 지난달 25일부터 정문 앞에서 매트리스 반입을 막고 있다. 판정리에는 100여가구가 있는데 40가구가 공장 건너편에 몰려 있다.

〈하략〉

서울신문
2018년 7월 16일
이천열 기자

라돈 침대가 소비자를 불안하게 하자 정부와 업체가 모두 수거했다. 기자는 이 침대들이 충남 당진에 반입된 지 한 달을 맞아 매트리스가 수북한 야적장을 갔다. 빗물에 잠긴 침대, 불안과 불만이 가득한 주민의 심경과 행동을 통해서 사안이 해결되지 않았음을 전한다. 다음의 기사는 성수대교 붕괴 10년을 맞아서 나왔던 시리즈 기사다.

울다가 울다가 … 딸 따라간 아빠들

"사랑하는 아빠 보세요. 아빠, 저는 요즘 얼마나 마음이 아픈지 모릅니다. 아빠가 저를 때리셨을 때 제 마음보다 100배, 1000배나 더 마음 아프실 아빠를 생각할 때마다 눈물을 감출 수가 없습니다. 하지만 아빠! 저를 때리신 것이라 생각하지 마세요. 제 속에 있던 나쁜 것들을 때려서 물리치신 거라 생각하세요. …아빠, 저를 위해 한번 더 마음을 풀어주시지 않겠어요?"

1994년 10월 21일. 가장(家長) 이식천(당시 46세) 씨는 하늘나라에서 보낸 딸의 편지를 받았다. 딸 연수(당시 16세·무학여고2)가 아침 등교 도중 성수대교와 함께 추락한 16번 시내버스 안에서 숨을 거뒀다는 비보(悲報)를 들은 지 몇 시간 뒤. 빗물과 강물에 젖은 채 돌아온 가방 안에는 소소한 잘못으로 아빠에게 매를 맞고 눈물로 쓴 편지가 고이 접혀 있었다. 딸을 잃은 후 자책할 아빠를 안쓰러워하듯이, 편지는 "아빠도 파이팅! 이에요?! 94년 10월 20일 아빠를 사랑하는 연수가 드려요"로 끝을 맺었다. 이날 아빠는 딸아이 가방을 가슴에 품고 엉엉 울었다.

그 후 10년….

수소문해 찾아간 아파트에는 연수 가족은 없었다. 이웃들은 사고 이듬해인 95년 서둘러 이사를 했다고 전했다. 이유를 알 수 있었다. 그 아파트 창문에서는 새로 단장한 왕복 8차로의 화려한 성수대교가 한눈에 들어왔다. 하지만 그때는 허리가 잘린, 그리고 딸을 삼킨 흉물스런 다리였을 것이다.

불과 몇 백m 떨어진 곳에 위치한 이사한 집은 한강이 보이지 않는 아파트였다. 어머니(52)는 힘겹게 말문을 열었다. 아버지는 성수대교 사고 직후 굴지의 대기업 이사로 스카우트될 만큼 사회적으로 승승장구했지만 2년 후 힘없이 숨을 거뒀다고 했다. 착한 딸 연수의 '파이팅' 당부를 들어주지 못한 회한을 남기고. "(연수 아빠는) 아침에 일어나면 멍하니 눈물을 흘리고, 퇴근해서 집에 오면 울고, 회사에서도 남 몰래 울었어요. 밥을 먹다가도 통곡을 하고, 잠이 안 와서 뒤척이는가보다 하고 바라보면 훌쩍훌쩍 울고 있고…. 그렇게 2년을 살다 중병에 걸려 돌아가셨지요." 아버지는 경기도 용인시 천주교 묘지 딸 연수의 묘지 인근에 안장됐다.

　성수대교 붕괴 사고로 사망한 희생자는 32명. 이 가운데 9명이 시내버스로 등교하던 10대 중반 무학여중고(서울 성동구 행당동) 학생들이었다. 세상은 망각을 통해 아픔을 흘려보낸다. 하지만 가족을 가슴에 묻은 유족들의 상처는 시간이 갈수록 곪아 들어갔고, 눈물은 마르지 않았다. 〈하략〉

조선일보
2004년 10월 20일
김봉기·장상진 기자

'울다가 울다가 … 딸 따라간 아빠들.' 제목은 길지 않지만 오랜 여운을 남긴다. 기사를 모두 읽고 나면 더욱 그렇다. 저자가 대학 수업에서 기사를 한 문장씩 읽게 하면 일부 학생은 눈시울을 붉힌다.

　재난 재해는 당사자를 포함한 수많은 이에게 영향을 미친다. 강산이 한 번 변한다는 세월이 흘러도 그 상처와 슬픔은 여전하다. 성수대교는 1994년 10월 21일 붕괴했고, 세월호는 2014년 4월 16일 침몰했다. 20년을 사이에 두고 고교생들이 부모의 곁을 떠났다. 언론은 2019년에 성수대교 붕괴 25년, 세월호 침몰 5년을 맞아 어떤 기사를 쓸까.

조사·추적 기사

　언론이 조사하고 추적할 대상은 인물, 현안, 데이터로 나눌 수 있다. 여기서 인물은 권력자, 재벌, 유명인처럼 영향력이 있는 사람을 말하는데, 조사·추적의 목적은 이들의 감시에 있다. 현안은 사회적인 관심, 논란과 논쟁, 대립을 유발하는 사안을 의미하므로 언론이 객관적이고 중립적으로 분석할 필요가 있다. 데이터는 권력 감시와 현실 진단에 유용한 자료이지만, 데이터 그 자체만으로도 독자의 관심을 유도할 수 있다.

　조사·추적을 위해서는 관심 있는 주제를 장기간 파헤치려는 의지가 필요하고, 또 그러한 의지를 체계적으로 실천해야 한다. 기사의 품질은 시간에 비례

한다는 말이 있다. 조사 그 자체만이 아니라 준비 과정의 철저함이 중요하다는 뜻이다. 이와 관련하여 몇 가지를 조언한다.

- 알고자 하는 질문을 질문 형식으로 기록해서 조사하라. 작업의 초점이 분명해지고 작업을 언제 마쳐야 하는지 알 수 있다.
- 조사한 내용의 목록을 준비하라. 진행 상황을 쉽게 파악하게 된다.
- 다음 단계 작업을 항상 메모하라. 마무리된 조사와 연결해서 다음날 작업의 세목을 분명히 해야 한다. 또 조사한 자료를 매일 정리해야 한다. 자료가 많아지고, 시간이 지나면 뒤섞일지 모르므로 자료는 일정한 기준에 따라 그때그때 체계적으로 정리하면 나중에 편하다.

권력 감시

권력 감시는 취재 현장에서 고위직 추적과 거의 동의어로 쓰인다. 대통령, 국회의원, 시·도지사를 선출하는 선거나 인사청문회는 고위직을 검증하는 제도적 장치인데, 언론은 이러한 과정과 상호작용한다. 청문회 내용을 언론이 크게 보도하고, 언론이 처음 보도한 내용을 청문회에서 활용하는 식이다.

고위직이나 유명인을 추적하는 데는 많은 자료가 동원된다. 공직자 재산등록 서류, 호적과 주민등록, 부동산과 금융 자산 자료, 학적부와 병역 기록, 경찰의 범죄 조회서, 법원의 소송 자료 등 매우 다양하다. 정부와 공공기관의 회의록, 국회 속기록은 해당 인사의 발언 내용을 확인할 때 중요하며, 언론 인터뷰나 기고문도 유용하다. 하지만 이런 자료는 목적이 아니라 수단이니, 인물 자체에 주목해야 한다.

동아일보는 박종철 씨 고문치사 사건을 보도해 한국기자협회의 '한국기자상'을 1987년과 1988년에 연속으로 받았다. 언론계 원로들과 고참 기자들은 『월간조선』이 실시한 설문조사에서 이 보도를 한국 언론의 대표적인 특종으로 가장 많이 꼽았다.

박종철 씨가 경찰 조사 도중 숨졌다는 사실은 중앙일보가 먼저 보도했다. 그리고 동아일보는 대학생의 사망을 고문치사 사건으로 규정하는 데 결정적인 역할을 했다. 박 씨를 진료했던 의사, 연락을 받은 가족, 부검을 담당한 의사, 범행의 축소 은폐를 알았던 경찰 간부, 이러한 과정을 조작하려던 정권 수뇌부의 동향을 체크했기에 가능한 보도였다.

앞에서 소개한 성수대교 붕괴 사고의 피해자 사연은 시간과 함께 인물이라는 요소에 주목했기에 호소력이 강하다. 권력 감시를 포함하여 취재의 기본은 역시 사람에 대한 관심이다. 한겨레신문은 천안함 장병에 눈을 돌렸다.

천안함 생존 장병 절반 "자살 생각"

"그냥 술 마시다가 수면제를 한 움큼씩 삼켜요."

정주현(28) 하사는 대수롭지 않게 말했다. 2010년 3월 26일, '그날' 이후 정 씨는 삶과 죽음의 경계에서 허우적거리며 살아왔다. 그 경계를 서성인 이들은 정 하사만이 아니었다.

〈한겨레〉와 〈한겨레21〉, 김승섭 고려대 보건과학대 교수 연구팀(김승섭·윤재홍)이 지난달 공동으로 진행한 '천안함 생존자의 사회적 경험과 건강 실태조사'(천안함 실태조사)를 보면, 조사에 응한 생존 장병 24명 가운데 12명(50%)이 '지난 1년 동안 자살을 심각하게 생각해본 적이 있다'고 답했다. 이 가운데 6명(25%)은 실제 자살을 시도한 적이 있다고 했다.

"참혹한 숫자네요." 조사 결과를 확인한 김승섭 교수는 한동안 말을 잇지 못했다. 쌍용차 정리해고 사태, 소방관, 성소수자 등 한국 사회의 수많은 고통을 연구해온 그에게도 선뜻 믿기 힘들 정도로 극단적인 수치였기 때문이다.

이 숫자가 담고 있는 '고통의 무게'를 비교해볼 대상을 찾는 일마저 어려웠다. 총탄과 미사일이 쏟아지는 전쟁을 겪은 이들도 천안함 생존 장병만큼 죽음과 가까운 곳에 있지 않았기 때문이다. 미국의 국립외상후스트레스장애센터 등 연구진이 2010년 아프가니스탄·이라크 전쟁에 참전한 미군(18~34살)의 최근 1년간 자살 생각률(자살을 생각해본 적 있는지 여부)을 조사한 결과는 5.2%에 그쳤다. 천안함 생존 장병들과 비슷한 연령대(25~34살)인 일반 남성을 상대로 한 조사(국민건강영양조사·2013~2015년)에서도 자살 생각률은 3.1%, 시도율은 0.1% 수준이었다.

> "2함대 바다(서해)는 엄청 예뻐요. 밤이면 달도 밝고 별도 많이 떠서 바다에 비쳐요. 별똥별이 수도 없이 떨어지고 별자리도 하나하나 다 보여요." 함은혁(29) 하사는 서해를 사랑했다. 하지만 그날 밤, 아름다운 바다는 사라졌다. 폭발음과 함께 배는 급하게 기울었고 정전으로 불이 꺼졌다. 아무것도 보이지 않았다.

한겨레신문
2018년 7월 16일
정환봉·최민영·변지민
기자

기사는 "생존 장병들의 몸은 다쳤고 마음은 부서졌다"고 표현한다. 이어서 나오는 숫자는 소제목처럼 '살아남은 자의 고통'을 구체화한다. 외상후스트레스장애PTSD를 진단받거나, 진단 뒤 치료를 받은 생존 장병이 조사 대상 24명 가운데 21명87.5%이었다. 걸프전에서 포로로 잡혔던 쿠웨이트 군인들의 48%가, 아프가니스탄·이라크 전쟁에 참전했던 미국 군인의 13% 정도가 PTSD를 겪었다고 기사는 전한다.

현실 진단

정보통신 기술은 데이터의 수집 → 처리 → 분석에 필요한 시간을 획기적으로 줄이는 대신 가치가 높은 정보의 분량을 폭발적으로 늘렸다. 정부와 공공기관, 그리고 기업은 빅데이터 기술을 정책 수립과 집행, 업무 혁신, 서비스 개선에 활용하고 있다.

언론 역시 이러한 흐름에서 예외가 아니어서 빅데이터로 만든 기획 기사를 많이 내놓는 중이다. 재료가 많아야 식단이 풍부해지듯, 자료가 방대하면 보도의 심층성이 높아진다. 다음은 조선업 불황의 여파를 빅데이터로 분석한 사례다.

'남초' 조선업 도시의 역설 …
작년 직장서 밀려난 10명 중 4명이 여성

대한민국 대표 제조업 도시 거제가 몸살을 앓고 있다. 조선업 불황 때문이다. 세계 선박 시장 점유율 수위를 다투던 대우조선해양은 최근 2년간 3조

7000억원의 영업손실을 기록했다. 위기의 거제를 실업률과 부동산 두 데이터를 통해 들여다봤다.

지난해 거제의 실업률은 2.6%였다. 전국 평균(3.7%)보다는 낮지만 거제시가 자체 통계를 내기 시작한 2008년 이래 최고치다.

구직급여(비자발적으로 실직한 근로자가 구직 활동을 할 때 받는 실업급여) 수령자 역시 지난해 6481명으로 역대 최대를 기록했다. 2015년 대비 82%나 늘었다.

중앙일보는 정보공개 청구를 통해 2005~2016년 거제시 구직급여 수령자 데이터 전수(약 1만5000여 건)를 확보해 분석했다. 그 결과 최근 1~2년 새 나타난 몇몇 특징을 확인할 수 있었다.

우선 1000인 이상 사업장 출신 수령자가 급증했다. 이런 수령자는 2014년까지만 해도 전체 수령자의 5~10% 수준에 불과했다. 하지만 2015년 22%, 2016년 35%로 늘었다. 대우조선해양과 삼성중공업이 대규모 희망퇴직을 받으며 구조조정을 한 탓이다.

여성 수급자 비중이 큰 것도 특징이다. 조선업은 대표적인 '남초 산업'이다. 설계에서 건조까지 대부분의 일을 남성이 담당한다. 그런데도 지난해 구직급여 수령자 중 37%(2421명)가 여성이었다. 구조조정이 '약한 고리'인 여성에게 집중된 여파다. 2015년 대우조선해양의 여성 직원 숫자는 606명이었지만 지난해엔 381명만 남았다. 1년 새 40% 가까운 여성이 회사를 떠난 것이다. 대부분 경리 업무를 담당하던 무기계약직 여성이었다. 〈하략〉

중앙일보
2017년 6월 24일
정선언·손국희 기자

조선업은 대표적인 중후장대형의 사업이자 남성이 핵심 역할을 담당하는 분야다. 그런데 조선업 불황으로 인한 여파는 역설적으로 여성에게도 많은 영향을 미쳤다. 거제의 구직 급여 수령자를 전수 조사했더니 2016년에는 37%가 여성으로 나타났다. 배를 만드는 남성보다는 경리 업무를 담당하는 무기계약직 여성들이 불황과 경영 악화로 희망퇴직 압박을 가장 먼저 받았다고 한다.

구체적인 자료는 이렇게 막연한 추정이나 선입견을 바로잡고 현실을 정확히 진단하게 만든다. 현실의 개선은 정확한 파악과 분석을 전제로 하는 만큼, 빅데이터는 언론이 더욱 많은 관심을 가져야 하는 분야라고 판단된다.

역사를 보면 기술의 발전은 공동체에서의 시민 참여를 확대시켰다. 인터넷이 등장하면서 공개되는 정보의 분량이 늘었고, 디지털이 발전하면서 정보의 수집과 보관이 편해졌으며, 모바일이 확산되면서 정보의 교류가 활발해졌다.

이러한 현상은 국민의 일상생활에 큰 변화를 불렀다. 정치나 국제 같은 거시적 차원에서만이 아니라 쇼핑, 여행, 진료처럼 피부로 느끼는 분야에서 평범한 국민의 목소리를 강화하고, 공유와 참여를 확대시켰다.

우리 아이는 어떤 급식을 먹을까

학부모는 매달 학교에서 주는 유인물을 통해 아이가 먹는 일일 식단표를 '글'로 봅니다. 그러나 맛은 있는지, 영양소는 균형을 맞췄는지, 양은 충분했는지 실제 모습을 알기 어렵습니다. 동아일보 탐사 보도팀은 동아닷컴이 개발한 소셜네트워크서비스(SNS) 툴을 통해 1~17일 '전국 학교 급식 사진 콘테스트'를 실시했습니다. 직접 급식 사진도 올리고, 최고와 최악의 급식을 뽑았습니다. 그 결과 '최고'는 335표를 얻은 경기 용인한국외국어대부설고의 급식(위쪽 사진)이었고, '최악'은 451표를 받은 경기 J고 급식이 뽑혔습니다. 급식 잘하는 학교와 못하는 학교 사이에 책정된 급식 단가는 각각 4000원과 3500원으로 차이가 크지 않았습니다. 문제는 다른 곳에 있었습니다. QR코드를 스마트폰으로 스캔해보세요. 급식 콘테스트에 응모한 사진들을 확인하실 수 있습니다.

동아일보
2015년 4월 21일
노지현·김도형·강은지
기자

언론사가 자체 개발한 SNS 툴을 이용해 학교 급식 콘테스트를 열었다. 학교 40곳 이상, 학생과 학부모 1,000여 명이 참여했는데 영양의 균형, 메뉴의 다양성, 요리에 들인 정성을 쉽게 비교할 수 있다.

급식비는 비슷하지만 인스턴트 음식을 배제하고, 아이들의 입맛을 유도하고, 음식을 정성스럽게 담아서 주는 학교와 그렇지 않은 학교의 차이가 확연했다. 관심을 갖고 정보를 공유하며 참여·감시하는 눈이 많아지면 무슨 일이든 개선될 가능성이 높아진다는 점에서 기술을 활용한 기사는 독자가 더욱 많은 관심을 갖기에 충분한 유형의 뉴스다.

대안의 모색

한국 언론의 기획 기사는 미국의 탐사 보도나 해설 보도에 비하면 부족한 점이 보이지만 점점 발전하는 중이다. 소재와 주제가 다양해지고, 취재 방법이 체계화되고, 구성 방법이 꼼꼼해졌다. 그렇다고 현재의 수준에 만족해서는 곤란하다.

문제는 어떻게 개선하느냐다. 구체적이면서 현실적인 대안을 찾아야 취재 보도 과정에 반영할 수 있다. 하지만 누구도 생각하지 못한, 이제까지 단 한 번도 시도되지 않은, 획기적이라고 할 만한 해법을 제시하기는 힘들다.

긴 호흡으로 조금씩 바꾸려는 노력이 중요하다고 생각해야 한다. 사실 확인과 검증이라는 원칙에 충실하고, 현장을 더 많이 찾고, 취재원을 정직하게 대하는 기본이 중요하다. 세 가지 사례를 간단히 소개한다.

- 소화기에 유효 기간이 있다는 사실을 아는 이는 많지 않다. 서울 시내의 사정은 어떨까. 종로, 강남, 신촌·여의도 등 3개 지역을 돌아다니며 점검했다. 소화기 503개 중에서 242개가 퇴출 대상이었다. 공공건물에 비해 민간 건물이 특히 심했다.
- 북한이 도발하자 장병들이 전역을 연기했다. 대통령이 격려했고, 대기업이 특별 채용했다. 1차 연기자 87명 가운데 62명과 접촉했다. 절반 이상이 판매·영업·콜센터에 배치됐고, 4명 중 1명이 퇴사. 일부는 고졸 출신이라고 모욕적인 말을 들었다.
- 단란했던 여섯 식구는 가장의 장례식에 오지 않았다. 남자는 무연고 사망자로 처리됐다. 서울의 구청 자료를 뒤져 83명을 추렸더니 남자 77명, 여

자 6명이었다. 남자는 왜 외롭게 죽을까? 궁금증을 풀려고 4개월을 돌아다녔다.

세 사례의 공통점은 발로 뛰면서 기사를 만들었다는 사실이다. 건물을 하나씩, 장병을 한 명씩, 기록을 하나씩 찾았다. 궁금해서, 스스로 원해서 했던 취재이다.

땀 흘린 만큼 기사의 품질이 좋았다. 소화기 기사는 채널A 뉴스에 나갔고, 전역 장병 기사는 KBS 홈페이지에 올라갔고, 고독사 기사는 『신동아』 논픽션 최우수작에 뽑혔다. 모두 학생이 만들었다. 신문과 방송을 좋아하고, 언론계 진출을 꿈꾸던 취업 준비생의 작품이다.

기획 기사의 대안은 여기에 있지 않을까? 호기심을 갖고, 취재원을 성실하게 대하고, 결과에 겸손한 모습. 자유는 공짜가 아니라고 한다Freedom is not free. 언론의 자유 역시 마찬가지라고 생각한다.

참고문헌

박성희(2003). 『미디어 인터뷰』. 파주: (주)나남.

송상근·박재영(2009). 『뉴스토리 뉴스타일』. 파주: (주)나남.

이건호(2017). 『스트레이트 뉴스, 이렇게 쓴다: 개념과 함의, 그리고 공식』. 서울: 이화여자대학교출판문화원.

이수열(1995). 『우리말 우리글 바로 알고 바로 쓰기』. 서울: 지문사.

이재경 편(2002). 『기사쓰기, 이렇게 공부하라』. 파주: (주)나남.

이재경(2013). 『한국형 저널리즘 모델: 한국 저널리즘 선진화를 위한 성찰』. 서울: 이화여자대학교 출판부.

이태준(2016). 『문장강화』. 파주: 창비.

임철순·김순덕·오병상·오태진·박수련·이준희·이승철·이규연(2013). 『내가 지키는 글쓰기 원칙』. 서울: 이화여자대학교출판문화원.

임흥식(2014). 『방송뉴스 기사쓰기』. 파주: (주)나남.

정희모·이재성(2005). 『글쓰기의 전략』. 파주: 들녘.

황호택(2017). 『박종철 탐사보도와 6월 항쟁』. 서울: 동아일보사.

Biagi, S. (1987). *News Talk II*. Belmont, CA: Wordsworth.

Cappon, R. J. (1991). *Associate Press Guide to News Writing*. New York: Macmillan.

Fink, C. C. (1988). *Media Ethics: In the Newsroom and Beyond*. 한국언론연구원 (편역) (1995). 『언론윤리』. 서울: 한국언론연구원.

Folkerts, J., & Hamilton, J. M., & Lemann, N. (2013). *Educating Journalists: A New Plea for the University Tradition*. New York: Columbia Journalism School.

Freedman, S. G. (2006). *Letters to a Young Journalist*. Philadelphia, PA: Basic Books. 조우석 (역) (2008). 서울: 미래인.

Garrison, B. (1992). *Advanced Reporting: Skills for the Professional*. Hillsdale, NJ: Lawrence Erlbaum.

Gawiser, S. R., & Witt, G. E. (1994). *Journalist's Guide to Public Opinion Polls*. 한국언론연구원 (편역) (1995). 『여론조사: 보도와 실제』. 서울: 한국언론연구원.

Huber, J., & Diggins, D. (1991). *Interviewing America's Top Interviewers*. 홍수원·이왈수 (편역) (1996). 『인터뷰 기법』. 서울: 한국언론연구원.

Keeble, R. (1994). *The Newspaper Handbook*. London: Routledge.

Kovach, B., & Rosenstiel, T. (2014). *The Elements of Journalism: What Newspeople Should Know and the Public Should Expect* (3rd ed.). 이재경(역) (2014). 『저널리즘의 기본 원칙』(2014). 서울: 한국언론진흥재단.

Mayeux, P. E. (1985). *Writing for the Electronic Media* (2nd ed.). Oxford: WCB Brown & Benchmark.

McBride, K., & Rosenstiel, T. (Eds.) (2013). *The New Ethics of Journalism: Principles for the 21st Century*. 임영호 (역) (2015). 『디지털 시대의 저널리즘 윤리』. 서울: 한국언론진흥재단.

Orwell, J. (1949). *Nineteen Eighty-Four*. London: Secker & Warburg.

Plotnik, A. (1982). *The Elements of Editing: A Modern Guide for Editors and Journalists*. New York: Macmillan.

Rich, C. (2016). *Writing and Reporting News: A Coaching Method* (8th ed.). Boston, MA: Cengage Learning.

Schudson, M. (1995). "Question Authority: A History of the News Interview", In *The Power of News*. Cambridge, MA: Harvard University Press.

Strunk Jr., W., & White, E. B. (1999). *The Elements of Style* (4th ed.). London: Pearson Education.

The Missouri Group. (1993). *Beyond the Inverted Pyramid: Effective Writing for Newspapers, Magazines, and Specialized Publications*. New York: St. Martin's.

The Missouri Group. (2016). *News Reporting and Writing* (12th ed.). Boston, MA: Bedford/St. Martin's.

Zinsser, W. K. (2006). *On Writing Well: The Classic Guide to Writing Nonfiction* (30th anniversary ed.). New York: HarperCollins.

기사 작성의 기초

(전면개정판)

펴낸날 1판 1쇄 2018년 9월 3일
2쇄 2019년 9월 10일
지은이 이재경 · 송상근
펴낸이 김헌민
펴낸곳 이화여자대학교출판문화원
주소 서울특별시 서대문구 이화여대길 52 (우03760)
등록 1954년 7월 6일 제9-61호
전화 02) 3277-2965(편집), 362-6076(마케팅)
팩스 02) 312-4312
전자우편 press@ewha.ac.kr
홈페이지 www.ewhapress.com
책임편집 이지예
찍은곳 한영문화사

ⓒ 이재경 · 송상근, 2018

ISBN 979-11-5890-291-9 93070
값 19,000원

이 도서의 국립중앙도서관 출판예정도서목록(CIP)은 서지정보유통지원시스템 홈페이지
(http://seoji.nl.go.kr)와 국가자료공동목록시스템(http://www.nl.go.kr/kolisnet)에서
이용하실 수 있습니다. (CIP제어번호: CIP2018025726)